中国井冈山干部学院资助

金融危机启示录

The Enlightenment of the Financial Crisis

蒋寒迪／著

图书在版编目（CIP）数据

金融危机启示录/蒋寒迪著. —北京：经济管理出版社，2015.9
ISBN 978-7-5096-3097-6

Ⅰ. ①金… Ⅱ. ①蒋… Ⅲ. ①金融危机—研究 Ⅳ. ①F830.99

中国版本图书馆 CIP 数据核字（2015）第 089067 号

组稿编辑：宋 娜
责任编辑：梁植睿
责任印制：黄章平
责任校对：雨 千

出版发行：经济管理出版社
（北京市海淀区北蜂窝 8 号中雅大厦 A 座 11 层 100038）
网 址：www. E-mp. com. cn
电 话：(010) 51915602
印 刷：三河市延风印装有限公司
经 销：新华书店
开 本：710mm×1000mm/16
印 张：17.5
字 数：287 千字
版 次：2015 年 9 月第 1 版 2015 年 9 月第 1 次印刷
书 号：ISBN 978-7-5096-3097-6
定 价：88.00 元

前言

综观世界经济的发展历史，金融危机、经济危机始终伴随着经济发展间歇出现。危机带来的经济动荡、社会动荡以及政治动荡等给人们的生产生活带来了重要的影响，特别是 2008 年的次贷危机和欧债危机的影响还未完全消退，这场金融危机时间之久，影响之广，破坏之重，它所带来的变革之深，是非常突出的。金融危机带给我们困惑，更需要我们反思，需要我们从理论上进行重新审视，在制度上进行重新变革，谋求世界经济金融的新格局。本书在回顾了几次重大金融危机之后，梳理出每次危机的特点、原因与启示，在此基础上，探讨后金融危机时代的金融创新。

目录

第一章 / 1929 年世界大萧条 …… 001

第一节 / 大萧条过程与影响 / 003

第二节 / 大萧条的成因 / 010

第三节 / 历史启示 / 014

第二章 / 1973 ~ 1975 年的经济滞胀 …… 019

第一节 / 经济滞胀过程与影响 / 021

第二节 / 经济滞胀的原因 / 027

第三节 / 历史启示 / 035

第三章 / 20 世纪 90 年代日本的经济泡沫危机 …… 043

第一节 / 危机的过程与影响 / 045

第二节 / 泡沫危机的原因 / 057

第三节 / 历史启示 / 065

第四章 / 世纪之交的互联网泡沫危机 …… 071

第一节 / 危机过程与影响 / 073

第二节 / **危机的原因** / 078
第三节 / **历史启示** / 082

第五章 / **1997 年东南亚金融危机** ………………………… 089
第一节 / **危机过程与影响** / 091
第二节 / **危机的原因** / 103
第三节 / **历史启示** / 110

第六章 / **20 世纪 90 年代的墨西哥金融危机** ………………… 117
第一节 / **危机过程与影响** / 119
第二节 / **金融危机的原因** / 131
第三节 / **历史启示** / 138

第七章 / **俄罗斯金融危机（1997～1998 年）** ……………… 145
第一节 / **危机过程和影响** / 147
第二节 / **危机的原因** / 162
第三节 / **历史启示** / 169

第八章 / **阿根廷金融危机** ……………………………………… 175
第一节 / **危机过程与影响** / 177
第二节 / **危机的原因** / 186
第三节 / **历史启示** / 192

第九章 / **2008 年的次贷危机** ………………………………… 199
第一节 / **危机过程与影响** / 201
第二节 / **危机的原因** / 213
第三节 / **历史启示** / 220

第十章 / **2009 年以来的欧债危机** …………………………… 225
第一节 / **欧债危机过程和影响** / 227
第二节 / **危机的原因** / 239

第三节 / **历史启示** / 247

第十一章 / **后危机时代的中国金融发展** ······························ 255

第一节 / **金融创新的影响力量** / 257

第二节 / **中国的金融脱媒与金融创新** / 260

第三节 / **金融创新是中国金融发展的力量** / 263

第一章

1929 年世界大萧条

1929 年 10 月 9 日，对于那时的美国居民来说，第一次感觉到繁荣股市所带来的危机感，十天之后的 10 月 19 日，黑色星期二的来临使人们开始从股市的神话中走出来，面对这个严酷的事实。10 月 29 日，华尔街的 11 位著名人物相继自杀，从股市开始的危机蔓延到了实体经济，大萧条如同火山爆发一样快速来临了。

第一节 / 大萧条过程与影响

大萧条其实来得并不是没有一点征兆，只是被到处的欢呼声所掩盖。在整个 20 世纪 20 年代的前期，美国经济在战后呈现一片祥和的景象。人们的收入大幅增加，而工商企业也是蒸蒸日上。加入战争的几个主要国家都出现了不同的复兴迹象。但是就是这种爆棚的信心使得人们盲目投资，从而导致了一场世界性的灾难。

一、大萧条的过程

（一）萧条前的繁荣

正如 1928 年 10 月 22 日胡佛在他的竞选演说中所提到的："美国制度已将我们追求人类幸福的伟大经验在历史上比以往任何时候都传播更远。今天我们在任何地方都比以往更接近于消除人民产生的贫困和恐惧的理想。"[①] 1922~1929 年，美国的经济实现了飞一般的增长，国民生产总值的年均增长率高过 5.5%。失业率则从第一次世界大战以后最高的 11%下降到了 3.5%。通货膨胀率一直是低位运行。

一是制造业的发展，美国的三个新兴行业的发展带动了美国的发展，就是汽车、电力和电话。制造业的发展非常迅速。1925~1929 年，制造业产值由 608 亿美元增加到 680 亿美元。美国联邦储备工业生产指数在 1921 年只有 67 点（以 1923~1925 年为平均值作为 100），到了 1928 年则上涨到了 110 点，1929 年 6 月份最高值达到了 129 点。汽车以及与之相关的行业更是这个时代带动美国经济的主要支柱产业。从 20 年代开始，美国才真正成为所谓的"车轮上的国家"。1926 年，全美只有 810 万辆汽车，而到了 1929 年，则达到了总注册数量 2310 万辆的规模，这意味着当时全世界 5/6 的汽车总量，平均每五个美国人就有一辆汽车。汽车行业鼎盛时期的从业人口超过了 400 万，养活着 1000 多万人口，成为美国整个 20 世纪的龙头行业。电力和电器行业的发展带来了又一个经济的支撑力量。电网普

① 黄安年. 二十世纪美国史［M］. 石家庄：河北人民出版社，1989.

及以及家用电器普及的同时，到了 1929 年，美国 2000 万户家庭实现了电气化，一半家庭有了吸尘器，1/3 家庭有了洗衣机。家用电器的产值增加了 3 倍。

二是资本市场的繁荣。20 年代初期的美国经过了资本市场的高度繁荣。实体经济经历了一系列飞速发展，为资本市场的发展提供了一定的基础，而且从资本市场的监管上看，由于自由主义的抬头，使得在资本市场的监管也很宽松，这样就使得资本市场的进入门槛降低，从而使得大众加入资本市场变为可能。《蓝天法》是当时资本市场监管的一部法律，但是在 20 年代的时候，它的监管力度变弱。在当时，原先融资的主要手段是债券，但是这之后，就由股票融资变成了资本市场上的主角。表 1-1 可以反映一些问题。

表 1-1　1921~1929 年证券交易品种

年份	债券（种）	股票（种）	总数（种）	股票占比（%）
1921	1994	275	2269	12.12
1922	2329	621	2950	21.05
1923	2430	763	3193	23.90
1924	2655	865	3520	24.57
1925	2975	1247	4222	29.54
1926	3354	1220	4574	26.67
1927	4769	1738	6507	26.71
1928	3439	3491	6930	50.38
1929	2620	6757	9377	72.06

资料来源：U.S.. Bureau of the Census，Historical Statistics of the United States，Colonial Times 1957，1960，p.659.

我们可以看到在 1921 年股票数只是占总数的一成多一点，之后逐步上升，到达 1929 年时，已经占了七成多了。这就是说在这段时间，企业的融资方式已经从债券为主变为了股票为主。在此期间，股票市场是主要的融资市场，经历过一段井喷式的发展，从标准普尔指数就可以看出一点关系出来。在整个 20 年代，股票市场的上涨幅度远远领先于其实体经济的发展速度。在 GNP 上升 50%的背景下，道琼斯指数上升了近 3 倍。从 1921 年 8 月到 1929 年 10 月之间，所有股价平均上升了 334%，交易额增加了 1478%。纽约证券交易所 1922 年的年交易量为 2.6 亿股，到了 1929

年则达到了11.3亿股。

在这些股票当中，一些新兴行业的股票的上涨趋势是特别突出的。第一个牛市就是新兴行业所带来的。美国收音机公司是整个时代的股市领头羊。其股价从1921年的每股1.5美元，上涨到1929年的最高每股114美元。八年间，其盈利率达到了惊人的87倍。

航空和电影的相关制造行业也让整个股市乐观。莱特（Wright Aeronautical）、柯蒂斯飞机研发公司（Curtiss）和波音（Boeing Airplane）的股票深受追捧。与此同时，好莱坞的产品变革也几乎在一夜间完成。在股市狂潮的催动下，默片也迅速地转变为有声电影。股市也开始了暴涨，《纽约时报》25种工业股票的平均指数从1924年的106点上涨到1925年的181点。1926年股市出现了短暂的调整之后再次上涨。1927年，在航空股票的推动下，股市上涨到了245点，年涨幅达到了27%。

在收音机和航空股票的再次带动下，1926年3月到1929年10月，美国股市进入了加速期，股价出现了快速的上升时期。这一阶段的股价平均上涨了2.2倍。道琼斯工业指数从1926年的120点飞涨到1929年9月的381点。对于投资者来说，几乎无论买什么股票都会赚钱，如果以1926年1月作为基数1，假设收益指数为1000，那么到了1929年8月底，收益指数应该是2485。

在此期间还有很多的中产阶级人士加入到了这个令人神往的股市。这个时候的股市已经不限制在一些金融人士和农场主当中，普通人都可以通过一种保证金的方式来参加股市。当时投资于证券市场的美国人约占全国人口的8%，股票已经成为文化中枢的方式。人人都关心的股市价格从1924年下半年开始一路飙升，仅于1926年小有挫折，到1928年则是疯狂上涨。作为当时投机热典型指标的无线电指数在1928年由85上升到420，到1929年9月更达到505的顶峰。

（二）萧条无声息地来了

1929年上半年，股票价格一路上扬，前景还显得一片光明。1929年9月，股指创出新高，尔后便开始盘整不前，危机已悄然临近。只有极少数人，如政界元老伯纳德·巴鲁克和美国总统肯尼迪之父约瑟夫·肯尼迪在大崩溃之前及时全身而退。10月9日是周三，股票下跌的消息开始通过私下的渠道传播，这是第一次下跌。随后二十几天中恐慌弥漫着股市。接下来，股市的恐慌从10月24日到10月29日，持续了五天。到了10月29

日，崩溃的高潮来了，这一天，是真正的暴跌，大量股票投入市场，不计价格地抛售。鸣锣收场时，这一天的疯狂交易达到了极端，以16410030股的最高纪录收盘。这一天华尔街11位著名人物相继自杀。此后一直到11月13日，股票指数从452点，下降到224点。纽约证券交易所全部有价证券平均贬值50%，300亿美元财富灰飞烟灭，这笔钱相当于美国在第一次世界大战中的总支出。到1933年7月，股市才最终走到了最低点。此时，股市蒸发了740亿美元的财富，与股市最高涨的1929年9月相比，相当于5/6的财富蒸发了。到1930年，股指一度略有反弹，随即又是一轮暴跌。股市的崩溃对投资者来说犹如天崩地裂，成千上万的股民倾家荡产。

证券市场的崩溃捅破了最后一层纸，资本主义各国相继被卷入经济危机，处于旋涡中心的美国更是焦头烂额。银行倒闭，企业破产，房地产大跌价，税收下降，外贸大幅度萎缩。大萧条对本已困顿不堪的农民来说犹如雪上加霜：农产品滞销，价格下跌，收入急剧下降，农民无力还债，就会失去作为抵押品的耕地。工人遭解雇，公务员被裁减，失业人数与日俱增，所有的企业一片萧条，大批工人失业。从1929年10月到1933年3月，平均每周就有10万工人失业。失业大军竟达1500万之多。新英格兰28万纺织工人中，有12万人失去工作。全国工厂在职人员比1929年减少了一半。工人工资被大幅度削减。国民人均收入从1929年的681美元下降到1933年的495美元。1933年工业生产总值比四年前降低了一半多。经济萧条进而影响到欧洲和澳洲，引起世界经济危机。

二、大萧条的影响

大萧条造成的影响是巨大的。在大萧条接下来的四年里，道琼斯指数跌了90%，工业生产率下降37.2%，生产倒退20~30年，美国10万多家企业破产，6000多家银行倒闭，全球达5000万人失业，失业率高达30%，物价暴跌33%，国际贸易缩减40%，是人类历史上最严重的经济危机。

（一）对于美国的影响

美国是大萧条的主要灾难区。在股市上的影响是难以计数的，财富在眨眼间消失得无影无踪，千千万万把股市当作一生依托的股民一觉醒来发现自己已经一无所有。人们将这一天形容为纽约证券交易所创立112年以来“最糟糕的一天”。曾在1907年美国经济危机中赚了100万美元的杰西·利弗莫尔这样形容他所看到的情形，这段文字也许是历史上对这次大崩溃做得最生动不过的描写：“你听说过把老鼠放在玻璃罩里的实验吗？当试验者开始把空气从玻璃罩抽出来的时候，你可以看到可怜的老鼠呼吸愈来愈急促，两侧的肋骨像过度抽动的风箱一样起伏着，要想从越来越稀薄的空气中呼吸到足够的氧气。你眼看着老鼠窒息而亡的全过程，一直到它的眼睛几乎从眼眶里爆出来。老鼠不断地喘息，一点点走向死亡。当我看到资金调度站的那些人时，想到的就是这种景象！到处都没有钱，你卖不出股票，因为没有人想买。要是你问我的意见，我会说：整个华尔街这一刻都破产了！”这次暴跌只是经济全面而持续衰退的一个开端。在此后3年多的时间里，金融业、商业、工业的指数依次成比例地剧烈下降。作为20年代经济繁荣支柱的钢铁、汽车、建筑等行业的衰退情况更是惊人，许多知名企业在逐渐消失。农民的总收入下降了57%，对外贸易总额下降70%，失业人数最多时高达1700万人。

随着大萧条的继续以及劳动力的过剩，工作时间和工作报酬对所有人来说都表现为严重不足。很多工业企业和小商业甚至拒绝政府要它们口头上维持工资水平的恳求。日益增长的失业大潮，导致一些百货公司付给员工的薪资甚至低到了每周5~10美元。1932年，伐木工人的工资减到了1角每小时；一般承包工程业的工人工资是7分半；砖瓦制造业是6分；锯木厂是5分；成衣工、糖果店雇员和罐头厂工人，都属于受剥削程度最严重的阶层；纽约第一流速记员的薪水，从每周35~45美元下降到了16美元；一般的家庭佣工则不得不为了每个月10美元的薪资而劳作。

美国的国民收入从1929年的810亿美元减少到了1930年的不到680亿美元，然后降至1931年的530亿美元，并在1932年以410亿美元触底。同时，在这一时间里，国家的财富估值从3650亿美元下降到了2390亿美元，这说明美国的不动产、资本和商品已经遭到了严重的贬值。1930~1932年，总共有85000家企业破产，留下了45亿美元的债务；5000家银行停止支付；900万储蓄账户被一笔勾销，总损失高达260亿美元以上。

（二）对德国的影响

德国是受到这次大萧条打击最沉重的国家。德国从1928年开始，衰退变得越来越严重了。与1928年相比，1932年是德国经济下滑到谷底的一年。1928~1932年，德国出口从123亿帝国马克下降到57亿帝国马克，结果是大量关闭工厂和解雇员工，1932 年德国失业率达到 30.8%。

工业萧条导致了随后的财政和银行危机，由于德国银行业的结构性问题使得美国股票市场崩溃后大量资金从德国抽回。由于德国银行严重依赖外国资金，挤兑导致银行面临倒闭，政府不得不动用财政资金来整顿这些濒临倒闭的银行。银行危机也导致了在很大程度上依赖贷款的农业部门的危机。当时，德国农业部门负债很大，比如，1928 年底有 2/5 的东德农庄是负债的，其中许多农业的负债额达到了本身资产的 200%~300%。经济萧条以及收入水平的下降降低了对农产品的需求，导致农产品价格的大幅下滑，冲击了农民家庭企业。尽管政府采取提高进口税、限制进口、在公开市场上收购粮食等措施，但是农业部门的收入在 1932~1933 年还是仅仅为 1928~1929 年的 40%。由于银行危机导致的负债剧增以及农业品市场的萎缩，德国经济萧条期间，农户和贵族庄园大量破产。这些原因也导致了政治的变化，在广大人民的贫苦与垄断组织寻找代言人的情况下，纳粹登上了历史舞台，开始了对外扩展转嫁危机的战争。

（三）对法国的影响

法国也经历了 20 世纪 20 年代的经济繁荣和快速发展，但是经济增长在 1930~1932 年急剧下滑，1932~1936 年下滑有所缓和，直到第二次世界大战前夕才开始缓慢复苏。

法国在 20 世纪 30 年代的经济衰退是相对缓和的。失业在最严重的时期也没有超过一百万，生产的下降也相对缓和，从来没有超过 1929 年在商业和制造业产出的 20%。法国的大萧条并没有伴随着银行危机，期间只有一家较大的银行倒闭。由于危机后，很多国家都开始实施货币贬值政策，而法国由于政治的原因反对贬值政策以及资本控制，虽然这导致黄金的流入和相对价格的增长，法国仍然坚持不贬值的政策。而且，1935~1936 年的法国政府贯彻严格的通缩政策。在 1935 年的法案中，政府减少了 10%的公共支出。1936 年 6 月，社会主义者莱昂·勃鲁姆成立了人民阵线政府。新的劳动力市场规则的提出引起了劳动力成本的大幅上升。政府强制实施工资契约的集体议价，40 小时工作周的实施以及投资的降低使得法国在开始缓慢地复苏，到 1938 年经济达到第一次世界大战前的水平。

从具体的数据来看，表 1-2 给出了美国与法国以及国际平均人均 GDP 的比较情况。通过表中的数据可以看出，法国的萧条要比美国 1933 年的情况缓和，但是比国际平均水平严重并且持久。

表 1-2 人均 GDP 比较（以 1929 年的水平为 100）

年份	美国	国际平均水平	法国
1932	69	91.3	87.8
1933	66.7	94.5	89.5
1935	76.3	101	87
1938	83.6	112.4	88.8

资料来源：Cole，H. and Ohanian，L.，"The Great Depression in the United States from a Neoclassical Perspective"，Federal Reserve Band of Minneapolis Quarterly Review，1990a，23，pp.2-10.

法国大萧条的特征体现在：晚于美国发生，相对缓和但是持续时间长，没有发生银行危机；大萧条之后，法国的投入产出率长期低迷，在衰退的波谷，并于 1936 年进行了社会改革。

（四）对日本的影响

20 世纪 30 年代的世界性经济危机中，日本作为当时的资本主义国家也未能幸免。30 年代初日本爆发了经济危机，在日本现代史上通常被称为"昭和经济危机"。"昭和经济危机"从 1930 年持续到 1932 年，对金融、工业、贸易、农业等多个行业都产生了冲击，使工业总产值下降了 30%以上。与美国危机爆发时物价和产量都有所下降相比，日本的经济危机只是表现为物价的下跌，而产量却不受影响。这次危机首先从商品和股票的价格暴跌开始。1930 年的批发物价比 1929 年下跌了 18%，1931 年与 1929 年相比则下跌 30%以上。物价自 1929 年秋开始下跌，到 1929 年末下降更为明显，农产品价格则是在 1930 年秋由于大丰收而急速下降。另外，股票价格的跌幅也大体相当，如果把 1914 年 1 月的股票价格指数设定为 100，那么 1930 年 6 月股票价格指数跌至 74，1931 年 9 月进一步跌至 69。

同时受到冲击的还有进出口行业。日本是一个资源贫乏的国家，所以十分依赖国际贸易来获取原材料，并通过世界市场销售产品，经济危机则沉重打击了进出口贸易。1929 年的外贸总额为 43.6 亿日元，1930 年降至 30.1 亿日元，1931 年又降至 23.8 亿日元。进口额在 1931 年比 1929 年下降 44%，出口额下降 47%。其中，农副产品如生丝的出口下滑十分明显，对农民收入下降产生了极大的影响。

第二节 / 大萧条的成因

大萧条的破坏力完全不亚于一次大的自然灾害，而且它的延续时间长，可以说是百年难遇的一次大灾难。

大萧条的特点首先表现为持续时间长。从开始到走出萧条阴影，大约用了四年多的时间，以至于由于人们的生活都过得很艰难，而有一种时间过得很慢的错觉。

其次是波及范围广。由美国爆发的危机，很快扩散至英法等其他资本主义国家，英国最终放弃自由贸易政策，促使英国放弃金本位制，英镑大幅度贬值。由于法国应对危机的措施不力，法国的危机持续时间最长。德国在 1928~1932 年，出口从 123 亿帝国马克下降到 57 亿帝国马克，结果是大量工厂关闭和大量工人被解雇，1932 年德国失业率达到了 30.8%。日本的“昭和经济危机”从 1930 年持续到 1932 年，对金融、工业、贸易、农业等多个行业都产生了冲击，使工业总产值下降了 30%以上。

最后是破坏力强。就美国而言，1929 年的美国国民收入为 810 亿美元，1930 年不足 680 亿美元，1931 年降到了 530 亿美元，1932 年以 410 亿美元触底。与此同时，国家的财富估值从 3650 亿美元降至 2390 亿美元，预示着不动产、资产和商品的大幅贬值。3 年间，85000 家企业破产，留下了高达 45 亿美元的沉重债务。5000 家银行停止支付，900 万储蓄账户被注销，损失了 260 多亿美元的工资收入。美国经济的债务结构变化不大，1932 年的利息仅比 1929 年少 3.5%。其他领域，通货紧缩持续加剧，长期债务严重超过了借款人的预期。以薪金支付的钱减少了 40%、分红减少了 56.6%，工资减少了 60%。危机之初，在胡佛政府的强烈要求下，削减工资的工业企业比例很小，但是在 1929 年至 1931 年 9 月间，它们还是以减少工作时间的办法，将薪水减少了 40%。人均实际收入由 1929 年的 681 美元狂跌到 1933 年的 495 美元。1931 年年收入超过 100 万美元以上的有 75 人，但到了 1932 年仅有 20 人。虽然政府人士和金融高层反复声明，衰退已经触底，不会再继续了，但是接下来的 3 年，商业衰退仍是断断续续地发生着。

关于大萧条的原因，学者们有多种解释：

（1）凯恩斯主义解释。凯恩斯对大萧条的解释改变和影响了宏观经济学的发展。凯恩斯认为大萧条的出现是由于总需求的急剧下降造成的，有效需求不足又是因为心理上的消费倾向，心理上的灵活偏好，以及心理上对资本未来收益预期起到的作用。总需求或有效需求不足是消费需求与投资需求不足的结果，心理上的消费倾向使得消费的增长赶不上收入的增长，从而引起消费需求不足。灵活偏好及对资本未来收益的预期使预期的利润率有降低的趋势，从而与利率水平不相适应，导致了投资需求不足。

对资本未来收益的预期即资本边际效率的作用尤为重要。主要通过这个因素，人们对未来的预期才能影响现在。其维系现在与将来之力，较之利率大许多。凯恩斯十分强调投资支出的不稳定性，认为大萧条的主要原因在于资本效率的突然崩溃。在资本边际效率宣告破裂时，人们对于未来之看法，亦随之而变得黯淡，于是灵活偏好大增，利率乃上涨。在资本边际效率崩溃时，常连带着利率上涨，导致投资量减退得非常厉害。不仅如此，若资本边际效率降得很厉害，则消费倾向也受到不利影响。这是因为资本边际效率的崩溃，引起证券市场价格急剧下跌，而消费者决定其消费行为受其投资价值之涨落影响大，从而对消费倾向产生不利影响。

（2）货币主义解释。货币主义领袖弗里德曼和施瓦茨在其1963年的经典著作《美国货币史》中，对大萧条的原因提供了一个简单而有力的解释，他们认为大萧条起因于货币供给的外生变化，直接由30年代初货币供给收缩引起。

60年代中期，货币主义有一个公认的观点，认为由于货币需求函数是稳定的，所观察到的经济不稳定大都可归于货币当局导致的货币供给的波动，货币存量的变化即使不是货币收入变化的唯一因素，也是最主要的因素。弗里德曼认为，货币存量M由三个因素决定，高能货币或货币基础H由联储决定，存款准备金比率D/R由银行决定，存款现金比率D/C决定于公众行为。它们的关系是：

$$M = H\frac{\frac{D}{R}\left(1 + \frac{D}{C}\right)}{\frac{D}{R} + \frac{D}{C}}$$

弗里德曼的分析集中在1929年的衰退如何转变成大萧条。他认为1929~1930年货币存量的最初温和下降转变成始于1930年10月、止于

1933年3月的银行倒闭风潮，致使货币存量和货币乘数的急剧下降。银行倒闭致使D/C和D/R都下降，前一比例下降是因为公众失去了对银行偿付存款能力的信心，后一比例下降是因为银行失去了对公众保持银行存款的信心。联储未能通过公开市场操作和通过贴现窗口向银行贷款阻止这种下降，反而于1931年10月提高贴现率，进一步加剧货币存量的下降，导致经济萧条变得更为严重。弗里德曼认为，政策失败的责任在于联储，如果联储采取宽松的货币政策，本可以避免银行倒闭，避免由此引起的货币存量下降和严重的经济衰退。

伯南克认为，美国金融制度的脆弱性以及联储不愿承担防止挤兑的责任，使得美国金融机构在面临金融危机时容易发生挤兑和破产。1930~1933年一系列银行危机，通过产生信用流通渠道非预期变化扰乱了信贷分配过程。对挤兑的担心导致存款的大量提取、准备金存款比率的预防性增加以及银行日益要求增加资产的流动性。这些因素加上实际发生的银行破产，迫使银行体系发挥的信用中介作用收缩，从而增加了资金流到借款者手中的成本。

银行面对较高的信用中介成本，调整的对策是增加对借款者的收费。然而，如果较高的利息费用增加了违约风险，银行最通常的反应是不对某些人提供贷款。因为市场的不完全和信息的不对称，银行不易识别借款者的好坏。因而，即使好的借款者也发现当存在普遍的清偿能力不足时，很难获得贷款。较高信用中介成本以两种方式对宏观经济运行产生不利影响。第一种方式是影响宏观经济中的总供给。例如，如果信用流量受到抑制，潜在的借款者可能得不到资金从事有价值的生产活动或投资活动，储蓄者可能把资金挪作他用，降低了有效的风险分配，增加了对大型工程融资的困难，以上每种形式都限制了国民经济的生产能力。第二种方式是影响经济的总需求。即使是资金雄厚的公司在萧条中也不愿意扩大生产，表明信用中介成本对总需求的影响更大。较高的信用中介成本，对借款者来说意味着较高的借款成本，降低了他们对当期商品和服务的需求。这种纯粹的替代效应（以将来消费替代当期消费）在伯南克的经验分析中得到了证明。

伯南克的新观点并没有抛弃弗里德曼和施瓦茨关于“货币冲击是重要的”这个论点，而是强调了货币冲击对经济的非货币影响方式。他的主要贡献是证明货币冲击及其他大萧条早期阶段的不利因素具有长期影响，这主要是因为它们影响了信贷市场的制度结构和借款者的资产负债状况。

伯南克的非货币传播假设，至少有三个方面区别于早期货币主义的观点。其一，一定规模的货币供给冲击如果发生在高杠杆作用（Leverage）时期或者金融制度比较脆弱的经济中，将具有更大的收缩效应；其二，一旦金融市场的影响扩大到包括非货币渠道，早期的货币主义观点——如果在 1931~1933 年通过公开市场操作扩大货币供给，本可以抑制经济衰退，防止金融机构破产的——能够得到证明；其三，增加货币供给的不同方法，如扩张性公开市场操作、降低贴现率等，也许具有不同的恢复效果。贴现窗口能够用来直接资助银行体系，降低银行信贷的相对成本，而公开市场操作可能是迟钝的与非效率的，因为它的效果不如直接资助银行体系、公司明显。

（3）财富的集中。莱维·巴特拉（Ravi Batra）在《1990 年大萧条》中语出惊人，提出大萧条的真正原因是财富的集中，而不仅是收入的集中。收入集中不可能独自导致大萧条，因为财富总水平在任何时点上都远远超过国民收入。财富的集中在 1929 年达到登峰造极的地步，从而引起大萧条。

财富集中的速度变化通常是极其缓慢的，但是在 20 世纪 20 年代，有一次财富集中的飞跃。1922 年，美国 1%的家庭拥有国民财富的 31.6%，但到了 1929 年，即仅仅 7 年之后，这些家庭所占份额又上升到 36.3%，可参见表 1-3。

表 1-3　1810~1983 年美国最富有的 1%的人们所持有的财富份额

年份	美国极富阶层持有的财富份额（%）
1810	21
1860	24
1870	27
1900	26~31
1922	31.6
1929	36.3
1933	28.3
1939	30.6
1945	23.3
1949	20.8
1953	27.5
1956	26

续表

年份	美国极富阶层持有的财富份额（%）
1958	26.9
1962	27.4
1963	31.6
1965	29.2
1969	24.9
1983	34.3

资料来源：[美] 莱维·巴特拉（Ravi Batra）. 1990 年大萧条 [M]. 中国国际信托投资公司国际研究所译. 上海：三联书店上海分店，1988：95.

莱维·巴特拉认为，衰退的严重程度取决于当时财富集中的程度。财富集中程度越高，易倒闭银行的数目越多，并助长投机，衰退便越严重。表 1–3 说明，1929 年财富集中程度是最高的，因此，1929 年的普通衰退发展为空前的大灾难。财富高度集中，是巴特拉认为的大萧条的真正原因。他进一步提出，大萧条的种子实际上是由 20 世纪 20 年代真正错误的财政政策播下的，在 1921 年、1924 年、1926 年和 1928 年，当时的政府多次削减税收。减税措施对大企业和高收入阶层极其有利。1922~1929 年，富人前所未有地富裕起来，以致出现历史上最严重的经济崩溃。

第三节 / 历史启示

伯南克指出“大萧条是宏观经济学的圣杯”，大萧条成为了宏观经济学研究的很好的素材。“前事不忘，后事之师”，从大萧条当中尽可能地发现和找到经济规律，给我们的经济发展以启示。

宏观调控是保证市场经济健康平稳运行的必要手段。20 世纪 30 年代，美国总统罗斯福成功地运用了凯恩斯“投资拉动经济”理论，采取了改革金融、复兴工业和救济贫民三个重要措施，从制度上给美国经济健康发展铺平了道路，使美国经济摆脱了大萧条的阴影，重新走向繁荣。1933 年罗斯福总统先后颁布了《农业调整法》、《全国工业复兴法》、《社会保障法案》、《工资工时法》四部法律，其目的在于维护农业稳定，巩固美国经济复兴的产业基础；推动工业复兴，以工业复兴推动技术创新，使美国在克服经济危机的同时，成功实现第二产业的优化升级，并确立了工业技术全球领先地位；确立最低工资标准与加强社会保障并行，一方面保持了社会稳定，另一方面也很好地发挥了消费对于经济的拉动作用。因此，利用好宏观调控手段使经济平稳发展是有效之举。

美国在 20 世纪 30 年代那场经济危机后，抓住了发展的机遇，而第二次世界大战又极大地刺激了美国的生产以满足世界的需求，最终成为世界经济第一强国，在世界经济体中占据绝对的统治地位。从美国运用凯恩斯投资理论刺激经济所面临的内外部环境分析看，20 世纪 30 年代美国运用凯恩斯理论刺激经济所需要的钢铁、水泥等原材料在当时属于朝阳行业，这些行业的发展有利于提高国民经济整体素质，但是今天在信息化主导的科技创新时代，这些产业已经成为过去式，未来发展要重点支持科技创新型项目以及由新技术带动的一批新兴产业。而且，20 世纪 30 年代并不缺乏资源，使得这些产业能够顺利发展，而今天世界经济发展正面临越来越多的资源“瓶颈”制约，这就要求在今后的投资项目选择上要偏重于低能耗的新兴产业。

从我国的产业结构看，我国出口导向的增长战略在 2008 年以来的全球金融危机的大环境下已经难以为继，我国的出口行业需要通过收购兼并、产品结构升级换代来实施多元化以及提高产品附加值。美国金融危机导致的经济衰退降低了我国出口商品的外部需求，也造成了发达国家贸易保护主义抬头，从而显著恶化了我国出口的外部环境。这就给了我国政府对出口行业进行结构性调整的机会，利用这一时机，积极调整出口产业政策，容许出口企业优胜劣汰、兼并收购，鼓励出口企业进行技术创新和产品升级换代，提高我国出口产品的多元化和附加值。另外有助于降低我国的经常项目顺差、改善国际收支失衡状况、缓解外汇储备累积和流动性过剩。

从银行信贷与社会供需均衡看，1929 年，美国财富的集中使整个社会的购买力急剧下降，人民相对贫困，资本家盲目扩大生产，出现了生产过剩与需求不足的矛盾，贫富分化严重限制社会实际消费能力的增长，供需矛盾日益突出且尖锐，最终结果导致经济危机的爆发。危机的根源在于社会总供给大于社会总购买力、产能过剩。供需矛盾一直伴随着社会发展而存在，随着现代社会保障制度的不断完善，可以一定程度上减少生产过剩，增加有效需求，使供需平衡，抑制经济危机的频发，从而使社会生产或生活能够正常或良好地运行。但是，现今国际金融危机急剧恶化，对国内经济的冲击不断加大，危机继续蔓延深化，供需矛盾值得我们予以进一步关注，防止恶化。在外部需求减弱、全球经济失衡调整的大格局下，我国要注意经济的转型和结构的调整，特别是内需市场的开发，城乡居民消费能力的培育。特别是加强对于中小企业和“三农”的信贷投放，中小企业和“三农”的发展会极大地解决就业问题，在一定程度上保证内需。

在美国经济陷入衰退的前提下我国依然能够保持平稳增长，那么我国经济对全球经济的拉动作用将会凸显出来，我国经济的引擎效应将会更加明显。虽然我国政府实施了比较严格的资本项目管制，但人民币在东南亚地区的国际化趋势已经比较明显。我国政府应把握好这个机遇和为人民币国际化提供的机遇，积极推动人民币成为一种区域货币，努力提升我国经济以及人民币的国际地位。正如1929年大萧条后美国出现罗斯福新政，第二次世界大战后出现布雷顿森林体系那样，一次大的全球性危机之后一定会建立一系列的新规则。国际金融体系重新洗牌恰恰是我国的战略机遇。

本章主要参考文献：

［1］黄安年. 二十世纪美国史［M］. 石家庄：河北人民出版社，1989.

［2］沙伊贝等. 近百年美国经济史［M］. 北京：中国社会科学出版社，1983.

［3］［美］J. 布卢姆等. 美国的历程下册（第1分册）［M］. 杨国标，张儒林译. 北京：商务印书馆，1988.

［4］［美］莱维·巴特拉. 1990年大萧条［M］. 中国国际信托投资公司国际研究所译. 上海：三联书店上海分店，1988.

［5］吴于廑，齐世荣，世界史现代史编［M］. 北京：高等教育出版社，1994.

［6］人民教育出版社历史室. 世界近现代史［M］. 北京：人民教育出版社，1995.

［7］［英］凯恩斯. 就业、利息与货币通论［M］. 高鸿业译. 北京：商务印书馆，1993.

［8］［美］杰拉尔德·冈德森. 美国经济史新编［M］. 杨宇光译. 北京：商务印书馆，1994.

［9］Milton Friedman ANNA Facobson Schwartz. A Monetary History of the United States 1867-1960［M］. Princeton：Princeton University Press，1963.

［10］［美］本·伯南克. 大萧条［M］. 宋芳秀等译. 大连：东北财经大

学出版社，2009.

［11］［美］约翰·肯尼斯·加尔布雷斯. 1929 年大崩盘［M］. 沈国华译. 上海：上海财经大学出版社，2006.

［12］［美］米尔顿·弗里德曼，安娜·施瓦茨. 美国货币史：1867~1960［M］. 巴曙松等译. 北京：北京大学出版社，2009.

［13］［美］默里·罗斯巴德. 美国大萧条［M］. 谢华育译. 上海：上海人民出版社，2009.

［14］［美］查尔斯·金德尔伯格. 西欧金融史（第二版）［M］. 徐子健等译. 北京：中国金融出版社，2007.

［15］［美］查尔斯·金德尔伯格，罗伯特·阿利伯.疯狂、惊恐和崩溃：金融危机史（第五版）［M］. 朱隽等译. 北京：中国金融出版社，2011.

第二章

1973~1975 年的经济滞胀

20 世纪 70 年代，美国经济在生产下降和失业率猛增的同时，物价不但没有下跌反而普遍大幅度上涨，出现高通货膨胀率、高失业率和低经济增长并存的独特经济现象，即经济滞胀，滞胀对其造成了极为负面的影响，大量企业倒闭，工人失业，经济增长停滞，在整个滞胀期间美国股市也经过了几轮调整。经过理论与实践的努力，美国才终于走出了漫长的滞胀阴影。

第一节 / 经济滞胀过程与影响

“经济滞胀”这个词第一次出现是在第二次世界大战后的1973~1975年。当时人们在凯恩斯、菲利普斯曲线、奥肯定律等几个理论的指导当中，但是这一轮的经济滞胀使得人们又开始新一轮的思考。经济滞胀，就是经济发展停滞，失业增加；同时伴随通货膨胀，物价上升。

一、经济滞胀的过程

20世纪70年代，西方发达国家经历了一场严重的经济滞胀。美国年平均通货膨胀率达到7.09%，1979年11月达到了13.29%的高峰。英国经济年均增长率仅为2.2%，通货膨胀率却高达12.5%。日本、西德、法国等西方资本主义国家都出现了经济增长率下降、通货膨胀率和失业率上升的情况。这是对凯恩斯主义学说的严峻挑战。

以美国为例，滞胀对美国经济造成了致命的打击。一方面是美国工业经历了长时间的生产下降。比如，1973年美国的工业生产下降了15.3%，持续时间为18个月；1979年美国工业生产下降了11.8%，持续时间约44个月。另一方面，大量企业破产，1979年发生的经济危机造成了近1.5万家企业破产倒闭。此外，固定资产投资大幅下降、物价严重上涨都严重影响了美国经济发展。“滞胀”阶段是美国“二战”结束后最为艰难的一个阶段。从1969年12月危机爆发到1982年12月经济复苏，美国约有13年的时间停留在滞胀的阴影下。平均每3年多就有一次衰退，实际GDP平均增长速度只有2.9%，而其他时期的经济增幅平均为3.87%~5.69%。与此同时，通货膨胀率前所未有地高涨，年平均通货膨胀率达到10.46%，而美国战后各经济阶段的平均通货膨胀率为2.33%~3.54%。

在滞胀阶段，按照美国权威经济研究机构NBER（National Bureau of Economic Research）的统计资料，美国共经历了4次经济危机，4次经济谷底分别是1970年11月、1975年3月、1980年7月、1982年11月。在这四次经济危机期间，在生产下降和失业率猛增的同时，物价不但没有下跌反而普遍大幅度上涨，出现高通货膨胀率、高失业率和低经济增长并存的独特经济现象。

20 世纪 60 年代美国经历了经济总量和人均收入增长的黄金十年，但是这期间美国的财政开支是逐年增加的，特别是美国国防开支的增加大幅带动了整个政府支出增速的上涨，大量的政府开支导致财政赤字逐年扩大，政府债务快速积累，世界各国对美元的信任下降，美元贬值预期越来越大，美国黄金储备大量流出，成为了布雷顿森林体系瓦解的前兆。同时，美国过度繁荣的经济推高了物价和工资水平，政府支出的增加再次推高了通货膨胀。1969 年末，美国的 CPI 已经达到 6%以上。

1969 年，美国尼克松总统上任，1970 年经济下滑，失业率迅速飙升至 6%。按照凯恩斯的理论，通过增加政府开支可以带动经济增长将失业率降下来，因此，尼克松在上任后采取了一系列的减税措施，但是失业率依然处于高位没有显著下降。随后，美国政府赤字再次大幅增加，联邦政府债务同比增速再次上升。市场已经觉察到美元贬值的意图，并开始用美元兑换黄金。尼克松于 1971 年公布了新经济政策，并且分四个阶段进行：第一阶段是冻结工资和物价，禁止外国用美元兑换黄金，并增收 10%的进口附加税。第二阶段是对工资和物价实行管制，把年通货膨胀率控制在 2%~3%，工资增长率不得超过 5.5%，同意将美元贬值 7.89%，并取消 10%的进口附加税。第三、第四阶段都以限制工资和物价增长率为目标。1973 年又将美元与黄金的比价贬值 10%。尼克松的措施起到了一定的效果，1972 年和 1973 年美国经济都取得了一定的增长，不过通货膨胀在下降后再次抬头。1973 年石油危机爆发，石油价格大幅上涨，导致物价整体水平持续大幅上升，美国通货膨胀率一度达到 11%，直接导致美国经济在 1974~1975 年陷入衰退。

1974 年，福特接任美国总统时，面临的最大问题也是通货膨胀。福特认为高通货膨胀比失业率的增加对经济的威胁更大。福特总统在 1974 年 10 月发表演说号召民众扫除通胀，国会还通过了一项向公司和富人增税的议案。福特总统政策的直接效果是 1974 年美国个人消费支出同比负增长，在此期间政府并没有减少政府开支，政府开支主要用于教育投入。1975 年通货膨胀率有所下降，而代价是失业率进一步上升。福特总统又重新将工作重心转移到增加就业上，1975 年福特颁布了减税的法案，同时控制政府开支。

1977 年卡特总统接任，1977 年和 1978 年美国经济延续了前两年的复苏态势，失业率也逐步回落到 6%的水平。从美国货币供应量的增速来看，1975 年开始的较为宽松的货币政策也推动了通货膨胀率的重新抬头。由于 1979 年石油危机的再次到来打断了经济上涨的步伐，美国政府再次面临高通胀高利率同时伴随着高失业的状况。针对能源危机，卡特制定了有利于发展国内原油开采业和储存的方针，美国国内对于原油和天然气开采业的固定资产投资增速大幅提高，令美国的原油对外依存度大幅下降。1979 年开始，美联储开始倾向于从紧的货币政策，市场贷款利率不断上升，联邦基金利率达到历史高位，加上财政支出较为保守，CPI 在 1980 年达到高点后逐步回落至低位。

1980 年，里根总统上台后采取了供给学派的经济理论，进一步降低了收入税和资本利得税，促使美国经济重新焕发，同时采取了较为稳健的货币政策，从而避免了通胀的再一次发生，至此美国 70 年代滞胀经济结束。

二、经济滞胀的影响

经济滞胀首先从英国开始，之后席卷了美国、加拿大、联邦德国和法国等主要西方国家以及日本。对石油严重依赖的汽车工业首先受到冲击，西方世界的工业生产整体下降了 8.1%，美国的汽车工业生产下降了 32%，受损最严重。作为经济晴雨表的股市反映也非常明显，英国股指的跌幅最大，比危机前后最高点下跌了 72%，远远超过 30 年代大危机下跌 52%的幅度。美国道琼斯股票价格平均指数比危机前的最高点下跌近一半。危机的直接社会后果是企业大量破产，失业人数创战后世界最高纪录。其中美国在 1975 年 5 月时的失业率达到 9.2%，是自 20 世纪 30 年代大萧条以来的最高点。这次危机造成除联邦德国以外的所有西方发达国家出现巨额国际收支逆差，共计达 392 亿美元，即使国际收支一向呈现顺差的日本，也因石油提价而出现了 52 亿美元的逆差。与危机相伴的，则是更加严重的通货膨胀。1974 年美国消费物价上涨 11.4%。

经济滞胀对世界政治经济格局产生了重要影响：

首先，美国在资本主义世界的经济霸主地位发生动摇。世界经济开始向多极化方向演变，日益形成了美国、欧洲共同体、日本三足鼎立的局面。经济滞胀危机可以说使美国元气大伤，对其他国家来讲也是受到很大的损伤。“二战”以后，世界各国家之间的竞争已经从开始的军备竞争转移到了经济竞争。美国在“二战”前发了“战争财”，但在“二战”之初，美国经济已经显现出了一种疲态，但是经过战争之后，美国在经济上马上就有了很快的恢复，这要归功于战争期间美国军火生意的繁荣，综合经济和军备上的因素，美国自然而然成了霸主。

这次的经济滞胀受到了石油危机的影响，无论从时间还是从危害强度上，石油危机的存在使得这次经济滞胀存在时间长，危害大。石油危机是中东国家为了惩罚美国以及其他在中东第四次战争中支持以色列的一些国家的石油禁运。在这之前，国际原油市场上一直都是主要的资本主义国家的跨国公司在唱主角。而且更重要的是，美国在中东探明原油储备量之前是世界上最大的产油国。中东国家虽然在石油产量上已经超越美国成为第一产油地区，但是，真正的国际地位却是很低的。第四次中东战争爆发前，阿拉伯国家领导人通过各种途径向美国发出警告，如果美国不改变现行的中东政策，继续支持以色列，阿拉伯国家将向西方国家使用石油武器。在这种情况下，对于美国对中东石油的进口问题，虽然尼克松建立专门小组研究美国对中东石油的依赖问题，但总体上来说，美国政府和民众并不认为中东对美国使用石油武器将会影响美国的经济和生活。

但是事实并非如此，中东国家的石油武器让本来就状况不好的美国经济以及世界经济都陷入得更深。这次经济滞胀之后，提升了中东国家的地位，美国的霸主地位开始下降。最被阿拉伯国家所抵制的是美国，因此美国所受到的伤害最重，从而，在经济上美国与欧盟还有日本的差距缩小了。

其次，西方七国首脑会议机制形成。为共同研究世界经济形势、协调各国政策及重振西方经济，在法国倡议下，法、美、德、日、英、意六国领导人 1975 年 11 月举行了首次最高级经济会议。1976 年 6 月六国领导人举行了第二次会议，加拿大应邀与会，形成七国集团。从 1977 年第三次会议起，欧洲共同体委员会主席应邀参加会议，至今不变。此后，西方发达国家最高级会议就作为一种制度固定下来，每年一次轮流在各成员国召开，也被称为“西方七国首脑会议”。

第一次会议于 1975 年 11 月在巴黎附近的朗布依埃举行，又称朗布依埃会议。主要讨论世界经济形势、贸易、货币和能源等问题，通过《朗布依埃宣言》，要求各国避免采取牺牲他国利益以解决自己问题的保护主义措施，表示努力谋求货币稳定，同意刺激经济增长措施，接受浮动汇率。

第二次会议于 1976 年 6 月在波多黎各岛首府圣胡安举行，又称圣胡安会议或波多黎各会议。会议强调各国“加强合作，努力制定相互一致的经济战略”，重视平衡增长，要避免发生新的通货膨胀，欢迎东西方贸易的不断发展，重现发达国家与发展中国家的对话。

第三次会议即伦敦会议，于 1977 年 5 月在伦敦举行。会议提出继续降低通货膨胀，创造更多的就业机会，进一步促进贸易自由化谈判，“决心实现已宣布的经济增长指标或坚持稳定政策”。

第四次会议又称波恩会议，于 1978 年 7 月在波恩召开。会议主要就经济增长等问题达成战略协议，各国根据各自情况采取不同措施。七国决心减少对石油的依赖，强调发展核能和更多地利用煤炭的重要性，承诺支持第三世界发展经济。

第五次会议又称东京会议，于 1979 年 6 月在东京举行。会议着重讨论能源问题，指出“当务之急是减少石油消费量和加快发展其他能源”，并具体规定各国 1979 年和 1980 年石油进口量及 1985 年石油进口最高限额。会议还讨论中东形势、对苏战略和中国问题，达成保持对中国信贷利率一致的“君子协定”。

20 世纪 80 年代以来，有关国际政治问题的讨论逐渐增多。1980 年 6 月，第六次会议在威尼斯召开，又称威尼斯会议。会议确认当务之急应降低通货膨胀率，并宣布把石油消费量从当时占总能源消费量的 53%减少到 1990 年的 40%。这次会议突出了政治议题，集中讨论中东、苏军入侵阿富汗和东西方关系问题，发表了一系列政治声明。

该会议作为西方主要工业发达国家的首脑会议，旨在对复杂多变的国际政治经济形势从整体上协调共同的和各自的政策，缓解内部矛盾，以维护成员国在世界经济和国防政治中的地位。21 世纪，俄罗斯正式加入该组织，改称“西方八国首脑会议”，简称 G8。该会议已形成一种制度，将继续存在下去并发挥其重要作用。

再次，苏联经济实力明显增强。进入 20 世纪 60 年代后，苏联国民经济总体发展速度高于发达资本主义国家和发展中国家，到 70 年代末，经济实力居世界第二位。70 年代苏联利用西方经济危机具有与 30 年代不同的特点。如果说，30 年代苏联主要着眼于尽快在短期内引进一批为建立工业化基础所必需的机器设备，那么在 70 年代，由于苏联经济实力的增强和经济发展的需要，以及国际条件的变化，苏联确定了同西方发展长期经济贸易关系的战略方针，同时充分利用西方经济危机的有利时机，争取得到最大的好处。

20 世纪 70 年代，苏联同大多数西方国家签订了发展经济和工业合作的长期协定，为期 10 年甚至 20 年。同西方发展补偿贸易，不仅大量引进西方机器设备，购买专利许可证，而且利用西方技术建立能向西方出口制成品的工业能力。苏联同西方的贸易额在外贸总额中所占的比重，从 1970 年的 21%提高到 1980 年的 32%。苏联充分利用了西方石油危机造成的有利时机，在 1975~1978 年大幅度增加从西方进口的机器设备，1971~1975 年苏联从西方购买专利许可证 233 项，1964~1970 年苏联从西方得到的贷款为 38 亿美元，1971~1975 年增加到 172 亿美元，其中约半数是在西方经济危机严重的 1974~1975 年借到的优惠贷款，期限长达 10~15 年，利率仅 6%~7%。

70 年代苏联利用西方经济危机与 30 年代不同的另一个特点是贸易条件对苏联十分有利。石油价格一再上涨，大大超过了机器设备和粮食价格上涨的幅度。苏联抓住这一有利时机，不断扩大石油出口，换取大量硬通货。由于石油价格上涨，使苏联得到的硬通货收入从 1970 年的 3.87 亿美元增加到 1978 年的 57.16 亿美元。

苏联还利用黄金猛涨的时机有控制地抛售黄金，1978 年出售黄金得到的硬通货收入达 26.73 亿美元。同时，从 1973 年起，武器出口也逐渐成为苏联硬通货收入的一个重要来源。结果，尽管苏联大量进口机器设备，1971~1978 年累计达 270 亿美元，而苏联欠西方的硬通货债务却增加不多。70 年代苏联利用西方经济危机得到了不少发展的机会，在经济上引进了大批自己不能制造的机器设备，建成了不少重点工程，补充了粮食歉收造成的缺额，从而减轻了困难，增强了经济实力。

最后，发展中国家和地区的经济地位明显上升。特别是拉丁美洲的巴西、阿根廷、墨西哥和亚洲的韩国、新加坡、中国台湾等国家和地区，它们抓住发达国家经济调整的历史性机遇，成为世界经济发展中的中坚力量。一大批发展中国家为了改变在世界经济中的从属地位，壮大自身力量，还加强了相互间的经济合作。建立了一系列区域经济合作组织乃至全球性经济组织，如七十七国集团、东南亚国家联盟、海湾合作委员会等。

第二节 / 经济滞胀的原因

一、垄断的进一步强化

19 世纪 90 年代以及 20 世纪 20 年代和 50 年代是美国历史上三次发生大规模企业并购浪潮的时期，经历了自由资本主义阶段、私人垄断资本主义阶段和国家垄断资本主义阶段不断发展的三个时期。同时也是资本由在美国国内范围扩张向海外扩张的过程。“少数大集团控制某一工业领域而造成的供不应求的局面，成为美国资本主义的一个特点。”①

19 世纪末期以后，美国著名的三次反垄断立法已经禁止了美国公司在单一经济领域内的垄断行为，这在对产业组织、市场结构的规定与调整方面也是卓有成效的。但是，美国企业兼并收购的浪潮此起彼伏，这些垄断法并不能限制美国企业在 20 世纪五六十年代的盲目扩张，也不能阻止随后的生产率下降以及经济停滞的来临，60 年代后期的大企业联合时期造成了许多大企业停滞和分崩离析，经过 15 年后都没法恢复过来。②在 20 世纪五六十年代，大企业兼并收购的情况非常严重，在那十年里，有名气的公司几乎没有一家不在扩大业务。其中有美国工业公司一年之内兼并 300 家企业的例子，堪称惊人甚至疯狂的举动，几乎相当于每天兼并一家企业。这种盲目扩张不仅在日后带给企业以创伤，更严重的是，多元化经营后出现的利润率下降等诸多问题在一定时期内集中爆发，带给国民经济的负面影响也是巨大的。资本的一进一出非但没有实现增值，还损害了公司利润的增长，影响到公司的稳健发展，使很多公司陷入困境。这些微观经济的变动传导到宏观经济中，巨额亏损在某种程度上影响到公司的投资需求，众多微观经济体的困境拖累整个实体经济增长速度与社会劳动生产率。

---

①［美］加里·纳什等. 美国人民：创建一个国家和一种社会（下）［M］. 刘德斌主译. 北京：北京大学出版社，2008：851.

②［美］彼得·林奇，约翰·罗斯柴尔德. 在华尔街的崛起［M］. 秦业青等译. 北京：经济日报出版社，1990：291.

美国公司在这一时期热衷于兼并收购操作还有一个技术层面的原因，即在股票市场提高每股收益进而提高股票价格以使股东获利的诉求。一般来说，分别处于传统行业与新兴行业的两家上市公司，其股票具有不同的市盈率，通常传统行业股票的市盈率要低于新兴行业，假设两家公司具有相同的利润额与股票流通量，高市盈率公司仅是通过收购低市盈率公司就可以提高每股收益，进而提高股票价格，使包括大股东在内的所有股东受益，这种资本运作手法在 20 世纪 60 年代的美国十分盛行。因为这种资本运作表面看起来并没有使任何人遭受损失，反而会形成一种表面上的共赢局面，但其负面影响在于一家质地良好、经营得当的公司收购了其不熟悉的业务，进而导致亏损情况的出现，影响到整个经济体系的活力。

事实上，20 世纪 60 年代集团企业风潮的主要原动力，乃是因为收购过程本身能够带来每股收益的增加。集团企业的管理者们，拥有的往往是金融专业知识，而非提高被收购企业盈利能力所需的经营才能。正因为企业集团的管理者不具备对其收购业务的管理能力，兼并收购在短时期内提高每股收益之后，在随后的经营过程中却给大多数盲目扩张的公司带来灾难性后果，而兼并收购能够带来每股收益提升的前提也恰恰在于传统行业可以在同等的流通股数量基础上产生更高的利润额，经营不善引致的利润额下降则必然导致每股收益的下降，抵消兼并收购带来的股价上涨。事实上，滞胀危机出现后，美国股市在整个 70 年代都一直处于低迷状态。因为这些大公司并不熟悉其通过兼并收购介入的行业，在 50 年代兼并收购的分公司业务又在随后的历史时期内被迫出售（见表 2-1）。

表 2-1　美国 1963~1992 年公司兼并与收购公告和出售分公司情况

年　份	1963~1967	1968~1972	1973~1977	1978~1982	1983~1987	1988~1992
兼并与收购年平均数（家）	1951	3736	1474	1384	1666	1277
出售分公司权益年平均数（家）	207	1290	1266	789	1023	953
出售分公司权益占兼并与收购总数的百分比（%）	10.6	34.5	85.9	57	61.4	74.6

资料来源：Merrill Lynch Advisory Services（1994：2，80，120，121）.

进入 20 世纪 60 年代以来，美国公司的收购数量和总价值急剧增加。到了 70 年代，过度扩张的弊端开始显现出来，盲目进行多元化经营的公司开始重组。到 1986 年，这些公司卖出了半数以上 1980 年以前收购的企业，而对于没有业务联系的被收购企业而言，被出售的比例则高达 7400

家，出售分公司权益的数量也长期高于其收购企业的数量。[①]

管理不善、石油冲击、通货膨胀导致企业研发开支缩减以及美国人转向金融业是六七十年代生产率下降的原因。因此，大企业的盲目扩张是 70 年代生产停滞的原因之一。

除此之外，美国在劳动力要素方面的垄断趋势也在不断强化，这是生产成本居高不下的原因之一。劳动力成本的增加在一定程度上会压缩企业的利润空间，削弱企业的产品竞争力，在国际贸易中这种劣势会更加明显。劳动者工资上涨又会扩大民众的消费需求，这就在某种程度上推高了通货膨胀率。也正是在这一时期，美国制造业开始向海外转移，这也是 70 年代美国国内经济低迷的原因之一。

美国工会运动在“二战”后得以发展，工会的发展和运动也是造成通货膨胀的因素之一。美国工会会员人数从 1940 年的 850 万人增加到 1947 年的 1540 万人，工会的规模翻了一倍，在一个产业内大公司与工会的谈判结果将适用于其他同行业公司，整个行业都将依据新的报酬协议为工人加薪，并且产生了对生活费用进行调整以及增加 2%的工资“年改善因素”的协议以应对当时的通货膨胀。1955 年，产业联合工会与劳工联合会的合并更加增强了工会的实力，到 20 世纪 50 年代末，生活费用调整方案已列入大多数工会的合约。这些因素在某种程度上使得劳动力成本居高不下，即便在经济衰退时期也不例外，不利于通货膨胀率的下降，也容易扩大失业。

由于美国工会一向带有蓝领色彩，随着产业工人规模的缩减，白领层开始扩大，这在某种程度上削弱了工会力量的增加。此外，国内劳动力资本上涨迫使很多美国大公司把目光投向海外设厂，美国经济开始结构转型，国内制造业的萎缩使产业工人的处境更加艰难，制造业转移加剧了失业。制造业转移又削弱了工会力量，在滞胀危机中，蓝领工人的失业率升幅远远高于其他类别，这表明美国制造业已经开始出现衰退的迹象。同时工业自动化的趋势也缩减了工人，加剧了失业。

在哈耶克看来，当时的美国是这样的情况：“现代的计划运动是一种反对竞争本身的运动，是一面将竞争的一切宿敌都集结其下的新旗帜。”[②]

① ［美］玛丽·奥沙利文. 公司治理百年：美国和德国公司治理演变［M］. 黄一义等译. 北京：人民邮电出版社，2007：118-120.

② ［英］弗里德里希·奥古斯特·哈耶克. 通往奴役之路［M］. 王明毅等译. 北京：中国社会科学出版社，1997：43.

国家干预经济的思想也会在制度上导致垄断出现，这一理论是在制度层面上限制自由竞争、纵容垄断的经济思潮。垄断本身具有的性质导致其意味着停滞与腐朽的趋势。曼瑟·奥尔森也推导出一种滞胀危机时期美国社会趋向垄断、僵化的变迁路径。在一个分利集团网络密集的经济中，贸易条件会转向让已经组织起来的部门受益。利益集团在突然到来的经济变动中产生，并强化这种变动，最终以某种体制化的方式确定下来，进而实现从中获取利益的目的。这一过程导致整个体系越来越趋向于僵化，国民经济运行成为一个被众多分利集团层层裹挟、限制的利益网。

二、美元流动性过剩

货币主义学派代表人物米尔顿·弗里德曼有一句名言："严重的通货膨胀无论在何时何地都是一种货币现象。"他认为，只有政府才能制造过度的纸币增长，从而制造通货膨胀。从 20 世纪 60 年代中期到 20 世纪 70 年代末期，美国货币加速增长的原因有政府开支的急剧增加、政府的充分就业政策以及联邦储备体系推行的错误政策。[①]政府开支增加中包括了社会福利开支的增加以及为确保越南战争继续下去所进行的军费筹集活动，这种军费筹集主要依靠增发货币来实现。联邦储备体系的错误政策则是时任美联储主席伯恩斯推行的不合时宜的放松信贷的货币政策。就美元在国际货币体系中的国际结算货币及国际储备货币的地位而言，美元的过度发行不仅造成了美国国内的流动性泛滥，更是通过国际货币结算体系流入国际市场，造成美元在世界范围内流动性过剩。

1944 年 7 月，美国通过布雷顿森林体系获取了美元霸权，布雷顿森林体系实际上是一种金汇兑本位制。在该体系下，美元成了黄金的等价物，成为了国际清算的支付手段和主要储备货币，美元在国际货币体系中取代了英镑的地位。但是到了 1968 年，美国就曾关闭黄金窗口，停止兑换黄金，并征收 10%的进口税以刺激出口。到了 1971 年，世界货币体系却难以维持下去了，并最终陷入崩溃。越南战争爆发后，由于美国政府并没有制订一个详细的筹集军费的计划，战争开支在很大程度上是依靠增发货币实现的。从 1969 年开始，美国的货币增长速度明显加快，广义货币供应

① ［美］米尔顿·弗里德曼. 货币的祸害——货币史片段［M］. 安佳译. 北京：商务印书馆，2006：186-197.

量开始大幅提高，市场中的货币流通量也明显增多，虽然增长速度并不是十分惊人。但此时，欧洲各国手中已经保持了大量的美元外汇储备，出于对美国滥发美元导致其外汇储备缩水的担忧以及对美元霸权的不满，欧洲国家开始集体向美国施压，要求美国约束货币发行、减少财政赤字，并采取用美元向美国要求兑换黄金的实际行动，最终发生了挤兑黄金的现象。到了 1971 年，美国的黄金储备已不到“二战”结束时的一半，美国政府无力继续兑换黄金。于是，尼克松总统再次下令关闭黄金兑换窗口，停止黄金兑换，于是各国纷纷放弃与美元挂钩的固定汇率。

美元贬值直接导致了物价上涨。事实上，美国从 1971 年开始，就已经陷入经济危机之中，大量的企业倒闭致使失业率剧增，低迷的国内经济导致美元汇率不断走低。1973 年，美国政府放弃每盎司黄金 35 美元的固定比价，这一举措更加恶化了美元汇率的走低趋势，美元对其他主要国际货币出现了大幅贬值。布雷顿森林体系就此土崩瓦解。汇率的不稳定直接影响到国际贸易与对外投资，进而间接影响到生产层面，导致整个经济体系的不稳定。

美国在 20 世纪五六十年代长期的国际收支逆差，资本项目严重失衡，造成在世界范围内美元流动性过剩。美元作为最重要的国际结算货币，其在世界范围内泛滥成灾势必导致全球资产价格的上涨。作为美元的发行主体与国际经济的重要参与者，美国也难以独善其身，它在转嫁通货膨胀的同时也势必品尝自己酿下的苦果。

美国长期的债务经济也是导致美元流动性过剩的重要因素之一。从 1960 年到 1974 年，债务在美国经济的每一个角落中以爆炸式的速度增长。截至 1974 年，公司债务、房屋抵押债务、消费债务和地方政府债务增长了 300%。在同一个 15 年期间，美国政府的债务更是增长了 1000%。美国的经济繁荣是建立在银行信用体系之上的，信贷消费透支了未来的收入，在短时间内促进了繁荣，却加剧了通货膨胀。同时，人们认为在通货膨胀时期消费是正确的，因为货币购买力处于贬值通道当中，这种理念在一定程度上推高了通货膨胀，也恶化了美国的银行信用体系，债务经济的最终崩盘将是灾难性的。美国信用卡和信贷消费的发展也使美国人的消费占国民生产总值的比重逐渐升高。这一方面促进了经济，但另一方面也使得储蓄不足，投资乏力，当人们对传统工业品的消费变得迟钝时，多余的生产能力开始积压，造成生产停滞，失业率上升。

三、经济周期的影响

第二次世界大战使美国经济迅速摆脱大萧条的困扰，巨大的战争需求把美国经济重新拉回了高速增长的轨道，“二战”期间，美国共生产了30万架飞机、8.8万辆坦克和3000艘商船①，这在和平时期是不可能实现的。在巨大需求的刺激下，工厂得以重新开工，失业现象很快就在美国消失了，不仅对男性劳动力是如此，大量的女性劳动力也进入工厂工作。

“二战”结束后的几年里，美国面临的两个最重要问题是消费品的缺乏和通货膨胀。在这种情况下，美国的投资需求才十分强劲，支撑了战后20余年的经济繁荣。投资不断增加和工厂的满负荷运转，使得普通消费品缺乏的问题很快得到解决，家庭耐用消费品市场的发展也为美国经济的繁荣提供了契机，使得“二战”后的美国成为消费者与商人共享的天堂。从经济周期的角度看，这一时期是美国经济循环中的一个典型的上升时期。从1950年至1977年，美国的直接投资一直处于稳步增长之中，并存在一种由以资源为主的投资转向投资于制造业或其他工业项目的总体趋势，制造业投资从1950年占总投资的32%增长到1977年的44%。

汽车制造业与房地产成为了美国战后经济繁荣的支柱产业，汽车业的繁荣使美国已经成为一个汽车王国。“婴儿潮”的出现大幅提高了住房需求，美国按照工业生产的方式批量建造房屋，美国国民的住房拥有率迅速从1945年的53%提高到1960年的62%。同时，艾森豪威尔政府注资260亿美元，也启动了建设4万英里州际高速公路的计划。这些都对美国经济起到了拉动作用。

“二战”结束以来，世界经济基本处于上升周期，也是美国经济周期中一个典型的景气周期。进入70年代，资本扩张以及对技术创新的仿效导致利润率下降，产品过剩、生产能力过剩开始出现，而这些过剩能量并不随着投资的停止而被逐步消化，最终只能在危机与竞争中完成结构调整。由此可见，经济周期所具有的这种上升与下降的特征是由经济体系内部存在着的逻辑严密的因果关系决定的。

依据供给学派的观点，社会总需求扩张的原因有可能不是由于生产活

① [美] 加里·纳什等. 美国人民：创建一个国家和一种社会（下）[M]. 刘德斌主译. 北京：北京大学出版社，2008：821.

动的扩大或社会总需求的增加，恰恰是由于供给的减少或货币量的增加，并由此导致物价上涨，出现通货膨胀。而通货膨胀又会产生负利率现象，导致储蓄率下降、利息率上升，影响固定资产投资与生产设备的更新换代。因此，有人把 20 世纪 70 年代的滞胀危机称为“供给冲击”，也就是成本或生产率的突然变动使得总供给出现急剧变动。这种情况的出现以 1973 年最为典型，同时出现了农作物歉收、海洋环流转变、世界商品市场大规模投机、外汇市场剧烈波动以及由中东战争引起的世界原油涨幅高达 4 倍的价格飙升等导致总供给急剧变动的经济现象。

四、凯恩斯主义政策的过度使用

凯恩斯主义经济学以整个国民经济为研究对象，研究社会总需求或总收入与总消费和总投资之间的平衡关系。凯恩斯主义认为社会总需求是由投资需求和消费需求组成的，经济危机的原因在于有效需求不足。因此，通过国家干预经济的办法实施反危机措施可以调节社会总需求，进而消灭经济危机。具体来讲，就是利用政府的财政支出能力和货币调节能力刺激投资需求，扩大消费需求，即实行积极的财政政策与宽松的货币政策，改变经济周期，实现经济的持续增长。凯恩斯主义调节经济的手段：一是增加政府财政支出，搞赤字财政；二是扩大信贷，搞债务经济。

20 世纪 60 年代以后，政府干预经济的政策得到普遍认可。美国在宏观经济政策方面逐渐达成共识，认为经济不会自行稳定，也不会自行维持在一个令人满意的低失业率水平上。政府负有稳定经济的责任，首要任务就是稳定总需求的增长，财政政策与货币政策则是政府手中的两大法宝。这样，美国政府开始奉行凯恩斯主义经济政策，实施持续性的赤字政策。1961~1968 年，美国连续 8 年出现财政赤字，总额达 608 亿美元。实际上，自 1961 年之后，美国的联邦预算已经很难再看到存在盈余的时候了，1970 年之后，财政赤字的规模更是急剧扩大，大体在 300 亿~500 亿美元徘徊，占到财政收入的 10%左右。反危机政策在短期内很成功，但加大了通货膨胀压力。从 1966 年起，物价上涨速度明显加快。这一时期的货币政策总体上是相对稳健的，但越南战争与建设“伟大社会”所需开支造成的扩张性财政政策为滞胀危机的出现埋下了隐患。

人们一般认为，与通货膨胀相比，失业带来的痛苦更大一些，所以极力避免经济下滑、失业加剧的情况出现，而低估了通货膨胀的严重性。这就在一定程度上纵容了赤字经济的进一步发展，对于美国政府而言，在经济政策制定上通常缺乏长远眼光，执政当局只是希望在有限的任期内不要出现大面积失业以及社会动荡，至于作用缓慢的反通货膨胀政策就无暇顾及了，最终导致通货膨胀形势不断恶化，不得不由整个社会承受其后果。1969 年尼克松上台，美国的经济状况已经很差，长期赤字财政导致经济增长潜力不足，通货膨胀已经形成并呈加剧态势，劳动生产率几乎停滞，贸易顺差大幅下降。于是，尼克松政府开始压缩财政支出，提高联邦基准利率，政策出台后非但没有遏制住通货膨胀，反而造成了 1969 年 4 月到 1970 年 11 月的经济衰退。于是政府转而增加赤字，调低利率，经济走出衰退，但通货膨胀却愈演愈烈。政府的宏观经济政策陷入两难境地。

1971 年 8 月，尼克松政府决定实行冻结工资物价政策控制通货膨胀，同时开始削减税收以提振经济。到 1973 年，管制政策并未收到实效，经济出现过热，政府转而实行紧缩政策。1973 年 10 月，第四次中东战争爆发导致中东石油危机，国际油价迅速飙升 4 倍之多，导致了 1973 年 11 月到 1975 年 3 月的严重经济衰退和物价普遍上涨。20 世纪 70 年代的世界性粮食产量下降又导致食品价格上涨，通货膨胀变得一发不可收拾。失业率与通货膨胀率双双居高不下，美国经济彻底陷入滞胀泥潭。

滞胀危机的原因就是在市场逐渐趋于饱和的情况下凯恩斯主义经济学指导下的财政赤字与货币供给的急剧膨胀。60 年代以后美国政府以凯恩斯主义为依据，对经济生活实行宏观需求管理，运用财政政策与货币政策对社会总需求进行调节和控制，在缓和经济危机、拉平经济周期波动曲线的同时，也使再生产周期出现了一些新特点，即通货膨胀与再生产周期伴随出现，经济停滞与严重物价上涨并存而生。

五、福利国家构建对滞胀危机的影响

福利国家构建对滞胀危机的形成有一定的影响，其内在的作用机制比较复杂。以英国为例，自 1945 年 7 月工党上台执政以来，英国是执行福利社会政策比较卖力的西方国家，包括保守党执政时期也大体接受了工党关于建设福利社会的政策。到了 70 年代，英国是西方世界第一个出现滞胀危机的国家，这种联系可能在某种意义上透露了福利国家与滞胀危机之间的关系。

在美国，自罗斯福新政以来，美国的社会福利制度在历届政府的努力下不断发展。杜鲁门时期颁布了提高最低工资限额的法令，虽然现代西方经济学认为这会导致失业率上升，但这并不影响法令在国会得到通过。美国政府的福利开支从 1927 年的 25 亿美元上升到 1960 年的 970 亿美元。

1964 年春天，约翰逊开始用“伟大社会”一词来描述其全面社会改革计划。1964 年国会通过了《经济机会法案》，设立经济机会局，为穷人提供教育和培训，组建服务志愿队，各种社区行动计划为穷人改善居住条件、健康及教育提供支持。约翰逊还提出一项医疗援助计划，成为 1935 年《社会保障法》以来美国政府在社会救济领域的最大努力。5 年后，美国政府为 20%的美国人支付了医疗费用。约翰逊时期，国会还通过了为穷人提供房租补贴的新的住房法案以及其他种类繁多的新型援助计划。政府在教育资助中的支出也在 1965 年之后陡然上升，从 1965 年的 25 亿美元上升到 1970 年的超过 80 亿美元。约翰逊的“伟大社会”计划与卷入越南战争共同导致了财政赤字的大幅增加，平均每年增长 10%左右。

尼克松削减了军备开支，但社会福利转移支付的拨款却空前增长，推动了 70 年代国民经济体系的进一步恶化。1973 年，国会决定把社会保障支出的增长与消费品价格指数联系起来，这就从制度上保证了社会福利开支的增幅。到 1975 年，美国社会福利转移支付占国民生产总值的比重已经由 1960 年的 5.3%上升到 11.3%。

福利国家的覆盖面过广不仅会使财政赤字猛增，导致通货膨胀。同样也会使资本主义制度的思想基础——努力的人会变得富有，懒惰的人将承受苦难——发生动摇，导致人们缺乏努力工作的动机，经济缺乏活力，社会缺乏效率，经济增长速度下滑，生产率下降。

第三节 / 历史启示

西方的滞胀理论对我国抑制通货膨胀，促进经济增长，具有借鉴作用。

一、货币政策要稳健实施，并与经济增长相适应

货币主义认为，通货膨胀是一种货币现象。在解释这种现象时，货币

数量是基本因素。西方经济出现滞胀的一个重要原因是由于长期执行凯恩斯主义的扩张性经济政策所导致的，这表明凯恩斯主义已经彻底失败，需要新的理论来取而代之。因此，要走出滞胀必须降低货币增长率，使之与经济增长率相适应。

我们过去一直是实施粗放型的经济增长战略，这种增长战略使企业的经营原则往往不是效益最大化或利润最大化，而是产量最大化。实现产量最大化的最有效途径是追加投资，扩大生产规模，导致企业内在的投资扩张冲动，从而对银行信贷依赖程度明显提高。为保高速度而进行的高投入，往往迫使银行信贷规模超常增长，造成货币的非经济发行。我国在历次周期性波动中，数量型扩张冲动是造成通货膨胀的一个重要原因。为了避免在经济高速增长过程中出现严重的通货膨胀，就必须通过经济体制的改革来实现经济增长模式的根本转换。这种转变是一国经济增长过程中长期反通货膨胀政策的一个不可少的重要组成部分。经济发展从又快又好转变成为又好又快地发展。同时，实施稳定的货币政策，使货币投入与经济增长相适应，以实现国民经济长期地、稳定地高速增长。

稳健的货币政策有利于保持经济的平稳较快发展。货币政策作为宏观调控的重要手段之一，需要根据不断变化的国内外经济相机抉择。由于货币政策存在时滞，这就意味着政策操作要有前瞻性，对宏观经济趋势进行预判并提前做出反应。2007 年次贷危机导致的极端动荡状态从已经缓和，当前我国的外需形势相应得到改善，对外贸易已经恢复至危机前的水平。从国内来看，目前汇丰制造业采购经理人指数 PMI 一直处于较低水平，央行采取了一定的降准降息政策，而不是激进措施来支撑经济，政府也显示出对经济增长放缓的更大的耐心，目前经济正从重投资向更加可持续的消费推动的增长转型。

货币政策稳健，并有目标的结构化调整，有利于促进经济结构调整和发展方式转变。如果宽松的货币政策持续太久，资金面过于宽松、资金成本过低，地方政府和企业缺乏结构调整和转型升级的动力。实施稳健的货币政策，对扶持的领域适度给予货币政策支持，向市场发出明确的信号，有利于形成促进经济结构调整和转型升级的“倒逼机制”，有助于为调整经济结构、提高资源配置效率提供平稳适度的货币环境。

货币政策的稳健实施还有利于防范系统性的金融风险。我国金融业经受住了几次国际金融危机的考验，这都得益于经济平稳较快发展和近年来大力推进金融改革，但是，我国目前地方政府融资平台债务过度膨胀，影子银行规模越来越大，这些都是引发系统性金融风险的隐患。货币政策回归稳健，有利于引导金融机构加强资金规模和结构的调整，合理把握信贷投放力度、投向和节奏，控制风险资产，促进金融机构稳健运营，避免银行体系风险进一步积累，提高金融支持经济发展的可持续性。

二、投资增量倾向于实行重点补短的对策

按照新剑桥学派的观点，滞胀的原因在于初级产品部门与制造业部门之间的比例失调。在我国近几年的经济高速增长过程中，表现为大量不代表技术进步、要求不反映规模经济效益的低水平重复建设项目急剧扩张，以及加工工业的过度发展，造成了环境污染和资源浪费。近年来，加快推进产业结构调整，推动传统产业转型升级，积极培育和发展战略性新兴产业，加快信息产业发展，大力发展节能环保和新能源产业，推动新兴服务业和生活性服务业发展。优化产业结构是新时期加快转变经济发展方式的根本出路。鉴于此，必须实行不平衡发展战略，将有限的资金优先用于补短，促进新兴产业超常规发展，以便集中力量尽快缓解和消除产业结构失衡问题。否则，很难实现经济的持续增长。

在产业不平衡发展中实施动态平衡约束。如果一个部门的生产能力已经超出了近期和远期需求水平的要求，即绝对过剩，那就意味着始终有一部分生产能力处于备用甚至闲置地位。此时，尽管其竞争很激烈，但效率也不大可能大幅度提高，或不能转化为社会其他部门效率的提高。为了防止部分产业生产能力的绝对过剩，在产业的不平衡发展过程中，有必要引进动态平衡约束，使得产业不平衡发展运行在一个合理的区域。产业不平衡发展的动态平衡约束，从原则上说，就是给出产业不平衡发展中过剩生产能力的警戒线，这种上线的确定要随着经济发展到不同的点，综合其他要素而不断调整。不平衡发展的动态平衡约束主要是针对不平衡发展的上线而提出的，是为了避免产业发展的过度不平衡出现绝对过剩生产能力而施加的约束。

产业不平衡发展负面效应显现后可以采取平衡补救措施。投资能够促进产业的迅速发育成长，它是改变产业结构的最直接手段。在产业不平衡发展中，有些产业之所以能够获得超常的发展速度是因为市场机制或宏观调控提高了对这些产业投资的比例，这些产业后续期中的产业能力便会相

对扩大。如果改变投资在各个产业之间的比例，使得各产业所吸收的投资比例较为均衡，这些产业后续期中生产能力的不平衡比例也就相应地改变了。投资与产业平衡或不平衡发展的相关性，可以概括为产业的平衡或不平衡发展随投资方向的变化而变化。若要纠正产业不平衡发展导致不平衡过度而引发的一系列负面效应，就可以改变已有投资和再投资，即进行存量调整，使得产业发展的不平衡程度随投资结构的改变而降低。

固定资产是构成产业系统生产能力的物质基础，一定技术条件下的固定资产的存量结构不但决定着产出结构，而且也基本决定了中间要素的投入结构。如果技术条件发生改变，固定资产结构的质和量也会相应作出反应，从而也能改变产业系统的生产能力。产业不平衡发展中一旦出现了绝对生产能力过剩，就可以通过以下两种主要途径进行平衡补救：以投资结构的改变达到产业平衡发展；还可以更改产业发展的内生力量促进产业的平衡发展。现代产业发展越来越倚重科技创新的力量，有些产业创新能力强，率先发展；有些产业创新能力弱，发展滞后，所以表现出产业不平衡发展的格局。如果任其发展下去，率先发展产业与滞后产业之间就会出现技术差距。改变这种发展趋势的直接办法就是技术改造，即将技术创新等内生力量向落后产业倾斜，提高其技术含量，提升其竞争能力。原来落后的产业因为在技术扩散中引进了先进的技术，其产业的核心竞争能力大幅度提高，产业发展的非平衡态势将大大改观。

三、在劳动力市场上建立完善的机制

按照新古典综合学派的观点，经济滞胀的原因之一在于劳工市场的结构失衡，因此，要增加劳动力的流动性来抑制工资的过快增长。当前中国的人口红利已经进入拐点，中国经济还要继续增长，不断前进，不能在量上取胜，就只能在质上取胜。从人才培养上看，目前的培养机制是：高校培养的人才不是企业所需要的，而企业所需要的人才高校没有培养，只能由企业来自己培养，这就会造成企业和高校的整个社会的共同浪费。在这种人才上的培养方式改变，是解决结构性失业的最好方法。

可以通过加快发展职业教育和职业培训。解决结构性失业问题的关键在于使劳动力适应于经济结构、产业结构、技术结构的变化，从根本上适应生产发展的要求。发展职业教育和职业培训是解决结构性失业问题最为有效的途径。职业教育主要是为初、高中毕业生和城乡新增劳动者、下岗失业人员、在职人员、农村劳动力及其他社会成员提供多种形式、多种层次的职业学校教育和职业培训，这应该是教育体系的重要组成部分。

还要改善高等教育。当今世界，经济的发展和社会的进步依赖于科学技术的进步和高素质的劳动力。国际间的竞争归根结底是人才的竞争，尤其是高水平、高层次人才的竞争。高水平、高层次人才的培养主要依靠高等教育。高等教育在专业的设置上只有符合市场的需求，才能从根本上保障人才就业渠道的畅通无阻、缓解结构性失业问题。为此，国家教育主管部门应当下放学科专业的设置权，让高校以市场需求为导向来进行专业的设置，借此来减少因为劳动力供需不匹配而引起的结构性失业。此外，我国的高等教育还应当加强通才和复合型人才的培养、优化课程的设置、改革教学方法和教学手段、积极推进创业教育、引导毕业生正确的择业观等各方面的措施来增强高校毕业生对劳动力市场的适应性，借此缓解高校毕业生就业难的困境。

四、减轻企业税负，增加有效供给

按照供给学派的观点，经济滞胀的原因还在于企业的税收负担过重，使有效供给不足。企业具有自我发展和负亏能力，这种能力的大小，除了取决于企业本身的经济效益状况外，还取决于国家和企业的分配关系。政府作为社会经济管理者与企业作为商业生产者之间的分配关系，是通过政府税收的形式实现的。近几年国有企业留利比例普遍很低，甚至不到其实现利润的 20%，这种留利水平使企业根本无力进行重大技术改造和扩大再生产，企业扩大再生产所需资金更多地依赖银行贷款，致使企业的资产负债率不断上升。这种竭泽而渔的做法严重制约着企业的发展，这是当前我国国有企业缺乏活力、供给不足的一个重要原因。对此，必须要进行税制改革，以减轻企业的负担。既要保证国家财政收入的稳定与增长，又要保证让企业有足够的发展后劲；既要保证企业有正当的投资热情，又要保证企业有足够的还贷能力。只有如此，企业供给才能大幅度增长，可以抑制通货膨胀。

实施科技创新为导向的税收优惠政策，将目前税收优惠以企业经济性质、资金、资源和地区特性转变为产业倾斜，以配合国家产业政策，优化全国产业结构，对于国家鼓励的发展产业应给予所得税减免。总之，进一步使企业税收负担更加合理。同时扩大鼓励企业投入研发支出的税收激励政策的适用范围和条件等一系列措施，确保我国企业在全球激烈的竞争环境中处于有利地位。

本章主要参考文献：

［1］［美］福克纳. 美国经济史（下卷）［M］. 王锟译. 北京：商务印书馆，1964.

［2］［美］马丁·费尔德斯坦. 转变中的美国经济（上册）［M］. 彭家礼等译. 北京：商务印书馆，1990.

［3］［美］唐纳德·怀特. 美国的兴盛与衰落［M］. 徐朝友，胡雨谭译. 南京：江苏人民出版社，2002.

［4］［美］查尔斯·P. 金德尔伯格. 世界经济霸权：1500~1990［M］. 高祖贵译. 北京：商务印书馆，2003.

［5］［英］弗里德里希·奥古斯特·哈耶克. 通往奴役之路［M］. 王明毅等译. 北京：中国社会科学出版社，1997.

［6］［美］曼瑟·奥尔森. 国家的兴衰：经济增长、滞胀与社会僵化［M］. 李增刚译. 上海：上海人民出版社，2007.

［7］［美］米尔顿·弗里德曼. 货币的祸害——货币史片段［M］. 安佳译. 北京：商务印书馆，2006.

［8］李世安. 布雷顿森林体系与“特里芬难题”［J］. 世界历史，2009（6）.

［9］［美］彼得·林奇，约翰·罗斯柴尔德. 在华尔街的崛起［M］. 秦亚青等译. 北京：经济日报出版社，1990.

［10］［美］加里·纳什等. 美国人民：创建一个国家和一种社会（下）［M］. 刘德斌主译. 北京：北京大学出版社，2008.

［11］［美］熊性美等. 战后国家垄断资本主义条件下的经济周期与危机［M］. 北京：经济科学出版社，1992.

［12］Council of Economic Advisers. Economic Report of the President［M］. Washington，D.C.：U.S. Government Printing Office，1976.

［13］［美］保罗·萨缪尔森，威廉·诺德豪斯. 宏观经济学［M］. 萧琛等译. 北京：华夏出版社，1999.

［14］彭斯达. 美国经济周期研究：历史、趋势及中美经济周期的协动性［M］. 武汉：武汉大学出版社，2009：75-76.

［15］王斯德. 世界通史（第三编）：现代文明的发展与选择——20 世纪的世界史［M］. 上海：华东师范大学出版社，2001.

［16］王复华，邢晓瑞. 从美国七十年代的滞胀看财政政策与货币政策的相机抉择机制［J］. 中央财政金融学院学报，1996（3）.

［17］［美］赫伯特·斯坦. 美国总统经济史——从罗斯福到克林顿［M］. 金清，郝黎莉译. 长春：吉林人民出版社，1997.

［18］［美］罗伯特·H.费雷尔. 艾森豪威尔日记［M］. 陈子思等译. 北京：新华出版社，1987.

［19］［美］阿瑟·林克，威廉·卡顿. 1990 年以来的美国史（下册）［M］. 刘绪贻等译. 北京：中国社会科学出版社，1983.

［20］［美］玛丽·奥沙利文. 公司治理百年：美国和德国公司治理演变［M］. 黄一义等译. 北京：人民邮电出版社，2007.

第三章

20 世纪 90 年代日本的经济泡沫危机

第二次世界大战后，日本经济迅速从战后废墟中崛起，并成为世界第二经济大国，创造了经济增长的奇迹。日本曾经是发展中国家经济发展的借鉴对象。但是，20 世纪 90 年代，日本却陷入了增长乏力、停滞不前的萧条局面。在 20 世纪 90 年代，随着经济泡沫的破灭，日本经济陷入严重危机，尤其是自从 1997 年以来，日本经济停滞不前，进一步深化。这使得 20 世纪 90 年代成为日本经济“失去的十年”。

第一节 / 危机的过程与影响

在美国的帮助下，战后的日本经过民主化改革，在确立市场机制的基础上，利用冷战格局对日本的有利条件实施了一整套政策措施：发挥政府主导作用，大力发展科技教育；制定和平宪法；对企业进行科学的经营管理等，使日本在较短时间内实现了经济腾飞。1955~1973 年为日本经济高速发展期，GDP 年均增长率超过了 9%。进入 20 世纪 70 年代，日本经济面临着布雷顿森林体系崩溃与日元升值以及石油危机，但是日本经济率先走出了滞胀，1970~1979 年，GDP 的年平均增长率为 5.2%。经过战后 30 年的发展，日本达到了经济发展的鼎盛时期。到了 80 年代，日本 1980~1989 年的 GDP 年增长率为 3.8%，在 1989 年，日本的经济总量接近于美国经济总量的 2/3，在世界经济总量排名中位列第二。生气勃勃的日本成为了世界各国羡慕的对象，也成为了经济泡沫的根源。

日本国内所出现的资产价格泡沫形成于 1986 年，此时国内刚刚开始产生泡沫的苗头，并且此苗头在产生之后开始了急剧的膨胀，在历时六年之后的 1991 年，日本资产价值的泡沫终于破灭。日本经济危机的过程分为形成时期、膨胀时期以及破灭时期。其中，1986~1987 年是形成时期，1987~1990 年是膨胀时期，1990~1991 年是破灭时期①。

一、泡沫的形成时期

日本经济泡沫的形成时期为 1986~1987 年，普遍认为日本经济泡沫起因于 1985 年美国、英国、法国、日本、德国五个发达国家签订的“广场协议”。1985 年 9 月，日本与美国、英国、法国、德国等签订了著名的“广场协议”。这一协议签订是有一定的背景的。

在 20 世纪 60 年代末期，由于美元汇率高估，美国财政赤字剧增，对外贸易逆差大幅增长，时也引发西方金融市场多次抛售美元，抢购黄金、

① Bemanke Ben, Mark Gertler.Monetary Policy and Asset Price Volatility [J]. New Challenges for Monetary Policy, 1999 (3): 15-17.

日元、马克的风潮。虽然在布雷顿森林体系崩溃后，美元对日元、德国马克等主要货币出现了大幅度的贬值，但是美国巨大的贸易逆差却并没有因此而得到扭转。1973 年，世界第二次石油危机爆发。这次的石油危机导致美国能源价格大幅上升，同时引发了美国以及西方资本主义的经济陷入了滞胀的境地。日本是最先得以摆脱并实现了经济正常增长的国家，日本实际经济增长率 1974 年出现负数，1975 年就恢复了正增长，并在此后的发展中一路走强。进入 80 年代以后，日本经济开始了令人瞩目的蓬勃发展。

从 1980 年起，美国中央银行通过高利率政策压低货币供应以抑制通货膨胀，同时，里根政府实施减税计划以刺激经济。这种“松财政、紧货币”的政策组合在缓解滞胀方面虽然取得了一定的功效，但由此产生的负面影响也是不容忽视的，美国财政因此出现了高额的财政赤字，陷入了经常收支赤字和财政收支赤字的所谓“双胞胎赤字”的泥潭（见表 3-1）。至此，美国国内经济出现两种变化，首先是对外贸易赤字逐年扩大，截止到 1984 年，美国的对外贸易赤字高达 1600 亿美元，占当年 GNP 的 3.6%。[①] 其次是政府预算赤字的出现。1985 年美国的财政收支赤字为 2127 亿美元，是 1980 年的近 3 倍，占当年 GDP 总量的 5.1%。

表 3-1　美国的经常收支与财政收支赤字（1980~1985 年）

单位：亿美元

年份	1980	1981	1982	1983	1984	1985
经常项目支出	18	64	-80	-451	-1074	-1177
财政收支	-738	-789	-1279	-2078	-1853	-2127

资料来源：1988 年《世界经济年鉴》。

同时，美国在 1979 年夏天为治理国内严重的通货膨胀而实施的连续三次提高官方利率的紧缩性货币政策，使得美国的短期实际利率在 80 年代初有了 3%~5%的上升，这一利率的提高导致外资大量流入美国，促使美元汇率出现了大幅度的升值。美元的大幅度升值，使得从 60 年代之后就一直困扰着美国经济发展的对外贸易逆差的问题变得更加严重化，截至 1984 年，美国的经常性项目赤字创下了历史纪录，达到了 1000 亿美元。

① 孙杭生. “广场协议”与日本泡沫经济［J］. 价格理论与实践，2004（5）：53-54.

1985 年，美国对日元的汇率为 1 美元兑 238.47 日元，比 1979 年升值了 9%，同时美国 1985 年的贸易逆差数量为 1981 年逆差的 4.6 倍。美国每年发生的贸易逆差中，有 30%~40%都发生于与日本之间的贸易，如表 3-2 所示。

表 3-2　主要经济大国的贸易收支

单位：亿美元

年份	1981	1982	1983	1984	1985
美国	-280	-365	-673	-1142	-1243
英国	72	39	-13	-59	-23
法国	-100	-158	-88	-47	-45
德国	166	253	223	223	287
日本	200	181	315	443	560
美国对日本	-158	-170	-211	-370	-430

资料来源：《世界经济年鉴》（历年）。

美国对日本的巨大贸易逆差加剧了美日之间的贸易摩擦，美国国内对于日元升值的要求呼声日甚。为了改善国际收支不平衡状况，美国希望通过美元的贬值来提升其产品出口的竞争力。同时还要求日本扩大内需，增加对美国商品的进口从而降低美国的巨额贸易赤字。在这种背景下，1985 年 9 月，美国、日本、联邦德国、法国以及英国的财政部长和中央银行行长在纽约的广场饭店签署了协议，达成五国政府联合干预外汇市场，稳步有序推动日元、马克等非美元货币对美元升值，从而诱导美元对主要货币的汇率有秩序地贬值，以解决美国巨额贸易赤字问题。然而由于当时的日本投资者拥有着数额庞大的美元资产，日本是美国的债权国。从这个角度来看，"广场协议"隐藏着其他的目的。

在"广场协议"签订之后，协议的各主要国家央行开始实行规模宏大的"协作干预"。日本开始在外汇市场上大规模地抛售美元，使得日元对美元的汇率一路走高。在协议签订的 1985 年 9 月，美元兑日元的汇率还曾在 1 美元兑 250 日元上下波动。在协议签订之后不到三个月的时间里，美元兑日元的汇率就产生了 25%的跌幅，迅速下降到 1 美元兑 200 日元上下波动。截至 1986 年 5 月，美元兑日元的汇率就打破了 160 日元的大关，比签订协议的 1985 年 9 月的汇率下降了近 40%。

然而"广场协议"后日元的大幅升值对日本经济所产生的负面影响

在1986年后立刻显现了出来。1985年“广场协议”签订后的10年间，日元币值平均每年上升5%以上，受日元升值影响，日本的贸易顺差与GDP增长率均出现了下降。日元极度升值对出口产业的打击是毁灭性的，一浪高于一浪的日元升值终于把这些企业逼到绝境。很多日本传统优势行业如家电、汽车、机械等企业选择了对外直接投资，或者把工厂直接转移到海外，这就造成了日本国内制造业规模的萎缩，使产业空洞化的现象更趋严重。

大体而言，除了电力、煤气、自来水等垄断产业或非出口产业由于受到日元升值的正面影响，经营状况没有恶化或者反而有好转，其他产业特别是矿业（主要是煤炭业）、制造业、运输业（特别是海运业）和通信业的经营状况都有不同程度的恶化，表现为营业利润率下降和人工费用率上升。“广场协议”签订后，日本的出口额出现了急速的下跌。仅1986年一年之内，日本钢铁业的各大公司在这一年纷纷宣布实施“暂时回家”和“自愿退职”计划，要在几年内削减20%~30%的员工；矿业和制造业企业在这一年有3217家宣告破产，比前一年增加了174家。经济下滑迫使日本央行选择降息，1986年、1987年短短两年间，央行连续降息5次，基准利率也从5%降至2.5%。现在看来，当时日本央行连续大幅度调低利率是导致经济泡沫化的一大失误。因为在生产已经严重过剩的情况下调低利率对刺激投资和消费的作用不明显，反而会刺激社会流动性更加过剩。由于内需不足，企业家对生产的投资兴趣降低，而将流动资金投向股市和房地产，造成股市和房地产价格持续上涨，同时拉动银行贷款扩张。现实亦是如此，虽然降息使日元升值幅度有所减缓，但随之而来的是国内土地与股票价格的大幅上扬。签订“广场协议”后稳定升值的日元以及央行的连续降息，无异于给了国际资本投资日本的股市和房市一个稳赚不赔的保险。“广场协议”签订后的近5年时间里，日本每年的股价和地价的增幅分别保持在30%和15%的水平，然而同期日本的名义GDP增幅却只有5%，资产价格的泡沫由此产生。虽然当时日本人均GNP超过美国，但由于泡沫经济离实体经济越来越远，国内高昂的房价使得拥有自己的住房变成普通日本国民遥不可及的事情。为了进一步扩大内需，1987年5月日本政府出台了6兆日元规模的“紧急经济对策”。

在货币和财政“双松”政策的推动下，日本出现了表面上的空前繁荣，因受到日元升值遭受重创的制造业也从1987年出现投资持续增长。

日本由于多年的开发建设，剩余土地紧缺，土地价格很快就被爆炒上去，企业或个人投资家只要把所持有的土地抵押给银行就能得到大量的利息贷款。这些钱又很快地流入到土地、股票市场上去，在升值预期的诱惑下，大量的投资者进入股票、房地产市场。随着预期在一定程度上得以实现，又使更多的投机者加入到投机的行列。这使更多家庭的资产价值上涨，企业价值上升，过度的乐观预期又导致了过度的消费和过剩的投资。日本的经济泡沫就这样形成了，当时很少有人意识到经济泡沫已经形成。

总之，1986 年和 1987 年是日本资产价格泡沫形成时期，这一时期，日本的资产价格大幅度攀升。日本的土地价格在 1990 年就达到了“广场协议”时的 4 倍。日本实际 GDP 增长率持续了 51 个月的增长，经济存在过热的迹象，而且伴随着货币与信贷规模的大幅度增长。

二、日本经济泡沫的膨胀时期

这一时期是 1987~1990 年。日本泡沫的形成过程没有引起日本政府的任何警觉，当时日本在对经济形势的判断上存在很大的失误。由于日本央行所导致的宽松货币政策的市场环境使得经济泡沫进一步被吹大。1987~1990 年，货币供应量的增长率连续四年超过两位数。超低利率和大幅度增加的货币供应量使越来越多的企业和个人有可能用大量的贷款来参与股票、房地产投机。例如，1988~1989 年，公司投资急剧膨胀。伴随高股价和新股票发行的快速升值，当银行在不动产方面寻找资金投向时，股票发行便成为公司融资的一个重要来源。反过来，公司利用它们持有的不动产进行间接的股市投机，从而形成了不动产与股市双重泡沫，房地产价格持续暴涨和日经 225 股价指数持续暴涨。

股市泡沫与房地产泡沫是日本经济泡沫的两大根本支撑。当日本股市泡沫一路高涨时，日本房地产价格也正在疯狂。据日本不动产研究所的统计，日本六大主要城市的商业区地价指数，若以 1955 年为 100，到 1965 年则上涨超过了 1000，到 1988 年则超过了 10000，也就是说，日本城市房地产价格在 33 年间上涨了 100 倍，而同期名义国民生产总值上涨却不足 40 倍，制造业工人的平均工资上涨不到 20 倍。由于日元巨幅升值，也严重刺激了日本人海外收购与海外投资热情。1987~1990 年，超低利率和大幅度增加的货币供应量使越来越多的企业和个人有可能用大量的贷款来参与股票、房地产投机，使经济无可避免会产生合理与不合理的泡沫。

此时的日本央行依旧采取松动银根的政策，继续大幅度地增加货币供应量，进一步刺激了股价、地价的暴涨，并于1989年达到顶峰。1987~1990年的经济泡沫膨胀时期，日本的经济泡沫表现在三个方面：一是股市泡沫。1985~1990年，日经平均指数在不到5年的时间内增加了两倍；东京证交所上市公司市值总额从169万亿日元增加到527万亿日元，占当年GDP的比重从51%上升到130%；也就是说，1989年仅东京证交所上市公司的市值总额就超过了当年GDP，可见股市泡沫之严重。二是房地产泡沫。1985年，东京都的商业用地价格指数为120.1（1980年为100），但到了1989年就暴涨到了334.2，短短的3年暴涨了近两倍。1990年，仅东京的地价总额就相当于美国全国的地价总额，制造了世界上空前的房地产泡沫。三是银行信贷泡沫。由于房地产价格不断上涨，银行普遍认为只要有房地产作抵押，贷款就不会有风险。也有银行管理层以贷出额多少作为对银行职员的工作业绩的考核指标，这为银行的巨额呆账埋下了祸患。

日本经济泡沫的膨胀使劳动观念减弱，战后劳动者刻苦耐劳的精神逐渐消退。由于房地产价格猛涨，过去5年的工资就能买到一所房子，现在却需要8年，使得无资产者因购置房产希望渺茫而意志消沉。有产者则因依赖于资产增值而劳动积极性衰退。所以，不劳而获、借债消费、贪图安逸等风气日益加深。

三、日本经济泡沫的破灭时期

经济泡沫的破灭时期为1990~1991年。由于日元的上涨，机械、汽车、电子等出口行业备受煎熬，纷纷到海外寻求活路，日本实体经济的空洞化已经日益显现。由于资产价格暴涨，持有土地、住宅的国民与买不起土地住宅的国民，贫富差距急剧扩大，连处于社会中上等地位的工薪阶层，也对如此高的房价望而却步。当时的日本社会，国民对政府、对社会的不满不断爆发。1989年，日本经济泡沫迎来了膨胀高峰，许多经济学者对当时的日本经济是否属于经济泡沫也展开了激烈的辩论。当日本政府逐渐感受到了压力，终于下定决心挤破泡沫，扭转宏观调控政策时，引来了国民的一片喝彩声。

20世纪80年代末期日本“经济泡沫”在1989年最后一天破灭时，它标志着日本“增长奇迹”及其20多年海外商业快速扩张的终结，转而陷入一轮长达 10 年之久的经济萧条时期，这是自“二战”以来日本遭遇的时间最长的一次经济萧条。

日本央行于 1989 年 5 月起开始连续加息（见表 3-3）。1989 年 5 月，日本银行改变货币政策方向，在不到一年的时间里，将维持了两年多 2.5%的超低官方贴现率提高到 6%，超过了“广场协议”前 5%的水平。

表 3-3　日本央行加息情况

加息日	基准利率变化	加息原因	备注
1989 年 5 月 31 日	2.5%→3.25%	保持价格稳定，促进经济增长，修整国际收支平衡	日本央行加强窗口指导，呼吁商业银行加强信贷管理
1989 年 10 月 11 日	3.25%→3.75%	保持价格稳定，促进经济增长	
1989 年 12 月 25 日	3.75%→4.25%	保持价格稳定，促进经济增长	
1990 年 3 月 20 日	4.25%→5.25%	保持价格稳定，促进经济增长	大藏省要求商业银行限制对房地产业放贷
1990 年 8 月 30 日	5.25%→6%	遏制通货膨胀压力上升，维护金融稳定，促进经济增长	

资料来源：日本央行网站。

同时，日本央行明确要求金融机构限制对不动产业的贷款投入，直至 1991 年，银行对不动产业实际上已不再增加新的贷款。日本货币供应量增长速度也在 1990~1991 年产生了下降，1990 年跌至 7.4%，1991 年跌至 2.3%。至此，日本的泡沫经济开始走向了下坡路，这使得投机者失去了投机欲望，土地和股票价格将下降，导致账面资本亏损，由于过大的投资也带来大量负债。伴随着中央政府金融政策的实施，使过热的日本经济丧失了“软着陆”的机会，经济泡沫终于崩溃。起先是股市，1989 年 12 月 29 日，日经平均股价达到了最高点后，股市在 1990 年 1 月 4 日崩盘，此后开始一路下跌，日本房地产泡沫也随之破灭。土地价格在 1991 年左右开始下跌，至此经济泡沫开始正式破裂。到了 1992 年 3 月，日经平均股价仅仅达到 1989 年股市最高点的一半，而到了 1992 年 8 月，股市进一步下降。至此，东京证交所市值和东京房地产总价值分别缩水 230 万亿日元和 93 万亿日元，大量的账面资本在短短一两年的时间内化为乌有。

资产价格泡沫的破灭不仅给银行带来了大量坏账，还对经济产生了严重影响。2001 年 12 月日本失业率创 50 年来最高纪录，达到 5.5%，至 2002 年 8 月已连续 14 个月超过 5%。2002 年 11 月，日本公布的《2002 年度经济财政报告》（经济白皮书）承认，由于国内需求不足，除商品和服务价格下跌之外，不动产和股价行情也大幅下挫，银行因资产缩水导致不良债权增加，制约了实体经济的发展，使通货紧缩加剧。当前日本经济仍然没有完全脱离泡沫危机的影响。

从“二战”后至今，日本经济增长大致可以分为三个发展阶段：第一阶段是 1970 年以前，为腾飞时期；第二阶段是 1970 ~ 1990 年，为快速增长时期；第三阶段是 1990 年以后，为明显衰退时期。前两个阶段是让日本感到非常自豪的阶段，而后一阶段则是使其非常沮丧的阶段。经济泡沫危机是日本“二战”后以来持续时间最长、打击最严重的一次经济萧条，尽管政府采取多种办法，日本经济的负面影响至今尚未完全消除，对经济产生的负面影响主要体现在以下几个方面：

（1）使经济增长持续低迷。1975~1991 年期间，日本的平均经济增长率为 4.1%，1992 年以来日本经济持续低迷，平均增长率仅为 0.9%，有七年时间经济增长率低于 1%。在 1995 年和 1996 年虽然有短暂的恢复（实际 GDP 增速分别达 2.5%和 3.4%），但是，由于日本政府政策失误以及亚洲金融危机的影响，使得回升昙花一现，终于再度下滑；在 1997 年 GDP 增速又跌落到 0.2%，1998 年跌落为-0.6%，为 24 年来第一次负增长。1998 年其他的各项宏观经济指标都明确地显示出日本经济已经进入衰退时期。针对经济持续下滑的困难局面，日本管理当局使用了以财政投入拉动经济的招数，加大财政投入。1999 年和 2000 年 GDP 勉强回升，GDP 的增速仅为 1.4%和 0.9%，尽管使用了多次财政手段刺激经济，虽然也推动了日本经济有所发展，出现了短暂的景气恢复，但效力十分有限，无法从本质上扭转日本经济的颓势。

同时，日本的证券业也出现空前萧条。随着股市泡沫的破灭，日经 225 指数一路直线下跌，几乎毫无反抗之力。股票市场日经指数在 1989 年底高达近 39000 点；到了 1992 年，一个跟斗跌得只剩下 14000 点，几乎跌掉了 2/3。直到 2000 年底，当欧美股市及新兴股市均纷纷上涨至历史新高时，而日经 225 指数却低收至 13785 点。2006 年底，当大多数欧美及新兴股市再次刷新历史新高时，日经股市才终于勉强收在了近五年来的新高点，即 17225 点，与历史最高点 38916 点相比，却相去甚远。

股票指数下挫不到半年，各地房地产价格纷纷下调。以东京为例，东京的房地产价格从 1991 年开始一路下滑。以 1983 年价格为基准（100），到 1997 年 7 月商业用地价格从顶峰的 350 跌到 96.3，低于 1983 年水平。

1997年11月住宅用地价格从1987年10月的300跌得只剩下135.4。1996年东京地区商业用地价格下跌20.3%，1997年再跌14.8%。在1987年东京每平方米地价高达58000美元，1993年就跌至20000美元。由于大量建设的房屋住宅难以销售，再加上办公楼的空室率很高，致使房地产面临严重过剩状态。房地产严重过剩也导致地价进一步下跌。经济泡沫的破灭给股票市场和房地产市场带来了灾难。

（2）企业大量倒闭，负债规模空前，失业率攀升。日本经济泡沫的破灭，直接打击了本国企业和居民的信心，投资信心严重受挫，企业不良资产增加，银行不良贷款剧增，个人消费萎缩，经济增长停滞甚至出现负增长，失业增加，居民生活水平下降。由于货币政策导致的利率上升，使得企业的生产成本陡然提高，企业的贷款难度加大；还有，股票和房地产市场的大幅下跌，通过“财富效应”使得民众的资产大幅缩水，企业负债恶性膨胀，再者，经济的虚假繁荣引发了员工工资的大幅上涨，使企业的生产成本进一步增加，这些因素都导致了日本企业不停地发生倒闭。

经济泡沫崩溃以后，企业大量倒闭，甚至包括一些知名度很高的上市大企业。泡沫破灭后，日本企业纷纷掀起了内部改革的浪潮。大多数企业的重建措施首先表现为裁员，裁员范围扩大到了白领阶层的中间管理人员，企业、社会出现了大量的人员过剩。无成文法做保障的终身雇佣制，首先受到冲击。90年代日本出现了“半生雇佣制”一词，这从另一个角度表明旧有的终身雇佣制正在瓦解。1992年全国企业的过剩人员已达到100万人以上，失业率也直线上升。失业率的居高不下，是日本泡沫经济崩溃后最严重的后遗症之一，显然也是其经济长期萧条的突出特点。

（3）金融机构相继倒闭，不良债权规模急剧增加。在日本股市泡沫与房地产泡沫形成过程中，银行始终推波助澜，且从中大为受益。出于对高收益率的追求，日本金融机构在“经济泡沫”期间，直接或间接地投向不动产业和金融产品的金额巨大。在经济泡沫发生期间，银行向房地产公司、建筑公司和其他金融机构提供了大量的贷款。然而，在经济泡沫破灭的同时，日本银行业也遭受了灭顶之灾似的报复与打击。不良债权处理给金融机构造成的损失最大：一方面，房地产企业和其他非金融机构的破产，使银行遭受了巨大损失。由于经济泡沫破灭的影响，房地产泡沫破灭，不动产贷款成为呆账；企业效益陡降，许多企业资不抵债，大量贷款难以收回而成为不良债权，由此引起了收益锐减和信用创造能力下降。另一方面，由于银行的信任度下降，银行股价下跌，它们所持有的股票和地产价值大幅下落，上市银行再融资受阻，银行之间的资金贷款也变得困难，陷入流动性危机，资产贬值，致使自身资产与负债严重失衡。导致银行大批破产，发生了深刻的金融危机，日本的“银行不倒”神话结束了。

在一般情况下，银行的坏账可以在内部冲销，用银行的利润来抵消亏损，如果银行亏得太多就不得不动用银行的坏账准备金。因为日本的税收规则不利于银行增加坏账准备金，所以各大银行的坏账预备金严重不足，只有总贷款的 0.3%。假如银行在动用了坏账准备金之后，还不能应付坏账，那么势必会导致资金周转困难。一旦出现支付危机，很可能让储蓄客户丧失信心，大量挤兑，导致银行破产。同时，经济泡沫时期的银行信贷大都以土地作为抵押担保，土地价格暴跌，使企业负债累累，无法偿还。一些与“泡沫”相关的企业纷纷破产，形成了金融机构大量的呆账、死账。巨额的不良资产已威胁到金融机构的生存，导致了大批金融机构的破产、倒闭。长期以来日本政府信誓旦旦地保证，绝不会让日本最大的二十家银行和金融机构破产倒闭。日本的大银行和大金融机构在海内外都享有盛誉，筹资极为容易。北海道拓殖银行和山一证券的倒闭粉碎了这一神话，严重地动摇了民众对日本金融体制的信心。

（4）设备投资乏力，工业生产下降。在“二战”后日本经济的发展过程中，设备投资特别是民间企业的设备投资在经济增长中一直起着“引擎”的作用。1987 年到 1989 年，日本企业设备投资增加，1990 年设备投资额达到了 88.7 万亿日元，比 1986 年增加了 58.6%，占有 GDP 的 19.5%左右，当时的设备投资超过美国。虽然日元升值的因素也起作用，但设备投资过热确实是事实。然而，经济泡沫期间形成的生产能力和生产过剩，以及经济泡沫崩溃后出现的需求不足，使企业原有的设备开工率大幅度下降，以致工业生产也呈下降的趋势，一直到 1998 年企业中的过剩设备依然大量存在。

从“经济泡沫”最膨胀的 1988 年到“泡沫”破灭的 1993 年，GDP 增长率从 6.2%下降到 0.3%，下降了 5.9 个百分点。同一时期设备投资的贡献度从 2.3%下降到负 1.9%，下降了 4.2 个百分点。也就是说 5.9%的经济增长率降值中 4.2%（即经济增长率下降幅度的约七成）从设备投资减少中得到解释。再看 1997~1998 年，经济增长率从正 1.4%跌入到−2.8%，下降了 4.2%。同一时期设备投资贡献率从 1.2%下降到−2.1%，下降了 3.3

个百分点。因此此次经济增长率减少也有大概八成是来自设备投资变动因素。[①]低下的设备投资增长率是 90 年代日本经济陷入萧条的一大原因。非制造业的设备投资增长率，90 年代日本经济设备投资增长率中非制造业部门的设备投资的占比达到了 60%（-1.49%/-2.32%），因此，如此低下的非制造业部门设备投资水平自然就降低了全体经济的设备投资水平。

（5）居民消费水平下降。制约日本经济的要害不在供给而是在需求方面。消费需求作为社会总需求的重要组成部分，对国民经济的发展具有直接或间接的拉动作用。特别是经济增长进入到高收入阶段以后，消费在国民收入中所占的份额也比较大，消费率比较高，因此消费需求对经济增长的拉动作用会加大。在泡沫经济发生时期，消费迅速增长。在股市崩溃之后，消费随之下降，日本国内市场日趋疲软。在这种情况下，利率下降，股价随着下降，消费上不来。

20 世纪 90 年代，日本消费支出在整个国内生产总值中占大约六成，消费需求对经济增长有重要影响是不言而喻的，但是在日本经济陷入衰退之后，消费者对经济前景信心下降，进一步造成消费支出的下降。国内市场的萎缩，严重地束缚了日本制造业的手脚。经济泡沫崩溃后，工薪阶层的实际月收入逐年下降，日本的个人购买力持续疲弱，而这成为日本经济复苏的最大障碍。失业率上升，居民净收入减少，居民心理预期发生逆转成为日本国内消费连续下滑的原因。

（6）经济形势恶化导致政府财政危机和政局不稳。政府财政危机日益加重。在经济泡沫崩溃后，日本在萧条中挣扎了十年，形势越来越严峻。在 1998 年日本政府动用了空前庞大的救援计划，希望能够振兴经济。可是，起色不大。日本尽管是世界上屈指可数的富国，但是，日本政府却一直靠欠债度日，长期是巨额的财政赤字。在 70 年代中期，日本的国债占其财政收入的 1/3。80 年代以消除国债为目标，赤字略有缓解。在 1990 年经济泡沫崩溃以后，日本政府不得不举债应付，依靠大量发行债券来挽救金融困境，对国债的依赖程度再度增强。日本政府在 1998 年动用 5000 亿美元来挽救金融危机，然而无异于挖肉补疮。1997 年、1998 年、1999 年度财政赤字占国内生产总值分别为 3.4%、5.3%、7.3%。政府债务总额占国内生产总值从 1995 年的 89.7%，到 1997 年的 101.1%，到 1998 年的

① ［日］吉川洋. 转换期的日本经济［M］. 日本：岩波书店，1999：15.

117.9%，再到1999年的127.8%；2002年末，国家与地方的债务余额合计达到了GDP的140%，2004年达到了150%，国家的财务状况非常差。另外，地方财政也正濒临战后的最大危机。由于地方政府借债过多，20世纪90年代以来，地方财政也走上破产之路。

日本政府债务一再创新高的最主要原因是国家税收严重不足，需要依靠大量发行国债来维持国家的正常运转。2006年度日本的税收总额为50万亿日元，约相当于当年预算开支的一半，也就是说有一半开支需要依靠借债来维持。政府不可能无节制地借钱，财政危机日益加重。在经济形势恶化的同时，日本政局也进入了战后最为动荡不安的时期。在1993年以后短短的几年里，日本内阁六易其主，各届内阁对国内经济的改革措施或是偏离实际，或是不能持续，致使日本的经济形势进一步恶化。

（7）产业空洞化现象严重。关于产业空洞化，日本官方认为，由于海外直接投资增加，引起国内生产、投资、雇佣等的减少，日元升值与日本产业空洞化有密切关系。当泡沫破灭时，1990~1995年，日元升值了50%左右。日元升值使国内的工资成本增加，厂房和设备的投资成本增加，日本企业不得不纷纷到国外投资设厂。日本经济的一个显著特点是，在每一个企业集团中，都有大批的中小企业为之加工订货，来完成某一道工序或者制造某一个零部件，它们实际上是大企业的一个车间，是大厂家生产专业化的外延。所以当母公司将一部分投资转移到国外后，与之密切关联的中小企业，就会发生严重减产或者倒闭。

同时，由于对外投资的增加，从国外资产中获得的利润也日益增加，这决定了对外资产净额还将大幅度地增加。然而随着国际竞争的加剧，欧美国家对日本的资本输出早有警惕，日本向海外扩展的难度在不断加大。即便如此，更多的资本还是在流向国外。

日本的外贸顺差从1996年的618亿美元，到1997年的823亿美元，1998年的1075亿美元，逐年上升，外贸顺差上升的一个很重要原因是因为进口大量削减，国内消费持续疲软。1998年上半年，日本向美国出口下降了5790亿日元，同期进口剧烈下降了8540亿日元。结果对美国的外贸顺差从22480亿日元上升为30800亿日元，净增8320亿日元。在1998年日美贸易顺差为139900亿日元，创造了12年来的最高纪录。在此期间，尽管日元大幅贬值，但是并没有能够使日本商品打开北美市场，出口下降对日本的制造业有如雪上加霜。泡沫破灭对日本经济产生了深远的负面影响。日本经济面临流动性不足，经济泡沫的破裂降低了企业的供给水平，经济泡沫的破灭使得国内需求水平降低了。

第二节 / 泡沫危机的原因

日本经济泡沫产生的根源有内在因素和外在因素。

一、日本经济泡沫危机产生的内在因素

（一）大量过剩资本的冲击是引发泡沫的根源

当大量过剩资本追逐相对稀缺的投资机会，使这些资产价格猛涨，就会形成泡沫。日本泡沫经济是大量的资金投机性地流向房地产业及股市，哄抬地价及股价，房地产泡沫和股市泡沫越吹越大，直至最后破灭。日本经过战后 40 年经济的高速发展，积累了大量的资本。资本过剩是引起泡沫经济的最直接原因，加上日本政府当时不恰当的货币政策和财政政策则直接引起了剩余资金的大量增加。这是经济泡沫产生的根本原因。当时人们对于将来普遍抱有极其乐观的憧憬和期待，并过度相信经济景气会长久持续下去。

剩余资金中的大部分便被用于金融证券、房地产投资等方向。由于资本的本性就是要增值，于是土地和股票市场必然成为资本投向的首要选择。土地是稀缺的不可再生性资源，供给弹性几乎为零；股票则属于高风险高收益，具有很大的投机性。当大量过剩资本进入土地和股票市场时，求大于供，价格被严重扭曲，出现了资产价格的膨胀，即“泡沫”。而且 80 年代后，日本一直保持强劲的出口优势，贸易盈余不断扩大，也造成了国内资金额的进一步增加。

工业化与城镇化的快速发展也是引发日本泡沫的另一根本原因。日本在实现工业化、城市化的过程中，人口大量涌向大城市，城市人口迅速增加。这种过度的集中，使本来就短缺的大城市土地更为稀缺昂贵，从而导致了以东京圈为首的大都市地价飞涨，成为这次泡沫经济的一个重要诱因。

“二战”后日本经济高速增长的一个重要原因，就是大量廉价且教育

水平高的劳动力的存在。现代部门劳动力需求的增大不仅对社会总供给方面，而且对社会总需求方面也有相当大的影响。因为，人口从农村向城市的移动，使家庭数量增多，造成了广泛的耐用消费品需求，支撑了战后作为经济成长环的中心。现在情况恰恰相反，人口增长逐渐减少，家庭耐用消费品及小轿车的普及率已经很高，接近饱和。因此，国内消费需求的低迷，必然使企业投资兴趣降低，资本大量过剩，经济增长机制陷入困境。于是，出现了资金供大于求的局面。过剩的资金又被用于股票、房地产等方面的投机，造成了经济泡沫的形成和不断膨胀。[①]

日本出现的大量过剩资本在国内的新产业和新行业里也没有得到消化。这与日本从战后至今从未改变的产业结构、产业政策有关。战后日本建立了以生产优先为主的经济体制，一直提倡公司雇佣终身制，但这种体制存在的弊端又成为日本产业结构调整的障碍。其一，在高速增长时期，尚处于追赶阶段的日本可以有明确的产业发展目标，但是，随着经济实力的增强，产业结构日趋成熟，有前途的产业已无法由政府机构确定，只能在市场竞争中加以选择，而在市场选择中，难免会失败，资本投入的风险也随之大幅度上升。但日本的企业传统上以间接金融为主，资本配置方向由银行决定，银行的保守性决定了高投入、高风险领域难以获得足够的资本保证，产业结构转换也就难以顺利进行。其二，在产业结构调整过程中，公司中心主义成为障碍。原有企业或行业就业转换是必然的，就业人员最终会从旧行业转到新的行业。问题是，在奉行“公司中心主义”的日本，与从业人员有关的利益往往优先考虑，公司不容易转变经营方向，老公司就算是失去相对竞争优势也难以倒闭，以致新公司和新行业出现的活力大大削弱，“公司中心主义”成为产业结构调整障碍。

这种难以调整的产业结构，直接导致了大量的过剩资本无法在国内的新产业和新行业里被消化，从而只能聚集在股票和房地产中而推动了“泡沫”的形成与膨胀。比较特殊的情况是，尽管货币供应量大大增加，但是除股价、地价以外的普通商品价格没有出现大幅上升，因为日本银行当时一如既往地没有把资产价格暴涨作为政策制定时考量的依据，所以也就没有对应的政策出台。

---

① 杨栋梁，江瑞平. 近代以来日本经济体制变革研究［M］. 北京：人民出版社，2003.

（二）日本政府各项经济政策的失误

1. 汇率政策不当

有观点认为“广场协议”后日元大幅度升值是日本经济泡沫产生的主要原因。日元对美元汇率自 1971 年放弃稳定的汇率制度后，就开始持续走高。但如德国马克、法郎、英镑等其他世界主要货币对美元都有较大的升值幅度。截至 1987 年底，德国马克、法郎、英镑升幅分别为 41.5%、35%和 26.2%，日元升幅为 43.5%。除日本外的其他国家都没有随后走向泡沫经济，这充分说明日本经济所特有的缺陷是经济泡沫发生的主要原因，关键在于日本采取了极不恰当的汇率政策。

在日元升值的各个阶段，日本汇率调控政策都存在一定失误。

第一，抗拒升值阶段。在这一阶段，日本汇率政策的失误在于，在 1985 年 9 月“广场协议”之前，虽然日本对美国贸易存在大量顺差，但日本政府并没有采取及时措施加以缓解。

“二战”后，日本的经济发展是在长达 20 余年的锁定日元低汇率的背景下实现的。1949 年，日本在美国占领当局的帮助下制订了“道奇计划”和“经济安定九原则”，将美元与日元的汇率锁定为 1：360，这使得日本经济实现了高速增长。1968 年，日本国民生产总值居世界第二位。1985 年，日本已经成为了世界上最大的债权国，而美国经济出现了衰退现象。于是，美国国内的贸易保护主义者指责日本一直保持稳定的对日元低估汇率，从而获得在美日贸易中的巨大利益。到 1971 年，日元放弃了自战后以来的稳定汇率，于 1971 年 12 月将美元与日元的汇率从 1：360 调整为 1：306，这是日元升值的开端。

第二，放任升值阶段。在这一阶段，日本汇率政策的失误在于，在汇率出现大幅波动情况下，日本政府采取放任汇率自由浮动政策，促成了对日元进一步升值的预期，导致对日元进行投机的程度加大，加剧了外汇市场的不稳定性。

由于日元升值后，日本对美贸易顺差仍然存在。在 1985 年 9 月，美国、英国、法国、西德和日本五国签订了“广场协议”，日本承诺协助美国使美元升值 20%，后来，日元被抬高到如此高度远远超出了日本政府当时的预测。“广场协议”后，日元急速上升，由“广场协议”前的 1 美元等于 230 日元，到一年后的 1986 年 10 月上升到了 1 美元等于 155 日元。日元升值的不利影响在 1986 年显现出来，有色金属、化工、设备制造等行业人工费用上升、营业利润率下降。在“广场协议”后的两年内，日元被抬高了近一倍，并最终在 1995 年 4 月达到最高点，为 80 日元。在汇率出现大幅波动情况下，日本政府采取放任汇率自由浮动的政策，促成了对日元进一步升值的预期，导致了对日元进行投机的程度加大，加剧了外汇市场的不稳定性。

第三，有干预升值阶段。在这一阶段，日本汇率政策的失误在于，卢浮宫协定之后，日本的财政和金融当局开始对汇率采取措施，但由于措施规模小，力度不够，未能扭转不利局面。结果导致日本出口商品价格上涨，从而削弱了日本在全球贸易市场的竞争力，但政府所采取的一系列财政或金融的措施使国内需求大增。1987 年 2 月，美国、英国、法国、德国、意大利、加拿大和日本的财政部长和中央银行行长在法国卢浮宫召开七国会议，会议认为，美元已经充分下降，七国应该联合稳定美元汇率，七国将在国内宏观政策和外汇干预两个方面加强合作，以保持美元汇率在当时水平上的基本稳定。为了减轻日元大幅升值对日本经济的负面影响，同时也迫于美国政府要求日元升值、开放市场、扩大内需及实现贸易平衡等方面的强大压力，日本在这次会议上同意扩大内需，继续实行扩张性政策。从而在日本掀起了一轮大规模基础设施与房地产建设的高潮。土地资源的匮乏直接导致了房地产投机热，投资膨胀进一步推动金融市场的迅猛扩张。

2. 日本货币政策重大失误

日本银行的货币政策曾有过三次重大的失误，这成为泡沫经济的主要成因。

第一，日本货币政策的第一次重大失误，是 1986~1987 年货币政策的过度扩张。日本连续五次降息，利率水平由 1985 年的 5%降至 1987 年 3 月以后的 2.5%。在原有产业结构下的日本经济增长已趋饱和的状况下，迅速增大的货币供应无法被产业吸收，造成大量资金流向了股市和房地产市场，引起了股价和地价的巨大泡沫。

第二，第二次货币政策重大失误，是 1987~1988 年日本银行过久地坚持了超低利率政策。1985 年 2 月以来，尽管美元持续贬值，日元持续升值，但这并没有使世界支付体系的失衡状况得到根本性的改变。1987 年 10 月 19 日，美国爆发了“纽约股灾”，道琼斯指数一夜之间下跌了 500 多点，股市价值损失 5000 亿美元，世界主要股票市场也随之纷纷下跌。西方七国进行了紧急联合干预，阻止了这场灾难的发展。

在世界股市出现暴跌之后，日本却放松银根，膨胀信用贷款，经济继续呈现过热状态。因为在“黑色星期一”之后，人们原先对世界经济的悲观预期迅速为乐观情绪所代替，各国经济均出现了强劲增长。在这种形势下，世界各主要国家纷纷寻找机会，提高利率。但是，由于种种原因，日本银行决定放弃紧缩银根计划，继续实行扩张性货币政策，维持贴现率在 2.5%的超低水平上不变。从 1987 年 2 月到 1989 年 5 月，两年三个月的时间内日本一直实行 2.5%的低利率政策。在此作用下，货币扩张开始加速。这是一次“致命的失误”，长期实行超低利率政策，造成货币供给量快速上升，大量过剩资金通过各种渠道涌入股票市场和房地产市场。1987 年末，日本股票市价总值竟占到全世界股票市价总值的 41.7%。人口只有美国的一半、GNP 只有美国 60%的日本，其股票市值超过美国成为世界第一。这直接导致了经济泡沫形成。

第三，第三次货币政策重大失误。在 1987 年的“黑色星期一”之后，各国经济都出现了恢复性增长，世界各主要国家开始逐步提高利率。但日本银行依旧维持扩张性货币政策，没有随之提高利率。日本资产价格的持续、大幅上涨，使日本政府逐渐感受到了压力。但是，日本的许多大企业、银行也都纷纷利用手中大量的流动资金，从事土地和股票的投机买卖，从而对投机泡沫起到了推波助澜的作用。1989 年底，主张不惜一切代价抑制泡沫的强硬派代表三重野康出任日本银行行长，上任伊始，他就将中央银行贴现率由 3.25%提高到 4.25%，结束了日本的超低利率时代。从 1989 年 5 月到 1990 年 8 月，日本银行五次上调中央银行贴现率，使之达到 6%。

1990 年 4 月，日本大藏省实行了对不动产融资的总量控制措施。所谓总量控制措施实际上是对不动产融资增长速度的一种直接管制，以此达到将不动产余额控制在一定水平上的目的。同时，日本银行通过“窗口指导”，要求所有商业银行将当年第四季度的新增贷款减少 30%。货币政策紧缩的影响首先表现在股价上，利率的大幅上升使人们开始疯狂地抛售股票，造成了币值的贬值和大量企业的倒闭。1989 年末，日经指数达到高峰后，1990 年开始下降，股价的大幅度下降几乎使日本所有的银行、企业和证券公司都出现了巨额亏损。股价暴跌半年之后，地价也开始大幅度下降，1990~1991 年日本全国地价下跌了 46%。1991~1992 年住宅土地价格大幅下降，东京跌 22%，到 1994 年东京等地的房地产价格的跌幅都超过 50%。至此，股票市场和房地产市场的资产泡沫彻底破裂。

货币政策的突然收缩，挑破泡沫，这是日本银行货币政策的第三次失误。从某种意义上讲，1991 年后日本经济的长期萧条与日本银行突然收紧银根造成日本经济的“硬着陆”有很大关系。

3. 对金融监管的缺失

金融体制改革过程中过度放松管制是日本经济泡沫膨胀的主要原因。开始于 20 世纪六七十年代的国际金融自由化逐渐成为一种世界潮流。金融自由化是指减少政府对金融部门的管理和干预，转而由市场力量主导的过程。

“二战”后日本的金融体制是以管制过度为主要特征的，它虽然影响金融机构的自主发展，却可限制和防止金融过度投机。从 70 年代末到 80 年代初，随着日本经济环境的变化，资金由短缺变为过剩，传统的严格的分业经营为特征的金融制度不能再适应经济的发展，开始逐步走向金融自由化与国际化的进程。日本金融自由化相比其他的先进国家虽然起步晚，但进度快、范围广是其主要特点，最主要的问题是自由化进展过快，监管体制建设滞后。

1978 年后日本开始走利率自由化道路。比如，1979 年 5 月起允许银行发行利率可自由浮动的可转让存款（CD），1985 年与可转让存单利率相联动的市场利率自由化也得到认可。日本在 1981 年 5 月重新修订了《银行法》和《证券法》，导入了附有“新股配售接受权的企业债”制度，新的《银行法》中放松了银行的业务范围限制，银行可以从事证券业务，如经营公共债券的买卖、募集新公共债券等。1985 年建立债券期货市场，银行开始参与了东京债券市场的交易活动。1987 年，为了满足企业短期融资的需求，又创设了短期无担保贷款，使企业的短期融资变得更加方便。1987 年商业票据（CP）市场和 1989 年金融期货市场依次建立，其主要市场参与者是银行和证券公司。从此长期以来禁止银行经营证券业务的限制被彻底放开了。

在金融国际化方面，日本 1979 年开始进一步开放日元债券市场。1980 年，日本取消了外汇管制措施，对外汇存、贷款不再施以限制。日本还建立了公开的国债市场。过去日本国债发行是由银行组成集团统一承销，1978 年首次对中期国债采取公开投标的方式发行，标志着日本公开的国债流通市场的形成。1985 年 6 月，日本还开设了营业范围面向世界各国的银行承兑票据市场等。

日本的金融自由化突破了分业管理和利率管制等限制，使得金融国际化的程度大大提高。日本间接融资在全部融资中的比重开始下降，曾在金融业占主要地位的主银行制度逐步瓦解。金融自由化造成了在金融机构获得自主发展的同时，机构投资者的不规范经营和政府放松对机构投资者的管制助长了股市和房地产泡沫的形成和发展。而且金融业务互相渗透、利率的自由化、日元国际化以及他国金融机构的进入使得金融企业之间的竞争日趋激烈，金融机构、企业法人间交叉持股，股东之间“相互持股、互相抵消”形成了互相支持、互相优惠、互不干涉的默契。金融资本与产业资本相互渗透，使大量信贷资金流入股市，导致股票大幅上扬，脱离其实际资产而形成“泡沫”。从时间上来看，自由化过程恰好与经济泡沫同步，伴随着自由化过程产生的多种自由利率金融商品，为大量资金进行股市和土地投机提供了方便。由于机构内部风险管理机制的缺失，结果导致 80 年代末金融机构为了超额利润，将大量资金集中投向不动产等行业。中小金融机构为了经营空间和营业利润，不得不其业务扩展至高收益的股票和不动产。从金融监管角度分析，金融自由化给金融监管面临带来新的考验，增加了金融监管的难度。这就要求金融监管能够随着金融发展提高监管的水平和质量。但是日本政府还没有来得及做这项工作，经济泡沫已经发生了，使得金融机构在传统业务之外的经营和非银行金融机构的经营长期游离于金融监管之外。

二、日本经济泡沫危机产生的外在因素

日本经济泡沫危机还有一些外在因素，从日本经济泡沫的形成到破灭的研究中，能够看到美国在推崇经济全球化、一体化时，美、英等国迫使日元升值却是最直接的导火索，隐藏着控制全球经济的战略。

日本经济泡沫的问题起源于布热津斯基原则，布热津斯基是 70 年代卡特政府的国家安全事务助理，他从维护美国经济优势和战略统治出发，反对日本、德国等国的开明人士支持第三世界工业化的主张，以促进西方国家的工业品出口，带动世界经济摆脱经济长期萧条。70 年代中期，日本的经济增长势头远远超过美国和其他西方国家。1975 年，在三菱集团研究所的倡议下，日本筹建了全球基础建设发展基金，计划向墨西哥、伊朗、

巴西和中东产油国投资 5000 亿美元，用于发展铁路、电力、供水等基础建设。但是此时经济处于“滞胀”和衰退中的美、英两国保守势力对“二战”轴心国日、德的迅速崛起并坐上世界经济的二、三把交椅十分忧虑和不安，同时也想减缓第三世界的工业化进程，以维护它们的霸权地位。布热津斯基向日本发出警告：不能帮助墨西哥。日本在失去核保护伞的威胁下，被迫接受了美国的要求，放弃了向发展中国家大规模投资的计划，转而把海外投资的 2/3 投入美国和欧洲的消费品和房地产。

英、美的新闻媒体对日本出现巨额贸易顺差大加指责的同时，美国权势集团却在考虑如何利用日本的顺差国地位，美国所推行的美元高利率、汇率等政策不仅保证了美国经济从“滞胀”中复苏，迫使日资流向美国，购买美国的国债和房地产，支撑美国因预算失控而产生的大量赤字，同时又加剧了日本的贸易顺差。美国利用日本的这种顺差蓄意制造了日元的大幅度升值，这样不仅使第三世界国家更难购买日本工业设备，也使拥有大量日元借款的中国、印度尼西亚等国家国债负担加重。布热津斯基原则改变了日本原本正确的投资计划，成为驱使日本迈出了陷入泡沫经济的第一步。

罗纳德·里甘炮制的“广场协议”导致日本陷入更深的泡沫经济泥潭之中。里甘是美国美林证券公司的金融大亨，80 年代担任里根政府的财政部长。1985 年 9 月 19 日，在纽约普拉扎饭店，里甘同出席西方七国财长和央行行长会议的官员共同签署了协议，提高了日元对美元的比价。美国的商务部长马科姆公开声称美元对日元将贬值 25%。华尔街和伦敦的金融家对此积极响应，数月之内日元急剧升值，使得日本企业盈利水平大幅下降，亏损严重。直到 1997 年日元升值的趋势才有所改变。

“广场协议”形成了“超级日元”的泡沫，其作用首先是确保了日本能够大量购买美国国债。“广场协议”则通过迫使日本购买大量的美国国债，缓解了美国的赤字压力。1986 年以后，日本购买了美国新发行国债的 9.3%，占外国人购买美国国债总额的一半以上。“超级日元”的第二个作用是，里甘能够利用日本的资本来支撑濒于崩溃的美国房地产市场。美国房地产泡沫正处于发展顶峰，价格已经见顶，美国的投资者正纷纷抛售。这样，日本的美元收入就在上述十分不利的气候下，源源不断地输入进投机泡沫，直至“螺旋式”膨胀并崩溃。日本中央银行感到了投机狂热的威胁，1989 年开始推行信贷收缩政策，但为时已晚。日元升值导致名义资产虚假膨胀，在向发展中国家投资无门的情况下，部分日资进入了美国房地产市场，成为接最后一棒的“套牢者”，从而为美国的房地产泡沫买单。

在日本经济“泡沫化”的发展过程中，日本陷入了“威尼斯骗局”，日本央行感到了投机活动的威胁。在 1989 年开始推行信贷收缩政策，但为时已晚，日本的房地产价格也出现了近乎疯狂式的猛涨，银行账目已积累了大量坏债，灾难已经发生了，房地产市场失去了资金支持，从此陷入萧条之中，经济泡沫彻底破灭了。当然，日本陷入了“威尼斯骗局”，关键还是日本自身在重压之下，没能从本国的经济利益出发，从而陷入了泡沫经济的泥潭。日本在自身及国际上的各种因素的共同作用下，使其经济泡沫的产生直到破灭成为必然。[①]

第三节 / 历史启示

中国与日本的经济具有一定的相似性。新中国和战后的日本都经历了一段长期的经济增长。中国在 1980~1999 年，国内生产总值年均增长 9.8%，远远超过世界平均水平。美国的人均产出翻番用了 47 年，日本用了 34 年。比较快的国家比如巴西，用了 18 年，而中国只用了仅仅 8 年。随着国民经济的迅速发展，中国对外贸易额的持续扩大，出现了巨额的贸易顺差，中国的外汇储备超过日本而居于世界第一位，本币升值压力巨大。中国流动性明显过剩。这就意味着流通中的货币总量过大，中国货币供应量增长速度加快。中国经常项目和资本项目的“双顺差”会导致外汇储备、外汇占款的不断攀高，这是推动商业银行流动性过剩的主要因素。随着金融自由化与国际化，我国的金融市场开放度已经冲破了传统的金融抑制，个别项目已完全解除金融抑制，金融自由化已取得重大进展。房地产价格在我国的高速上涨，让人也不得不怀疑存在着相当程度的泡沫。

在这种相似性条件下，日本经济泡沫危机对我国经济发展具有启示意义。

---

① [日] 宫崎义一. 泡沫经济的经济对策——复合萧条论 [M]. 陆华生译. 北京：中国人民大学出版社，2000.

一、货币政策应该稳健、独立和及时

保持相对稳定的金融货币政策和汇率政策，对经济的稳定发展至关重要。经济泡沫时期日本的货币政策一方面过于激进；另一方面又忽冷忽热，收缩与扩张的间隔很短，缺乏一条稳健发展的道路。在日本泡沫经济形成及至破灭的过程中，日本政府激进型的货币政策起到了导火索的作用，特别是在泡沫经济初期，极度扩张的货币政策起到了火上浇油的作用，而在经济泡沫形将破灭的时候，突然收缩的货币政策又起了雪上加霜的作用，直接地挑破了泡沫。可见宏观政策的失误对于经济泡沫的发展起到了推动作用。

一国在对外贸易中能够获得顺差有多种原因，包括资源、劳动力价格优势、产业分工、汇率等，汇率只是影响外贸顺差的众多因素之一。“广场协议”之后，日本面对来自美国的压力时，选择了本币大幅升值作为降低贸易顺差的唯一手段，将自己处于被动不利的地步。同时，又担心货币升值带来的通货紧缩问题，因此，在1986~1988年实行了过度扩张的财政政策和货币政策，最终落下“流动性过剩”的陷阱，导致了20世纪80年代末的严重资产泡沫。

日本的宏观调控政策忽热忽冷。“广场协议”后，1986年1月到1987年2月，一年之内连续五次降息，从5%降到2.5%，并将此低利率保持了两年以上。这一次金融政策的急转，直接导致了经济泡沫的产生。1987年，日本政府减税1万亿日元，追加5万亿日元的公共事业投资，后又补充2万亿日元财政开支。过度扩张的货币政策和财政政策，使日本的货币供应量持续上升，1987~1989年，日本银行的货币供应量增长速度分别高达10.8%、10.2%和12%，造成国内过剩资金剧增。在市场缺乏有利投资机会的情况下，大量过剩资金通过各种渠道流入股票市场和房地产市场，造成资产价格暴涨。在1989~1990年，日本银行紧急收缩信贷的做法是又一次的政策“急转弯”，与货币政策的极度扩张一样，货币政策的突然紧缩也同样会给国民经济带来灾难。宏观调控政策的急转弯，对经济所造成的打击极大。

因此，对于我们来说，在制定宏观调控政策时，首先必须要考虑到政策的一贯性和协调性，要以经济社会的可持续发展为目标，避免政策的大起大落，更不能够采取激进的手段打压泡沫或者刺激增长。宏观调控政策从制定、出台到实施并取得成效，一般有一段时间的滞后期。因此，宏观经济政策的制定和实施必须要有前瞻性。必须在充分认识了解我国经济发展的基础上，预估未来可能发生的变动，提前做好政策储备。最后的宏观调控政策能否收到成效，关键在于是否能够切中经济问题的根源。因此在制定政策的时候，需要透过表面的经济现象，深入研究其背后存在的深层次问题，这样才能达到良好的调控效果。例如，2008 年，稳健的财政政策和适度从紧的货币政策是可以有效地阻止中国经济步入泡沫经济陷阱的。

货币政策还应该是独立的，不应该过分迁就行政干预和国际压力。1987 年 10 月“黑色星期一”之后，日本银行打算提高利率、收紧银根，而且此前美国和德国已经上调了其中央银行贴现率，但是，由于美国政府对“黑色星期一”心有余悸，认为此时日本实行紧缩性政策、提高日元利率可能会导致日元大幅升值、美元大幅贬值，从而引发全球性的经济衰退，所以，一再要求日本和德国继续实行扩张性货币政策。日本银行最终放弃了提高利率计划，一直到 1989 年 5 月。正是这一拖延造成了日本资产价格的剧烈膨胀。德国政府不理会美国反对，1988 年开始实行紧缩性货币政策。1988~1992 年德国贴现率由 2.5%提高到了 8.7%，保证了经济的稳定运行。由于德国中央银行的独立性受到国家法律的保护，德国政府以德国《中央银行法》为依据，毫不含糊地向美国政府表明，德国的货币政策是由德国中央银行完全独立作出的，德国政府无法影响之，更无法干预之。因此，经济泡沫的教训使中央银行在独立性问题上达成共识：要重视金融政策的作用，就要提高和加强货币政策委员会的地位及作用。随着我国金融体制改革的不断深入，进一步明确货币政策委员会的地位，完善其职能，从而对增强中央银行制定和执行货币政策具有重要意义。

二、审慎金融自由化，加强金融监管

日本的金融改革滞后，过早过快金融自由化以及金融监管的缺失，使得日本付出了沉重的代价。因此，对于金融自由化我们要保持审慎的态度，不能盲目进行，另外在推动金融改革的过程中，一定要加强金融监管。我国金融改革是要以市场主导型为方向，改变以往的政府主导型的经济金融发展模式，使之适应市场经济的深化，并促进经济的发展。要打破金融垄断，改善金融秩序，鼓励和引导各类金融机构的“同质竞争”。还要完善金融市场结构，改革金融市场中间接融资与直接融资比例不协调的结构弊端，大力发展直接融资，培育资本市场。使金融监管由人治转向法治，增强金融监管体系的构建。

三、妥善应对本币升值压力，避免过分顾虑升值带来的紧缩效应

货币升值不是一个孤立的方面，它的影响不只涉及经济活动，也涉及社会的稳定。日本大藏省在经济泡沫破灭以后发表的一份专门报告——《资产价格变动的机制及其经济效果》里指出，日本政策在宏观经济政策方面的一个重大失误是过分顾虑日元升值可能带来的紧缩效果。面对货币的升值，日本采取了放松银根的方式加以应对，结果却催化了经济泡沫的出现，而泡沫的破灭将会进一步引发经济的危机。实际上，日元升值也没有对日本经济产生太大的影响。

在升值压力增加的情况下，货币供应量的失控在所难免，利率的稳定十分困难；货币升值造成国内经营成本上升，本国企业对外投资增加，外资撤退，形成产业空心化效应。同时货币升值也存在一些机遇，它是不少国家经济起飞的必经之路。利用货币升值的有利时机，可以兼并国际优秀企业，引进技术，促进国内产业结构的升级，把资本市场做大做强。但是，当时的日本政府认为，日元升值会对日本经济产生严重危害，所以，对短暂的“日元升值萧条”反应过度，采取了极度扩张的财政和货币政策，结果它们都错了。1985 年的日元升值和美元贬值，无论是对日本经济的影响还是对美国经济的影响都大大低于预期。

我国的汇率改革要稳步而行，人民币的逐步升值不可怕，可怕的是人民币升值强化了人民币升值的预期，造成国际游资通过各种渠道进入我国，投机房地产市场。目前我国房地产价格已经连续几年快速上涨。对于人民币升值，要完善好汇率制度与政策，调节好国际收支特别是贸易结构的失衡问题，而长期大量顺差不是完全的好事。日本经济泡沫的经验教训表明，本币升值期间，保持本国市场的健康发展至关重要，同时要谨防国际游资的投资行为。

本章主要参考文献：

[1]［日］榊原英资. 日本的反省：走向没落的经济大国［M］. 周维宏，管秀兰译. 北京：东方出版社，2013.

[2] 陈小芬. 日本经济概论［M］. 上海：上海外语教育出版社，2000.

[3]［日］野口悠纪雄. 泡沫经济学［M］. 曾寅初译. 北京：生活·读

书·新知三联书店，2005.

[4] 吴玉廑，齐世荣. 世界史现代史编 [M]. 北京：高等教育出版社，1994.

[5] 车维汉. 日本经济周期研究 [M]. 北京：北京师范学院出版社，1998.

[6] 高长春，李淑霞. 战后日本经济增长中的资源倾斜配置效应研究 [J]. 现代日本经济，2000 (3).

[7] 陈乐. 日本经济周期实证分析 [J]. 财经问题研究，2004 (8).

[8] 虞吉海，王劲松. 流动性陷阱与日本的经济萧条 [J]. 世界经济，2000 (7).

[9] 钟乃仪. 零利率政策在日本的实践[J]. 新金融，2000 (6).

[10] 邹立文，冯绍伍. 近年来日本宏观经济政策及效果分析[J]. 中国财政，2000 (10).

[11] 龚敏. 日本经济长期萧条的原因及对策[J]. 现代日本经济，2000 (1).

[12] 张季风. 近年日本经济萎缩与景气恢复面临的难题[J]. 现代日本经济，2000 (1).

[13] 周建平. 日本世纪末经济大萧条透析[J]. 亚太经济，2000 (10).

[14] 周见. 对日本泡沫经济的再思考[J]. 经济研究参考，2001(12).

[15] 瞿强. 日本"泡沫经济"时期的货币与财政政策及其教训[J]. 金融论坛，2001 (9).

[16] 臧世俊. 日本金融危机与金融变革 [M]. 北京：中国城市出版社，2002.

[17] 孙杭生. "广场协议"与日本泡沫经济 [J]. 价格理论与实践，2004 (5).

[18] [日] 吉川洋. 转换期的日本经济 [M]. 日本：岩波书店，1999.

[19] 杨栋梁，江瑞平. 近代以来日本经济体制变革研究 [M]. 北京：人民出版社，2003.

[20] [日] 宫崎义一. 泡沫经济的经济对策——复合萧条论 [M]. 陆华生译. 北京：中国人民大学出版社，2000.

[21] Bemanke Ben, Mark Gertler. Monetary Policy and Asset Price Volatility [J]. New Challenges for Monetary Policy, 1999 (3).

第四章

世纪之交的互联网泡沫危机

互联网泡沫是指自1995年至2001年间的投机泡沫。20世纪90年代，互联网概念开始盛行，直至2000年前后，在计算机“千年虫”(Y2K) 恐慌情绪下，在银行等金融机构的带动下，企业纷纷调高了对IT需求的期望，在欧美及亚洲多个国家的股票市场中，科技及新兴的互联网相关企业股价高速上升，由此引发大批科技公司大肆扩张，互联网泡沫随之加速累积。在2000年3月10日纳斯达克指数到达5048.62的最高点时到达顶峰后急速下跌，导致大量的互联企业倒闭破产。

第一节 / 危机过程与影响

一、危机的过程

（一）危机的形成与滋长

1994 年，由于 Mosaic 浏览器及 World Wide Web（万维网）的出现，互联网开始引起公众注意。1994 年，美国在线就已经拥有了 140 万用户。1995 年，美国的个人电脑达到了 15 亿台，而且越来越多的电脑都与万维网（互联网在 20 世纪 90 年代中期的名称）进行了连接。在政府的推动下，互联网得到了快速发展。美国国防部早在 20 世纪 60 年代和 70 年代资助的电脑网络高级研究计划署网络后来就发展为互联网。1992 年，在美国国家科学基金会赞助下由伊利诺伊州大学的国家超级电脑应用中心研制了第一个网络浏览器 Mosaic。

1996 年，对大部分美国的上市公司而言，一个公开的网站已成为必需品。开始人们只看见互联网具有免费出版及即时世界性资讯等特性，但是逐渐人们开始适应了网上的双向通信，并开启了以互联网为媒介的电子商务及全球性的即时群组通信。这些概念使不少年轻的人才认为这种以互联网为基础的新商业模式可以赚到钱。

在这种情况下，加上风险基金的参与，一些“网络”公司如亚马逊公司、eBay、世通公司、Freeinternet.com 以及雅虎公司开始在纳斯达克上市。当时，这些公司处在风险极高的创业期，大多数利润微薄，甚至亏损，但是，在互联网公司色彩斑斓的商业计划书的诱惑下，投资者们开始抢购互联网公司的股票，市场上掀起了一股“互联网概念”的投机热潮。在泡沫形成初期，三类主要科技行业因此而得益，包括互联网网络基础建设（如 WorldCom）、互联网工具软件（如 Netscape）和门户网站（如雅虎）。

对互联网的投资首先出现在光缆等基础设施上。1996~2001 年，美国共建设了 8020 万英里光缆，超过了光缆总里程的 75%。这些都是电信公司在政策放宽后的 5 年中从银行贷款 16000 亿美元，还在华尔街发行了 6000 亿美元的债券建设的。

20 世纪 90 年代后期，以互联网为代表的新经济高歌猛进、风光无限。1993 年，在斯坦福大学读博士学位的杨致远创建雅虎搜索网站，1998 年总收入达到 2.03 亿美元，利润总额达 2500 万美元。进入 1999 年后，雅虎的股票市值已经接近 380 亿美元，超过波音公司。1994 年，31 岁的贝索斯决定在互联网上销售产品，亚马逊网站诞生。到 1999 年，亚马逊网上书店成为全球第三大图书销售商，拥有 450 万长期顾客。截止到 1999 年 10 月，收入达到 3.56 亿美元，自 1997 年公开上市到 1998 年底，其股票价格飙升了 2300%。从 1998 年 10 月起，作为新经济"晴雨表"的纳斯达克指数从 1500 点一路上扬、持续攀升。到 2000 年 3 月 10 日，纳斯达克指数突破 5000 点大关，并创下 5132 点的历史最高纪录。此时，网络经济如日中天，网络公司春风得意，数以千亿计的资金流向网络市场。

1999 年 7 月 13 日，中华网作为中国第一只网络概念股，在纳斯达克上市；11 月 15 日，由于中美关于中国加入世界贸易组织的协议达成，当天，在纳斯达克上市的中华网公司的股票由 58 美元升至 101.3 美元，涨幅 75%，第二天更是涨到了 127.8 美元；1999 年 4 月份，作为国内第一家在美国 OTC 市场上市的互联网公司——中贸网公司（WWW.chinae.com），继 1998 年 12 月在美国上市后，又成功地在德国柏林的 OTC 市场实现了第二上市；1999 年初，新浪网宣布获得了包括高盛公司在内的海外风险投资 2500 万美元，这是当时国内高科技行业获取的最大一笔风险投资，它也拉开了 1999 年国内互联网公司大举进军资本市场的序幕。11 月份，新浪网再次宣布获得 6000 万美元的国外风险投资，这次的投资人中有大名鼎鼎的 Dell 公司。与此同时，搜狐也刚刚完成第三轮融资。

但是这些天生的缺陷值得注意：由于大量公司在相同的领域均有着相同的商业计划，就是通过网络效应来垄断，即便计划再好，每一板块的胜出者都只会有一个，因此大部分有着相同商业计划的公司将会失败。实际上，许多板块甚至连支持一家独大的能力都没有。互联网公司的生存依赖于尽快地扩展客户群，即便这会产生巨量年损。在市场高度繁荣的情况下，是有可能让有前途的网络公司进行股票 IPO（首次公开发行股票）来大幅圈钱的，甚至即使它从未盈利过；或者在某些情况下，甚至还没有任何收入。在那样的情形之下，公司的寿命是靠燃烧融资来维持的。

（二）危机膨胀

初创公司从风险投资公司融资后，一般会立即加大公司支出，大量扩张员工特别是销售人员，并不惜一切代价提高公司营收数字，在此基础上迅速申请上市，再抛出股票套现。1999 年，互联网公司泡沫急剧膨胀。当时，大把大把的新创公司千方百计地让自己同网络扯上关系。不管企业的真正业务是什么，这些公司都想标榜自己与网络相关，有的在公司名字后面加上后缀“.com”，有的在公司名字前面加上前缀“i”或者“e”。当时，一个公司只要同网络沾上边，不管它是赚钱还是赔钱，不管公司的业务到底是什么，都会很容易获得风险投资，并被快速推上市，而且新股会被抢购一空，股价一路飙升。

英特尔公司董事长安迪·格罗夫甚至发出了网络时代的警世名言：“赶快跳上互联网的高速列车，否则你将死无葬身之地！”亚马逊总裁杰夫·贝索斯当时根本没有时间考虑所谓的“泡沫问题”，他觉得也没有必要向市场解释为什么会出现亏损，因为他还有更多有价值的事情去做：“每天早晨醒来的第一个念头是，互联网是以每年 2300%的速度在增长，亚马逊也要以每年 23 倍的速度向外扩张”。

纳斯达克网络股的飙升使国内的人们对网络经济的前景有了前所未有的青睐。1999 年，继以往的“浦东概念”、“高科技概念”、“复关概念”、“资产重组概念”之后，中国沪深股市又出现一个全新题材：“网络概念”①。1998 年，被称为中国网络“三雄”之一的搜狐盈利 40 万美元的消息，居然被各家媒体抢发。据调查，迄今还没有几家网络公司站出来，声称自己投资网络有了盈利。2000 年 3 月 1 日，一无所有的 Tom.com 在香港创业板上市，发行当日股价涨幅达五倍。之前，超额认购近 2000 倍，打破了历史纪录，冻结资金达 1500 亿元。这就像是在赶一场盛大的集市：新浪、搜狐、网易、中华网、8848……联想也在这一年开始了其在互联网领域的尝试。同时，2000 年的网站并购多不胜数：搜狐并购 ChinaRen、联想并购赢时通、Tom 并购 163.net、携程网收购国内最大的订房中心——现代运通公司、盈动并购香港电讯……这样，随着投资气氛逐渐转为狂热，网络公司的股价迅速飙升，拥有大量“互联网概念股”的美国纳斯达克综合指数，从 1996 年的 1000 点一口气上升到 2000 年初的 5048 点，整个纳斯达克市场的平均市盈率超过了 60 倍。

---

① 1999：泡沫抑或风暴. http://www.qikan.com.cn/Article/hlzk/hlzk200820/hlzk20082011-1.html.

（三）危机泡沫破裂

1999年至2000年早期，利率被美联储提高了六倍，出轨的经济开始失去了速度。网络经济泡沫于2000年3月10日开始破裂，该日纳斯达克综合指数到达了5048.62点（当天曾达到过5132.52点），比1999年的数字翻了一番还多。2000年3月13日对高科技股领头如思科、微软、戴尔等数十亿美元的卖单碰巧同早晨出现，引发了抛售的连锁反应，导致纳斯达克3月13日开盘就从5038点跌到4879点，整整跌了4个百分点。投资者、基金和机构纷纷开始清盘，仅仅6天时间，纳斯达克就损失了将近500个点，从3月10日的5050点掉到了3月15日的4580点。4月3日到4月4日，纳斯达克指数暴跌924点，以20%的跌幅创下纳市史上跌幅之最。

2000年11月底，纳斯达克指数跌破2600点大关，已从九个月前的高位5132点下跌了近50%。到2002年9月21日，纳斯达克指数迅速跌至1108点，创下了三年来的最低纪录。与2000年3月10日的历史高峰相比，跌幅高达78.8%，重新回到了1998年前的水平。互联网、通信板块、半导体板块、PC板块的股票大幅下跌。例如被认为最具技术含量的通信巨头郎讯（Lucent）股票跌掉80%以上；全球最大的通信巨头AT&T股票价格由60多美元一路跌破20美元，跌到了1991年的水平，十年的升势化为乌有；全球最大的半导体厂商Intel、全球最大的软件公司Microsoft、全球最出色的PC厂商Dell股票都跌掉50%以上；全球网络设备的绝对领导者Cisco、全球最大的企业软件供应商Oracle跌掉30%以上……

同时，自2000年7月17日开始，在纳斯达克上市的"中国概念股"在大盘暴跌的情况下一路走低，几个月来跌势不止。10月3日和10月5日，网易和搜狐携手走进"垃圾股"行列，股价分别跌破5美元。受其影响，新浪的形势也比较严峻，市值缩水40%左右，股价一度逼近5美元的"生死线"。11月9日，搜狐股价跌破3美元，媒体预测，搜狐有可能被纳斯达克"除牌"。12月22日，网易的股票以4.50美元收盘，比6月份最高时的17.25美元下降了80%以上。搜狐收盘价为2.95美元，不及6月份价格的1/3。

在这次互联网泡沫中，国际的互联网龙头企业，如思科的市场价值从5792亿美元下跌到1642亿美元；雅虎从937亿美元下跌到97亿美元；亚马逊从228亿美元下跌到42亿美元。

（四）收购清盘

当互联网公司将融资耗尽时，成为了被收购或清盘者。部分公司则被控不诚实误用股东的资金，美国证券交易委员会对大型投资机构包括花旗集团及美林罚款数百万美元，以惩罚它们误导投资者。当中最大规模的Worldcom则被发现以会计方式夸大其利润（以10亿美元计）。事件揭发后，其股票价格大跌，短短数日后需申请清盘，并成为美国历史上最大的清盘案。只有少部分互联网公司，如亚马逊及eBay在最后生存下来。

二、互联网危机的影响

（一）互联网企业大量倒闭

从2000年互联网泡沫破灭以来，全球至少有2000家互联网公司被并购或者关门。2001年3月19日的一篇报道称：裁员像一场瘟疫，正在美国高科技企业中蔓延。裁员的问题已经从高科技“食物链”的底层辐射到顶层，这正是前几年股市过热和高科技公司盲目追求发展速度的结果。直到2002年10月互联网业申请破产保护或倒闭的网络公司大幅减少，互联网泡沫的破灭才接近尾声。

互联网公司雅虎的市值从957亿美元跌至97亿美元，2000年3月股价最高97美元，一年后的2001年3月，股价低于10美元。Exodus Communications是全球最大、技术最先进的网站运营商之一，曾经是IBM的竞争对手。2000年3月，其股价曾达到89.6美元，但2001年9月被纳斯达克停牌前，仅以17美分收盘。甚至连刚刚在美上市不久的中国三大门户网站也未能幸免，新浪的股价跌到了1.06美元，搜狐跌至60美分，网易在上市的当天就跌破了发行价，一度只有53美分。统计显示，仅美国2000年就有210家互联网企业倒闭。

（二）推动了房地产市场的兴起

有人认为，网络经济泡沫的破裂促成了美国房地产泡沫的产生。耶鲁大学的经济学家罗伯特·希勒2005年说：“一旦股市下跌，房地产就成为股市释放的投机热潮的主要出口。还有什么地方可以让冒险的投机者运用他们新吸收的商业奇才？大房子所展现的实利主义也已成为自尊心受挫的失望的股票投资者的奴隶。这些天来，整个国家在痴迷程度上唯一与对房地产痴迷度相同的东西只有扑克。”从2000年开始，美国的房地产价格进入了快速的上涨时期。

（三）促进了互联网的快速发展与普及

事实上这次互联网的繁荣和泡沫破灭比以往的周期速度更快、规模更大，但是随后的创新、复苏和增长也是如此。尽管纳斯达克的迅速下跌浇灭了风险资本家的投资热情，但是人们并没有因此而停止使用互联网，包括发电子邮件、建立宽带连接或者网上购物等。互联网公司所付出的疯狂的营销努力也使得数以百万计的人们都开设了账户，并且习惯了在网上进行交易，使得互联网迅速得到了普及。

在泡沫破灭后，导致所有和网络技术以及互联网有关的一切商品价格都在下降。电脑的运行能力会越来越便宜，网上交易所需要的各个部件的价格也是如此，如服务器和数码相机、网络域名注册和网页设计、网页寄存和电子邮件等。2006 年 3 月，大约 42%的家庭都拥有了高速宽带，在一年间宽带用户增加了 2500 万。家庭高速网线的数量也从 2001 年的 1100 万增加到 2003 年的 2600 万，到 2005 年 12 月更是增长到 4300 万。

第二节 / 危机的原因

互联网经济具有一定的特殊性：一是高度的市场性。互联网是市场化程度最高的一个行业，这导致了互联网企业资产较为透明，一般不会涉及现有政策、文化和意识的冲突。二是对社会、对民众日常生活的影响巨大。互联网产业的发展对人们日常生活的改变，是没有任何一个行业可以相比的。尽管该产业创造的绝对财富没法和大部分行业比，但是对社会方方面面的影响却是巨大的。三是互联网产业造就的神话对人们的吸引力巨大。因互联网而一举成名、成富的精彩故事激励了很多年轻人，一个个知识英雄、财富神话不断吸引着广大青年。互联网产业如此激动人心，如此令人着迷，牵动着全球投资界的目光。互联网经济成为了经济发展中的一种强大引擎。

从互联网经济危机看，它具有明显的特点：一是股市崩盘。泡沫破灭在资本市场里的直接反应往往为股市持续地暴跌。2000 年 4 月 3 日至 4 日，纳斯达克指数暴跌 924 点，以 20%的跌幅创下纳市史上跌幅之最。接下来的一个多月，该指数从 5084 点狂跌到 1300 多点，此后 3 年，又连续下跌，直至跌到825.8点的历史最低点。危机后，美国有210家“.com”公司倒闭，千百亿美元资产灰飞烟灭。就像前面所提到的，新浪股价一度跌到1.06美元，搜狐跌到60美分，网易上市当天跌破发行价，就连思科的市场价值也从5792亿美元跌到1642亿美元，雅虎从937亿美元下跌到97亿美元，亚马逊从228亿美元下跌到42亿美元。纳斯达克指数在2000年3月达到最高，突破5000点，但到2001年3月，它就回到2000点，跌了60%，刚有转机，又遇到了“9·11”事件，跌到1400多点，整个市值蒸发掉了2/3还多，越是和互联网密切的公司，跌得越多。微软股价跌了一半，英特尔跌了近2/3，思科公司股价仅为最高时的1/6。中国在美国上市的公司中，新浪上市时20美元，最高时50美元，最后跌到了1.06美元并在此左右徘徊。

二是不计成本的广告促销。提高公众意识的行动是网络公司寻求扩大客户群的途径之一，包括电视广告、平面广告以及以专业或业余赛事为目标。许多网络公司给自己起了个象声的毫无意义的名字（比如Yahoo），希望给人留下深刻印象，而不会轻易与竞争对手混淆。2000年时，就有不少网络公司为了30秒钟的广告支付200多万美元。基于“利润增长”的心态以及“新经济”西方不败的心态，使得部分网络公司内部开销大手大脚，比如精心订制商业设施，为员工提供豪华假期等。支付给高管和员工的是股票期权而非现金，在公司进行IPO的时候他们马上就变成了百万富翁；许多人又把他们的新财富投资到更多的网络公司上面。这种情形在当时的中国也可以看到，如铺天盖地的网站广告。

三是城市网络化建设膨胀。美国所有的城市都在建造网络化的办公场所以吸引互联网企业家，纷纷谋求成为“下一个硅谷”。通信供应商由于相信未来经济将需要无处不在的宽带连接，因此便债台高筑地购进高速设备、建设光纤线路以优化网络。生产网络设备的公司，比如思科，从中获利颇丰。类似地，在欧洲，像德国、意大利及英国等国的移动运营商花费了大量现金来购买3G牌照，导致负债累累。投资远远超过了其当前和预测的现金流，却直到2001~2002年才公开承认。

互联网结束了一个狂热和非理性的时代，人们也为其狂热和幼稚付出了惨重的代价，同时也得到了教训。在互联网泡沫破灭、信息通信业陷入寒冬之后，业界对网络经济的发展模式展开了深切的反思。痛定思痛，人们认为，互联网泡沫破灭其实并不是互联网本身的失败，而是互联网经营模式的失败。互联网泡沫的最终破灭，主要存在几个方面的原因。

一、美联储调高利率

2000年以前，互联网造就了“一夜暴富”的理想投资标的，人们对互联网的需求达到了狂热的地步。随着美国利率被美联储逐步提高，在1999年到2000年初，利率被美联储提高了6倍，这无疑对狂躁的需求泼了一盆冷水。货币政策的突然收紧，资金链的断裂，将那些仅仅依赖风险资本和概念经营的互联网企业逼入了死角，其结果显而易见，互联网的概念神话无法继续唱下去了，投资者追利的狂热也逐步趋于理性。2000年美国破产的210家互联网企业中，绝大部分是由于资金链的断裂。

二、对领头科技股的大笔买单同一早晨出现

资本市场存在着众多的博弈方，因此也存在诸多的不确定性。正是由于这种不确定性，导致了市场对大单的盲目跟风，从而推波助澜。在经历了2000年3月10日的最高点后，在3月13日早上出现了高科技股领头如思科、微软、戴尔等数十亿美元的卖单，巨额的卖单引发了抛售的连锁反应和大规模的初始批量卖单的处理：投资者、基金和机构纷纷开始清盘，导致纳斯达克3月13日开盘就从5038点跌到4879点，整整跌了4个百分点——全年“盘前（Pre-market）”抛售最大的百分比。无独有偶，2013年8月16日11点5分突然出现大幅拉升，包括中国石油、中国石化、工商银行、中国银行等市值靠前的权重股集体出现涨停，大盘一分钟内瞬间涨超5%。最高涨幅5.62%，指数最高报2198.85点。该事件产生的原因是光大证券策略投资部使用的套利策略系统出现了问题，该系统包含订单生成系统和订单执行系统两个部分。核查中发现，订单执行系统针对高频交易在市价委托时，对可用资金额度未能进行有效校验控制，而订单生成系统存在的缺陷，会导致特定情况下生成预期外的订单。由于订单生成系统存在的缺陷，导致在11时5分8秒之后的2秒内，瞬间生成26082笔预期外的市价委托订单；由于订单执行系统存在的缺陷，上述预期外的巨量市价委托订单被直接发送至交易所。由此可见资本市场的跟风现象所产生的影响力。

三、应对“千年虫”，引起互联网投资过热

“千年虫”即千年问题。千年问题可以追溯到20世纪60年代，当时

计算器内存非常宝贵，故而编程人员一直借助使用 MM/DD/YY 或 DD/MM/YY 即月/日/年或日/月/年的方式来显示年份，但是当年序来到公元 2000 年的 1 月 1 日，系统却无法自动辨识 00/01/01 究竟代表 1900 年的 1 月 1 日，还是 2000 年的 1 月 1 日，所有的软硬件都可能因为日期的混淆而产生资料流失、系统死机、程序紊乱、控制失灵等问题，如此所造成的损失以及灾难是无法估计想象的。因此，“千年虫”问题使得互联网与计算机技术受到空前的重视与关注，各国政府不遗余力地加大对互联网方面的投入，从而诱导互联网的投资热潮。

四、过分的追捧概念而不计收入

以概念代替经营，推行单一的免费服务模式。编梦、融资、烧钱、上市、再烧钱，这就是当初风险资本催化下的一场全社会的互联网“烧钱”运动。由于网络经济没有现成的经验可借鉴，而资本对“.com”寄予了过高的期望，因此“.com”在股市中轻而易举地募得了大量资金，“.com”就这样在“高烧”中用概念代替了经营。曾经流行的乞丐与“.com”的故事，成为人人皆知的笑料。由于以概念代替了经营，互联网只追求大众“眼球”的关注度，免费服务成为最具吸引力的招牌。互联网长期的免费使用，培养起用户“免费有理”的消费心理。应当看到，初期推行的免费服务确实在很大程度上迅速推广了互联网，但对一个长期生存发展的产业而言，永远免费又成了其致命的死穴。一个健康市场的最基本条件是消费者的购买，即有偿使用。对互联网来说，永远免费的结果是企业倒闭。有道是：“免费的早餐、免费的午餐，最终必然导致最后的晚餐。”

业内人士认为，其根本问题在于，几乎整个华尔街分析人士都将营收作为对 IT 企业唯一的判断标准，很少有人去关心这些网络公司真实的用户数和页面浏览量等关键指标。更可怕的是，没什么人去考虑某家 IT 公司是否亏损，亏损有多严重，大家普遍认为股价与营收挂钩就足够了。

五、相对发达的资本市场基础

到 20 世纪 90 年代中期，美国还拥有了另外一项基础：全世界最大的投资者群体。投资者人数在 20 世纪 80 年代的牛市中逐渐增长起来。到 1990 年，23%的家庭都持有股票或者共同基金。但是，在 20 世纪 90 年代，由于 401（K）养老计划的持续改革、贴现票经纪人的增长和牛市的影响，大批投资者开始形成了投资者群体。到2000年，持有共同基金的美国家庭已经达到了48%，世界上其他任何一个国家都不具有如此浓厚和广泛的投资文化。因此，虽然美国以往的投资泡沫都依赖于特别资本——电报投资时期的地方资金，铁路投资时期的政府资助和国外债券持有人，20世纪20年代股票做空交易时的小部分国内股民。20世纪90年代的繁荣却是间接或者直接由个人投资者所激活的，国内股民、债券持有人和风险资本家以及投资银行实现了强有力的相互推动作用。事实上，这些风险资本家和投资银行并没有像一些人在20世纪30年代所预言的那样没落，而是因新政所建立的基础设施更加发展壮大起来。

六、产业链间缺乏联系

从一般的经济规律分析，一个产业的兴盛需要产业中的各个环节准确定位、合理分工，需要产业各方通过合作发挥自身的优势，实现社会资源的最优配置。然而在互联网发展热潮中，这一规律没有得到遵循。回头来看，在互联网大潮涌动之初，来自信息产业各个环节的力量迅速介入其中，聚集了人类经济史上罕见的人气，成为资本市场的宠儿。但遗憾的是，在互联网产业发展的进程中，网络、内容、软件等环节各自为政、竞相为王、胜者通吃。很多人把以“明黄”为标志色的网站抬高到无以复加的高度，“内容为王”被神化，而提供信息服务所必需的运营业、制造业、集成商、内容提供商和用户间的纵向合作被忽略，造成产业链的严重断裂。免费服务使得互联网企业的付出得不到相应的回报，企业最终难以为继。产业链的严重断裂，使得整个产业难以实现盈利和良性循环，进入了不断烧钱的“死胡同”，网络泡沫最终破灭。

第三节 / 历史启示

任何一项新的技术产业，在发展的过程中，几乎都有一个制造泡沫和泡沫破灭的过程。在经历了互联网泡沫的洗礼之后，今天的互联网企业会更加成熟，具有更强的生存能力和竞争力，从这个意义上说，互联网泡沫也许是这些企业走向成熟之前的一条必经之路，带给了我们一些启示。

一、幸存者给我们的启示

在 2000 年 3 月入选道琼斯互联网指数的 40 家互联网企业中，如今只有 10 家公司仍然幸存。从幸存的互联网公司看，表现最好的是亚马逊，该公司当前的股价较网络泡沫巅峰时期的股价上涨了近 140%。雅虎在 2000 年 3 月曾是市值最大的互联网公司，该公司当前的股价较巅峰时期低了 77%。与 10 年前相比，eBay 股价几乎未做调整，仍然保持不变。无论现在的境况好坏，作为新兴互联网产业的一员，这几大互联网巨头能够生存下来，它们最大的共同点就是有着一个有助于企业步入良性循环的发展及运营模式。

第一代网络初创公司不仅成功地存活下来，而且成为拥有百亿或千亿市值的大型品牌。下面的五家公司给我们以启示[①]：

（1）亚马逊（Amazon）。作为第一代互联网标杆公司之一的亚马逊不仅在潮起潮落中生存了下来，而且越战越勇。一直以来亚马逊坚持愿景，同时根据数据来调整愿景，使其得以长足发展。这家创立于 1994 年的公司直到近 10 年后的 2003 年才首次实现当年盈利。在美国《财富》500 强企业的 10 年期股东回报率排名上，亚马逊高居第八位。从公司 CEO 杰夫·贝佐斯身上我们看到了坚持公司愿景的努力。他说："我认为，所有公司都要有远见。你要是打算放眼长远，就得埋头苦干，而不去理会那些风言风语，哪怕是善意的批评。"1997 年，贝佐斯表示亚马逊会从长远的角度为股东创造价值。为了达到这个目标，他将"延伸、巩固我们目前的市场领先地位"，同时"坚持以顾客为本。"即便在萧条期，亚马逊也坚持了这两点。贝佐斯所领导的亚马逊犹如一头骆驼，无视狂虐的风沙，也不理酷暑严寒，只是以坚定的目光注视着前方，在枯燥的驼铃声中，一步步地踏过漫漫黄沙，朝着心中的绿洲进发。贝佐斯说："当我们穿过沙漠时，我们也会感到饥渴，但我们坚信，前方定会有绿洲。"在公司对最初愿景的坚持下，它的长期股东获得了回报。亚马逊坚定却不顽固，它不懈地追踪顾客的数据，了解他们如何使用网站，什么能让他们产生共鸣。但是，亚马逊并不是"一条道走到黑"的"傻骆驼"。它生存的重要原因在于除了坚持正确方向之外，它还善于从失败中学习，并避免重大错误。贝佐斯表

① 互联网泡沫幸存者给我们的五大启示，http://www.cyzone.cn/a/20140116/248573.html.

示，在每次失败后，亚马逊都会对其愿景进行反思，如果反思后认为大方向没有错，它就寻找新的途径朝目标走下去。贝佐斯说："如果没有坚持，你可能会过早放弃试验；如果不灵活，你可能会一头撞到南墙上。"借此，亚马逊得以实现了扩张，同时提高了长期目标。亚马逊对顾客的关注从未间断，或许比起对自己的了解，他们对顾客的了解还要更胜一筹。

（2）奈飞（Netflix）。专注于服务一个不会消失，却可能会随着时间而变的需求。与贝佐斯一样，奈飞的 CEO 里德·哈斯廷斯有着长远的目标。他在 2009 年告诉《财富》："人们出现疼痛时，你会想着扮演阿司匹林，而不是维生素。阿司匹林可以切实解决一些人的特定问题，而维生素则是个大体上'可有可无'的市场。"奈飞也许不会治愈任何疼痛，它更像是在给人挠痒。不过人们的这一种痒永远不会消失，那就是：用较低的价格、简单的方式来观看电影和电视。即便在奈飞统治了 DVD 租赁市场时，哈斯廷斯也有计划：一旦宽带网变得足够快速和便宜，就开展流媒体视频服务。2013 年 9 月前，奈飞的美国国内付费用户数同比增长了 4.3%，达 3110 万人，更是超越了传统有线电视网络巨头 HBO。

（3）eBay。eBay 是一个可让全球民众上网买卖物品的线上拍卖及购物网站。它做出符合用户兴趣的改变，就算会惹恼其他人也在所不惜。要想出一个吸引大多数人的商业模型是很难的，找到一个经久不衰，而不仅是一时风靡的商业模型更是难上加难。eBay 的拍卖功能就在后繁荣时代风靡一时，使得在 2005 年股价上升。不过，之后这股热潮就开始逐渐消退了。公司首席执行官约翰·多纳霍花费了几年时间来对网站进行调整，默默地把它改造成为定价销售类的网站，以此挽回对拍卖感到厌烦的顾客。eBay 近两年发展的主要方向是变成中国商家搭建跨境零售电商平台。它与万邑通合作后，eBay 平台上的中国卖家将可以通过万邑通的物流渠道向海外运送货物。万邑通目前在中国、美国、英国、德国及澳大利亚设立了全球直营仓库，可以为中国商家提供"先发货、后销售"的新型服务模式。中国商家可以提前将那些"预计热销的产品"运往销售国的直营仓库，就像"双十一"期间阿里巴巴直接将海外热销货品囤积在保税仓库统一发货一样，未来在 eBay 上的中国商家的货品也可以将商品预存在海外货仓中备用，并根据当地消费者的订单，直接联系当地物流公司从货仓内发货。这不仅提高了派送时效，并将逐步解决退换货的体验。根据 eBay 内部数据，在英国市场通过海外仓发货的商品有 79%能在交易 3 天内送至消费者，

96%能在五天内送达。该模式颠覆了传统跨境物流的供应链。在此之前，中国卖家需要通过第三方的国际物流将自己的货物售卖到其他国家，国外消费者往往需要经过漫长的物流时间才可以收到货品，这无疑降低了消费者的购物乐趣。同时海外仓库将大大提高跨境物流的适配性，满足消费者差异化的需求。以家居园艺、汽配为代表的高价值、大体积商品直接受益于海外仓，使卖家获得更多销售机会。

（4）雅虎（Yahoo）。服务包括搜索引擎、新闻等，业务遍及 24 个国家和地区，为全球超过 5 亿的独立用户提供多元化的网络服务。雅虎与大型客户和广告商建立了深厚的联系，雅虎在萧条期后的首席执行官是特里·塞梅尔。他曾长期在好莱坞担任高管，颇受尊敬，但却未能将雅虎领入社交网络时代。不过塞梅尔的两项举措帮助雅虎在消费者网络领域继续占据优势地位，其一是塞梅尔很早就与财力雄厚的广告商建立了亲密的联系。与 Facebook 热切邀请大型广告商进入移动广告市场类似，雅虎把它们带进了网络市场。雅虎因而有了一个良好的开端，也促使谷歌收购双击公司（DoubleClick）以强化横幅广告业务。这种早期的亲密关系也帮助雅虎发展到了今天。2013 年年初，现任 CEO 梅耶尔在雅虎内部的一次会议上要求“Moneyball”团队在 45 天之内打造一种全新的广告功能，使其可以在移动端和 PC 端同时运行。“Moneyball”团队花费 43 天完成了任务，这也为雅虎日后在数字广告方面的快速增长奠定了基础。市场调研机构 EMarketer 公布的数据显示，雅虎将在 2014 年至 2016 年期间成为美国移动广告市场的最大赢家。梅耶尔打造的雅虎移动业务已经初见成效，预计该公司在 2018 年的数字广告领域营收有望升至 600 亿美元。2014 年 11 月，雅虎斥资 6.4 亿美元收购了视频广告科技公司 BrightRoll，使其更有效地匹配广告商和视频。2014 年 8 月，雅虎以 3 亿美元的价格收购了移动广告平台 Flurry，借此增加了移动广告收入。其二是塞梅尔在 2005 年为雅虎做了第二件明智的事，他帮助公司给当时初出茅庐的阿里巴巴投资了 10 亿美元。自那时起，投资的回报增加了雅虎的利润，让它能够慷慨地回报对雅虎自身的投资者。换句话说，雅虎持续的成功部分缘于创新，而更多则缘于幸运的投资。

（5）Priceline。它是 1998 年创立的一家基于 C2B 商业模式的旅游服务网站，是目前美国最大的在线旅游公司。在 Priceline 网站，最直观的可选项目就是机票、酒店、租车、旅游保险。Priceline 属于典型的网络经纪，它为买卖双方提供一个信息平台，以便交易，同时提取一定佣金。如果所有努力均告失败，那就通过收购来改善公司。Priceline 最初推出了买方自主定价模式，借此一举成为互联网时代的宠儿。事实证明这种模式尽管较为流行，却不具备公司设想的变革意义。Priceline 的股票在过去十年中的表现之所以优于以上四家公司，很大程度上是由于它在 2005 年收购了 Booking.com，在 2007 年又收购了 Agoda。这两次收购分别让 Priceline 成为了服务水平低下的欧洲与亚洲市场酒店预订领域的领袖。也许从威廉·夏特纳宣扬买方自主定价服务开始，美国人就已经知道 Priceline 了。不过 Priceline 之所以成为一家市值 600 亿美元的大公司却是由于这两次带来大量回报的关键收购。它们也许不能改变我们旅行的方式，却让 Priceline 从互联网时代的受害者一跃成为 2014 年蒸蒸日上的公司。

二、投资者容易忽视冷门行业的巨大潜力

我们先来看看微软和谷歌。比尔·盖茨看到了个人电脑操作系统的巨大商业价值，于是与 IBM 合作，推出了自己的 MS-DOS 系统，而后，微软推出了 Windows 视窗系统，垄断了世界 75%以上的个人电脑操作系统市场，把一个小企业打造成世界上最伟大的商业公司之一。同样，世界上第一个互联网搜索引擎谷歌的创始人——布林与佩奇同样发现商业搜索的巨大商业机会，在短短的几年内，打造了世界上最伟大的公司。从微软和谷歌的商业模式来看，它们的共同之处就在于挖掘潜在的巨大商业价值。从而可以说明一个问题，挖掘商业价值巨大的冷门市场可以立足市场，因为冷门行业竞争少，有自主定价权，还能从容不迫地去打开市场，比较容易取得惊人的业绩。在选择冷门行业时，创业者要去认真研究分析人们的消费需要，尤其是要注意观察人们的潜在的和特殊的消费需求，然后再迎合顾客的这些消费需求，把这样的冷门行业做大。

但是事实上，冷门行业往往是投资者所忽视的。国外一项相关研究显示，实际上，网络泡沫时代出现的互联网公司里，有近一半到 2004 年仍在运营。网络公司的倒闭比率每年约为 20%，同汽车等行业在早期繁荣阶段相差无几。不过，大多数幸存者并不是亚马逊或是 eBay 这样的行业巨头，而是更小的公司甚至很冷门的，例如向大、中学校摔跤爱好者出售用具的在线销售网站。众多诸如此类的互联网公司得以幸存的事实表明，本来还可以有更多的初创公司诞生。但这项研究称，并没有出现这种情况。

因为因循惯例的投资者只对能够主导整个行业的企业感兴趣。他们在寻找这类公司的过程中忽视了市场规模可能不大但却能成为盈利企业的机会。实际上，在创业过程中会有许多冷门，但这些冷门却可能带来 500 万甚至 1000 万美元的业务，非常值得一试，可惜很多都不符合风险投资者的胃口。

三、网络、通信与传统产业的联合

互联网的一个发展趋势必定是将网络和中国的传统产业相结合。互联网的企业要想发展得健康茁壮，方向就是要将传统的经济功能更深更广地渗透。目前看来，互联网的发展不仅在教育、医疗、物流、交通、旅游、娱乐等服务领域广为应用，而且日益渗透到工业设计和农业发展中，几乎所有的传统行业、传统应用与服务都与互联网相结合。传统行业向互联网迁移，带来资金流、信息流、物流，形成新的平台，产生新的应用，构建新的业态，带来产业或服务的转型升级。“互联网+”模式将给各个行业带来创新与发展的机会。比如教育互联网，相关数据显示，国内网络教育市场规模在 2012 年达到 723 亿元，预计到 2015 年有望达到 1745 亿元。随着互联网渗透率进一步提升和在线教育消费习惯的养成，“互联网+”在教育市场的规模有望加速扩大。服务行业成为了互联网应用发展较快的行业。2013 年，互联网教育、互联网医疗、互联网物流等成为“互联网+”模式最为活跃的领域。

通信业与互联网两者之间虽然存在着明显的差异，但也潜藏着互补与合作的机会。一个时期以来，虽然互联网不断推出花样繁多的业务应用，但互联网缺乏通畅的计费渠道，缺乏有效的盈利模式，丰富的业务应用难以转化为收入和利润。通信业虽然业务模式相对单一，却有着强大的网络平台和完善的计费管理系统，拥有稳定的用户群和业务收入。但通信运营企业也面临着一些新的课题：随着市场竞争的加剧、低端用户的不断涌入和业务资费的不断下调，通信企业利润呈下降的趋势，通信运营企业也希望开辟新的业务增长点，实现企业的持续发展。通信业与互联网的联合使我们看到了更为广阔的发展前景。智能手机是电信业“互联网+”发展到纵深阶段领域的一个典型例子。只能打电话的手机是语音手机，而可以上网的数据手机是智能手机。电信业经营的主要是语音业务，而互联网产业经营的主要是数据业务。当二者在手机上融为一体时，传统的电信业就成了移动互联网业，经营移动互联网业的电信业就成了大互联网业，其核心特征是数据业务的主营化，原有的语音业务更多变成“副业”。语音业务在向数据业务及多媒体方向迈进，传统的电信网已逐步转变为承载各种丰富信息应用的平台。在窄带话音通信时代，业务与网络是合而为一的，电信运营商利用厂商的设备构建网络，然后直接为用户提供接入服务，从而形成了“制造商—运营商—用户”“三位一体”的产业链。“互联网+”在发展到纵深阶段时，会发生一种被称为“过顶传球”（Over the Top，OTT）的现象，即在移动互联网业，数据业务方越过语音基础业务的防线，直接获得市场收益。中国现在是全球智能手机第一大国，中国电信业在 2013 年度业务收入达 3200 多亿元，移动数据、互联网业务及信息化应用等新兴业务占收入的近 1/4。事实证明，电信运营商与信息服务提供商之间的互补合作，既为新型产业链的形成奠定了基础，也为业务创新和产业复兴开辟了新的途径，开展产业合作成为推动产业复兴并走向繁荣的必然选择。

本章主要参考文献：

[1] 黄安年. 二十世纪美国史［M］. 石家庄：河北人民出版社，1989.

[2]［美］沙伊贝等. 近百年美国经济史［M］. 彭松建、熊必俊、周维译. 北京：中国社会科学出版社，1983.

[3]［美］杰拉尔德·冈德森. 美国经济史新编［M］. 杨宇光等译. 北京：商务印书馆，1994.

[4]［美］查尔斯·金德尔伯格，罗伯特·阿利伯. 疯狂、惊恐和崩溃：金融危机史（第五版）［M］. 朱隽等译. 北京：中国金融出版社，2011.

[5] 代鹏. 经济增长的革命：对于美国新经济革命的另一种解释［M］. 北京：经济科学出版社，2002.

[6] 宋玉华等. 美国新经济研究：经济范式转型与制度演化［M］. 北京：人民出版社，2002.

[7] 甄炳禧. 美国新经济［M］. 北京：首都经济贸易大学出版社，2001.

[8] 陈宝森. 当代美国经济［M］. 北京：社会科学文献出版社，2001

[9] 李连仲. 美国经济增长中潜伏着危机因素［J］. 当代经济研究，2000（4）.

[10] 秦美娇. 新经济的理性思考［J］. 华东科技，2001（1）.

第五章

1997年东南亚金融危机

1997年国际金融领域最惊心动魄的莫过于东南亚金融危机。这次的东南亚金融危机影响之深、范围之广、破坏之大是近几十年来罕见的。尽管这场灾难已经过去一段时间，但人们对此仍然记忆犹新。20世纪70年代，东南亚各国为了赶上发达国家走向现代化，选择了政府导向型经济发展之路，采用以要素投入为主的经济增长方式和出口导向型战略，即通过利用外资发展出口加工制造业，以出口贸易带动工业化发展。为了使外资更好地被利用，东南亚国家为了推动金融自由化采用开放利率，发展金融市场，金融机构引进了竞争机制，取消外汇管制等政策。以泰国的金融动荡为开端，以外汇市场防不胜防的货币危机和国际资本的流动性风险为特征，由于东南亚各国采取金融抑制政策，使得金融体制变得脆弱，难以应对经济高速发展的负荷，扩展到货币市场利率风险，进而引出证券市场交易风险和衍生工具市场动荡，最终这场金融风暴席卷了整个东南亚，最终引发全球性金融动荡。

第一节 / 危机过程与影响

东南亚金融危机之所以在较短的时间内，由一个国家开始迅速演变为一场地区性甚至全球性的金融风波，是有其广泛的国际经济背景的。在对其国际经济背景分析基础上，这次金融危机所发生的过程与根源也就容易呈现出来。

一、危机的过程

（一）危机发生的国际背景

进入 20 世纪 90 年代以来，世界政治格局和经济发展格局都发生了深刻的变化，明显的一点是世界两大对立阵营内部的经济联系加深了，区域性经济合作趋势越来越明显。特别是在西方资本主义阵营内，贸易、经济自由化和经济区域化的趋势更加突出。这种变化对东亚地区的发展模式提出了严峻挑战。但是直到金融危机爆发，东亚地区各国对这种变化和挑战还没有做出积极的回应。在危机爆发之前的 1994~1997 年，世界经济的平均增长速度为 4%，经济总量有所提高，经济发展成为主旋律。总的来说，当时的世界经济特点主要可以概括为以下几个方面：

第一，世界经济发展的政治环境发生了重大变化。冷战结束后，和平与发展又重新成为世界的新主题，两大阵营对峙局面消失，国际关系中经济因素的影响和作用明显上升。经济发展成为各国的主题，不仅是西方国家，发展中国家也都加快了改革和开放步伐，各国经济得到迅速发展，国际经济多元化趋势得到进一步加强。经济关系已经成为国际关系的主导，维护本国经济利益，促进本国经济发展，已成为国际对外关系的核心目标。

第二，全球经济一体化的进程大大加快。“冷战”结束后，世界经济在多极化发展的同时，为了加快本国或地区的经济发展，加快了全球化的进程，各国通过实施经济对外开放，通过国际间商品、资金、技术、劳务等资源的自由交换和流动，而形成一种各经济体之间经济相互渗透、相互融合、共同发展的局面，国际经济多元化趋势得到进一步加强，极大地加快了世界经济的融合和全球经济一体化进程。首先，国际产业分工从垂直向水平方向发展，生产的全球化联系越来越紧密，分工越来越细，跨国协作越来越广泛。其次，自由贸易成为世界贸易发展的方向，全球性的市场日渐形成。再次，信息化网络化的发展，把世界日益连接成一个整体，世界变得越来越小。最后，经济全球化的结果表现在国际金融市场日益全球化，国际间资本流动加快。国际投机商的投机活动无处不在，几十亿、上百亿元的交易在电脑键盘上用很短的时间内就能完成。从东南亚国家经济的运行看，东南亚国家的贸易自由化进程不断加快。各国积极调整经济发展战略，逐步放宽贸易管制，大幅降低关税水平。东南亚九国均为世界贸易组织成员方，并且，随着国际投资和跨国公司的涌入，东南亚国家的生产一体化得以不断发展，并日益成为跨国公司全球工业产业链的重要环节。

第三，世界金融体系和金融秩序走向多元化和自由化。20 世纪 80 年代中期后，随着西方国家的金融自由化、国际化和证券化浪潮的出现，东南亚国家金融深化的国际进程大大加快。由于美元的优势地位，多数国家还是将自己的货币和美元挂钩，实行的都是以某种形式与美元挂钩的联系汇率制。它可以使本国的货币汇率相对稳定，有利于经济贸易发展。但是，随着世界金融秩序和金融体系正在向着多极化发展，美元独来独往的时代已经过去了，这样多极化发展的结果是增加了世界金融秩序的不稳定性。世界各国都相继采用浮动汇率制，各国的金融自由化改革均以放宽政府管制，开放金融市场，加速金融国际化为特征，企图靠市场解决问题。1968 年，新加坡率先设立亚洲美元市场，以此带动金融自由化和国际化。此后，马来西亚、印度尼西亚、泰国、菲律宾等国纷纷加快了国内金融市场化的改革步伐，并积极推进金融国际化与自由化。但是在自由化的货币市场上，货币需求的变化常常被投机商利用。正是由于各国的金融改革和金融自由化的步伐过快以及政策的失误，才导致了 90 年代中期的严重金融危机。

1989 年，南亚经济体通过提高利率，以吸引追逐高回报率的外国投资者。在这种情况下亚洲吸引了将近一半的向发展中国家的资本净流入。巨大资金的流入，导致了剧烈的资产价格上涨。泰国、马来西亚、印度尼西亚、新加坡和韩国经济在 20 世纪 80 年代末 90 年代初经历了 8%~12%的高速 GDP 增长，这被称为“亚洲经济奇迹”。亚洲经济高速增长的牵引力是出口的快速增长，快速增长中的亚洲新兴市场企业和银行面对巨额的国内投资资金需求，更倾向于选择借利率较低的美元或日元等外币，而非本币。这样国内资金相对于需求而言较为富余，供过于求的情况导致作为资本价格的利率持续走低，这些资金所有者便把投资目光转向国外需求，在国际金融市场上使手中的资金收益最大化。由于汇率不是绝对固定的，还有风险溢价的存在，市场预期泰铢、卢比和韩元贬值具有较大可能性。这时危机已潜伏在资本市场中。

90 年代早期，美国在格林斯潘倡导下开始提高美国利率来对抗通货膨胀。这使得美国成为比南亚各国更有吸引力的投资目的地，抬高了美元的价值。到了 90 年代中期，人民币和日元的贬值、美国利率的上升及进而走强的美元、半导体价格的骤降等，都影响了东南亚国家的经济增长，这是因为对于那些把货币锚定美元的南亚国家来说，走高的美元使得它们的出口更加昂贵、失去国际竞争力。因此，1996 年春，南亚国家的出口增长预期显著下滑，使它们的经常账户更为恶化。巨大的恐慌导致债务债权的大量逃出，带来信用紧缩和破产。另外，在外国投资者尝试着取出现金时，外汇市场便被危机国家的货币淹没，加大它们的贬值压力。为了避免货币崩溃，这些国家的政府把国内利率提到极高的程度（使借出钱对投资者更有吸引力，以缓解资本外逃的现象）；为了干涉外汇市场，用外汇储备以固定汇率买下多余的本国货币，而这两种政策都不可能长期维持。很高的利率本身就可能危害一个健康的经济体，对一个脆弱的经济将会造成严重的灾难，而政府正在耗竭数目有限的外汇储备。当资本外逃之势无可避免之时，当局便放弃固定汇率，转而允许汇率浮动。本国汇率的贬值意味着，那些以外汇标价的负债转以本国货币的标价急速上涨，这就导致更多的破产、危机加深。

（二）危机的演变过程

这场危机首先是从泰铢贬值开始的。由于亚洲许多国家货币程度不一地钉住美元，美元汇率的变化成为导致亚洲金融危机的直接原因。当美元相对于日元大幅度升值后，危机国家出口竞争力大幅度下降，从而诱发出国内经济金融体系中原本存在的一系列问题，最终导致货币全盘崩溃的局面。这场金融危机从 1997 年 7 月爆发于泰国之后便迅速成为扩散到整个东南亚并波及世界的东南亚金融危机，使许多东南亚国家和地区的汇市、股市轮番暴跌，金融系统乃至整个社会经济受到严重创伤。货币崩溃作为金融危机的开端成为亚洲各个危机国家的共同特征，在危机持续的1997年7月至1998年1月仅半年时间内，东南亚绝大多数国家和地区的货币贬值幅度高达30%~50%，最高的印度尼西亚盾贬值达70%以上。在证券市场方面，同期，这些国家和地区的股市跌幅达30%~60%，带来了惨重的损失。据估算，在这次金融危机中，仅汇市、股市下跌给东南亚国家和地区造成的经济损失就达1000亿美元以上。受汇市、股市暴跌影响，这些国家和地区出现了严重的经济衰退。从1997年7月到1998年底，东南亚金融危机从孕育、爆发到最后趋于缓和，其演变过程经历了以下三个阶段：

1. 危机的第一阶段

泰国作为东南亚经济及金融开放程度最高的国家，是这次危机的发源地。从1984年开始，泰国就实行以美元为主、其他货币为辅的钉住“一揽子”货币汇率的联系汇率制。在近14年的时间里，泰铢一直稳定在25泰铢兑1美元的水平。由于90年代以来，特别是1996年泰国经常项目逆差迅速扩大，导致泰铢汇率被人为高估。1997年3月4日，泰国中央银行为了加强本国金融体系的稳定性，增强人们对泰国金融市场的信心，宣布因存在资产质量和流动资金不足等问题的国内九家财务公司和一家住户贷款公司立即增资82.5亿泰铢，并要求银行和金融机构将呆账准备金率从100%提高到115%~120%，命令金融系统在未来两年内将备付金增加500亿泰铢。这一系列举动使人们担心这一措施将使金融机构和财务公司的资金周转更加困难，投资者甚至认为这是对泰国金融体系可能出现更深层次问题的暗示，从而引发了挤兑风潮和纷纷抛售银行财务公司股票的风潮。挤兑风潮和纷纷抛售银行财务公司股票的风潮开始爆发了，股市开始暴跌，1997年6月下旬跌破八年来历史最低点。在数日内储户共提款104亿泰铢。同时，在外汇市场上也出现了动荡不定的局面，泰国被高估的汇率致使国际投机资本有机可乘，从1997年初起，国际投资商就开始多次冲击泰铢，到5月8日，又一次对泰铢发起更大冲击，几天内使泰铢贬值5%。在1996年7月泰国外汇市场大抛泰铢兑换美元的风波之后，1997年5月以来，泰铢又受到几年来最大的冲击。之后5月14日外汇市场又突然发生投机性的卖压泰铢之风，致使泰铢兑美元的汇率跌至26.6:1的低谷，再次跌破10年来最低水平。

为了挽救泰币危机，泰国中央银行立即采取紧急措施，如宣布与新加坡采取联合行动，动用 120 亿美元在市场收回泰铢；要求曼谷的 29 家本国和外国银行停止向外国的短期投资者出售泰铢，从而停止了外汇市场泰铢的交易；泰国中央银行大幅度调高利率，以防止资金大量外流等。泰国中央银行的这些紧急措施的施行才使泰铢兑美元汇率恢复到 25:1 的水平。然而，1996 年以来，泰国通货膨胀居高不下，物价与工资的上涨速度远远超过美国。这样，在汇率维持一定水平的情况下，泰国厂商很难经营下去。泰铢与美元维持固定的汇率，事实上其实已经高估了。因此，国际投机资本对泰铢的冲击并没有就此罢休。在不断冲击之下，泰国央行已消耗大量外汇储备，没有能力再进行干预以维持固定汇率。同年 7 月泰国外汇储备总额为 300 亿美元，但其中 234 亿美元是将于 1998 年 8 月份到期的远期外汇合同，所以实际外汇储备余额只有 66 亿美元。在这种情况下，泰国当局不得不在 7 月 2 日宣布放弃联系汇率制，被迫宣布泰铢与美元脱钩，实行浮动汇率制。宣布当天，泰铢对美元的汇率跌至创纪录的新低，一日之间贬值 20%，泰国证券交易所主要指数上升约 8%，外汇及其他金融市场一片混乱。

从 1997 年 5 月以来，泰国由于自身经济的严重失衡，在国际金融危机投机力量的冲击之下，爆发了一场金融危机，泰铢一贬再贬，迫使泰国中央银行在 7 月初宣布放弃自 1984 年以来一直实施的泰铢对美元的钉住汇率制度，实行有管理的浮动汇率制度。泰国的这次金融危机很快就波及东南亚各国。国际投资商开始转而冲击其他东南亚国家的货币。和泰国具有相同经济问题的菲律宾、印度尼西亚和马来西亚等国，当天，在泰铢波动的影响下，菲律宾比索、印度尼西亚盾、马来西亚林吉特相继成为国际炒家的攻击对象。这些国家虽然耗费了大量的外汇储备，但最终没能抵挡住国际金融市场投机力量的冲击，各有关国家在动用外汇储备入市干预无效之后，被迫改变或修改了本国的货币汇率制度和汇率政策，将本国货币贬值。这些国家的货币大幅贬值，就连以稳健著称的新加坡元也难逃劫数。

面对突如其来的危机，东南亚各国政府纷纷采取应急对策：泰国宣布了降低贸易赤字、紧缩贷款、增加税收等振兴经济的八项措施以及为客户提供担保等整顿金融秩序的七条对策；菲律宾将商业银行流动资金准备率提高一个百分点，以限制资金的流动性。马来西亚提出了限制本国银行向外国客户提供 200 万林吉特以上的非商业性交易信贷等措施，包括于 7 月 14 日通过提高银行利率阻止林吉特进一步贬值等措施。印度尼西亚被迫放弃本国货币与美元的比价。中国香港特区政府则重申不会改变现行汇率制度，恒生指数上扬，再上万点大关。

东南亚的金融危机也引起了国际社会的震惊和重视。1997 年 7 月 24 日在中国上海召开的“东亚及太平洋地区中央银行会议”对泰国及东南亚的金融震荡进行了讨论。7 月 29 日，国际货币基金组织（IMF）与泰国商讨了援助问题，提出泰国接受带条件的援助计划。8 月 11 日由国际货币基金组织牵头在东京召开了援泰会议，决定提供 172 亿美元（包括后来中国的 10 亿美元）援助资金。而后菲律宾和印度尼西亚也得到了类似的贷款，使东南亚金融危机得到缓解。但其余波扩展到中国香港地区、台湾地区、韩国等周边国家和地区，使得这些国家和地区的汇市和股市都产生了剧烈动荡。

2. 危机的第二阶段

由于一些对策措施的收效要有一个过程，特别是国际货币基金组织的 172 亿美元援助资金不能用来拯救陷入困境的泰国金融机构，因深层原因引发的经济困难如贸易赤字不可能在短期内好转。所以，在采取了各种措施以后，并未能遏制住金融震荡的发展。继 7 月 2 日泰国政府改固定汇率制为浮动汇率制以后，泰铢贬值幅度一度达到 48%，东南亚其他国家也相应受此冲击，货币贬值，股市下跌，金融危机开始深化。表 5–1 显示了 1997 年 7 月 1 日至 10 月 1 日，东南亚主要国家的汇率变化情况：

表 5–1 东南亚主要国家汇率（美元兑其他货币）

货币	泰铢	菲律宾比索	印度尼西亚盾	马来西亚林吉特
7 月 1 日	29.905	26.374	2431.5	2.5243
8 月 1 日	31.965	29.225	2616	2.6375
9 月 1 日	34.1	30.1	2975	2.9470
10 月 1 日	35.85	34.38	3340	3.3675

汇市的剧烈震荡，使东南亚股市也大幅度下降。与 7 月末相比，到 9 月初，马来西亚、印度尼西亚、泰国、新加坡和菲律宾的股票综合指数下跌到创新的低点。如泰国证券交易所综合指数比年初下跌 39%；菲律宾证券交易所指数比年初下跌 38%。在股市下跌的拉动下，东南亚国家的汇市也在连创新低中不断下跌。为了进一步稳定金融局势，东南亚国家不得不采取进一步的措施。9 月 3 日，泰国宣布放松三项外汇管制；10 月 14 日，

又推出振兴经济计划，如削减 1998 年预算开支 1000 亿铢，提高部分商品的税率和进口关税；恢复被停业的 58 家金融机构营业，允许外商可持股 50%以上，期限由 5 年延长到 10 年；进行金融改革等。其他国家也接连不断地推出了各种措施。在这种情况下，投资者的信心开始恢复，各国汇市和股市开始停止下跌趋于平稳。

但是，危机并没有停止。10 月下旬，国际炒家转移到国际金融中心中国香港，矛头直指香港联系汇率制。中国台湾地区也突然弃守新台币汇率，10 月 17 日一天贬值 3.46%，创下近年来的新低，相应地当天台湾股市下跌 165.55 点。10 月 20 日，台币再度贬值，台湾股市再跌 301.67 点。台湾货币贬值和股市大跌，不仅使东南亚金融危机进一步加剧（10 月 28 日，日本、新加坡、韩国、马来西亚和泰国股市分别跌 4.4%、7.6%、6.6%、6.7%和 6.3%），特别是加大了对港币和香港股市的压力，使得香港股市受外部冲击，香港股市累计跌幅超过了 25%，在 10 月 28 日跌破了 9000 点大关。除此之外，还引发了包括美国股市在内的大幅下挫。

11 月以后，危机蔓延到韩国，韩国也爆发了金融风暴，韩国汇市、股市轮番下跌，使得此次金融危机的影响程度进一步深化。到 11 月底，韩元兑美元的汇价下跌了 30%，韩国股市跌幅也超过 20%。日本金融危机也进一步加深，韩元危机也冲击了在韩国有大量投资的日本金融业。11 月日本先后有数家银行和证券公司破产或倒闭，包括日本三洋证券、北海道拓殖银行、山一证券等金融机构。日元兑美元较年初贬值了 17.03%。日本金融机构的先后倒闭所引发的信用危机导致日本股市暴跌，日元汇率跌至五年来的最低点。于是，东南亚金融风暴演变为亚洲乃至世界性的金融危机。

3. 危机的第三阶段

从 1998 年 1 月开始，东南亚金融危机的重心又转到印度尼西亚，印度尼西亚金融风暴再起，面对有史以来最严重的经济衰退，形成金融危机来势汹汹的又一波。国际货币基金组织 1998 年初为印度尼西亚开出的“药方”未能取得预期效果。1 月 8 日，印度尼西亚盾对美元的汇价暴跌 26%。同日，香港恒生指数暴跌 773.58 点，新加坡、中国台湾、日本股市分别下跌。2 月 11 日，印度尼西亚政府宣布将实行印度尼西亚盾与美元保持固定汇率的联系汇率制，以稳定印度尼西亚盾。此举遭到国际货币基金组织及美国、西欧的一致反对。国际货币基金组织扬言将撤回对印度尼西亚的援助，印度尼西亚陷入政治经济大危机。受其影响，东南亚汇市再起波澜，新元、马币、泰铢、菲律宾比索等纷纷下跌。直到4月8日印度尼西亚同国际货币基金组织就一份新的经济改革方案达成协议，东南亚汇市才暂告平静。1997年爆发的东南亚金融危机使得与之关系密切的日本经济陷入困境。随着日元的大幅贬值，国际金融形势更加不明朗，亚洲金融危机继续深化。

1998年8月初，趁美国股市动荡、日元汇率持续下跌之际，国际炒家对中国香港发动新一轮进攻。恒生指数一直跌至6600多点。香港特区政府予以回击，金融管理局动用外汇基金进入股市和期货市场，吸纳国际炒家抛售的港币，将汇市稳定在7.75港元兑换1美元的水平上。经过近一个月的苦斗，使国际炒家损失惨重，无法再次实现把香港作为“超级提款机”的企图。国际炒家在香港失利的同时，在俄罗斯更遭惨败。俄罗斯中央银行于8月17日宣布年内将卢布兑换美元汇率的浮动幅度扩大到6.0：1~9.5：1，并推迟偿还外债及暂停国债交易；9月2日，卢布贬值70%。这都使俄罗斯股市、汇市急剧下跌，引发金融危机乃至经济、政治危机。俄罗斯政策的突变，使得在俄罗斯股市投下巨额资金的国际炒家大伤元气，并带动了美欧国家股市和汇市的全面剧烈波动。俄罗斯金融危机的爆发，说明亚洲金融危机已经超出了区域性范围，具有了全球性的意义。到1998年底，俄罗斯经济仍没有摆脱困境。1999年，金融危机阴影才逐渐消散。然而这场危机的影响还远未结束。

二、危机的影响

这次金融危机暴露了一些亚洲国家经济高速发展背后的一些深层次问题。东南亚地区经济的密切相关性，使这场危难迅速波及该区的各个国家或地区，汇率与股市大跌，人们财富大幅度缩水，甚至引起社会动荡，这次金融危机对于危机爆发地区、世界其他地区以及我国的经济社会发展都有重大影响。

（一）对危机爆发地区的影响

东南亚经济泡沫的破灭首先打击的是金融体系，此危机迫使除了港币之外的所有东南亚主要货币在短期内急剧贬值。东南亚各国货币体系和股市崩溃，金融市场上各种资产价格大幅度下跌，货币贬值。在经历了屡次冲击后，受影响最深的几国相继经历了对美元的大幅贬值。到了1998年3月底，与1997年7月初的汇率比较，各国股市都缩水1/3以上。各国货币对美元的汇率大跌，从 1997 年 6 月到 11 月中旬，泰铢贬值高达 58%，韩元贬值 36%，印度尼西亚盾贬值 72%，马来西亚林吉特贬值 40%。到 12 月中旬，菲律宾比索较 7 月 15 日贬值达 40%。经济基础良好的新加坡由于外汇储备充足又无外债，相对情况较好，但至 12 月底新元也贬值近20%。

东南亚的金融动荡对东南亚经济的直接负面影响是明显的，各国汇率此次的大幅下调不仅直接影响到本国的对外贸易、资本流动和国际收支平衡，而且也对国内货币流通和通货膨胀产生深刻的影响，在一定程度上影响着投资者的信心。对于这些出口导向型的国家来说，汇率的非正常波动最终导致了经济的全面崩溃。金融机构资金周转困难，甚至破产、倒闭。例如，泰国发生金融危机一年后，破产停业公司、企业超过万家，失业人数达 270 万，印度尼西亚失业人数达 2000 万。在金融危机波及东南亚、中国台湾、中国香港之后，国际投机客的矛头直指“亚洲四小龙”中劲头最健的韩国和亚洲经济的领头羊日本。东南亚金融危机对日本经济产生严重的不利影响，日本对东南亚地区的出口大量减少，同时由于货币贬值，这些地区的消费者减少了对日本消费品的需求，日本银行业也因此受到打击。

此次金融危机对于韩国社会的影响也十分巨大。韩国汇市、股市双双告急，韩元迅速贬值达 60%。至 1998 年 6 月，韩国的综合股价指数已跌至接近历史最低点。一直以来，韩国政府极力推崇以大企业集团为支柱的出口导向战略型经济，对外负债极大。这种高负债经营的弊端从 1997 年初七家排名 30 位之前的大企业集团相继倒闭或申请破产保护中可见一斑。

由于金融体系在经济中的中枢地位，金融危机会迅速影响到整个经济，并会由此引发大批外资撤逃和国内通货膨胀的巨大压力，给这个地区的经济发展蒙上一层阴影。有估算显示，印度尼西亚、马来西亚、韩国、泰国和菲律宾私人资本净流入由 1996 年的 938 亿美元转为 1998 年的净流出 246 亿美元，仅私人资本一项的资金逆转就超过 1000 亿美元。

金融危机的发生使政府不得不实行经济紧缩政策，这些因素将汇成制约东南亚经济增长的力量，可使这一世界上最富活力的地区经济增长速度放慢。受东南亚金融危机影响，地区内发展中国家经济增长速度明显趋缓。东南亚金融危机演变成经济衰退并向世界各地区蔓延。

东盟国家除新加坡外，1997 年的总体增长由 1997 年的 7.2%放缓至

4.3%，1998 年下降到了 4.2%[①]。为了渡过难关，东南亚各国和地区只得向国际社会求援，寻求国际货币基金组织、世界银行、亚洲开发银行以及美国、日本等发达国家的紧急贷款援助。作为条件，这些国家要按照国际货币基金组织的要求落实一整套经济改革计划，内容包括整顿金融秩序，关闭一些经营状况不佳的金融机构，加快开放金融市场，实行紧缩政策，压缩国际收支经常项目赤字和预算赤字等。以韩国为例，韩国于 1997 年底终于被迫接受了国际货币基金组织的救援条件。如韩国政府要减少对汇率的干预，实行更加自由的金融贸易。国际货币基金组织对韩国经济的“药方”使韩国长期成功的发展模式完全瓦解。

同时在政治方面，亚洲金融危机使东南亚国家多个政权更迭。在韩国，执政多年的保守派大国家党在总统选举中落败，在野新千年民主党首次取得政权；在泰国，联合政府下台，由民主党重新执政；在印度尼西亚，执政 32 年的苏哈托倒台；在马来西亚，执政 17 年的马哈迪为免倒台及清算，把其副总理安华拉下马，对他进行政治打击，其独裁及打压政治异见的手法，使马来西亚陷入政治危机。

（二）对世界其他地区经济的影响

亚洲金融危机不仅导致亚洲经济衰退、社会动荡和政治危机，在全球一体化的时代，不可避免地、或多或少地总要影响其他国家乃至全球。

东南亚金融危机对于美国和欧洲经济有不同程度的影响。东南亚金融危机本身以及随后亚洲各国为适应对外调整而压缩国内需求的紧缩政策对发达国家的出口增长产生负面影响，影响进口和出口量，进而对国家的经济增长率产生影响，亚洲金融危机在影响着整个世界经济的增长。除日本、韩国、东南亚国家和俄罗斯等国家已陷入严重的衰退外，其他国家的经济增长率大多低于前一两年。

亚洲地区经济增长的停滞或衰退，对外需求疲弱，必然导致其他国家，特别是与该区贸易关系较密切的美国的出口减少，在该区投资的公司利润下降，这些都直接影响到其他国家的经济增长。1998 年上半年，美国出口贸易出现 90 年代以来第一次负增长，其中对亚洲地区出口减少 14%。亚洲金融危机使美国所有部门在 1998~2000 年损失 4180 亿美元，其中汽车业损失 110 亿美元。亚洲金融危机旷日持久，使本已出现泡沫的西方股市

① 参见《新民晚报》1997 年 11 月 19 日和《美国商业周刊》1997 年 9 月 15 日。

更加脆弱，美欧股市在八九月间的持续暴跌，将导致西方国家内需减弱，最终使美欧经济增长放慢。1998年美国经济增长率低于1997年，而1999年增长率进一步放慢至2%。

东南亚金融危机对拉丁美洲经济也有影响。1998年下半年拉美国家受亚洲金融危机的影响日益明显，尤以巴西和哥伦比亚为最严重。巴西货币受到严重冲击，财政赤字达GDP的70%，加上债务负担沉重，1998年经济增长率从1997年的3.5%降到1%。美联社1998年1月19日报道，在1997年的最后几个月，拉美各地的股票市场下跌了20%。面对亚洲金融危机的冲击，阿根廷、巴西、墨西哥等国不得不在第四季度推迟新的国际债券的发行，以等待国际金融市场恢复正常。与此同时，它们立即采取紧急措施阻止金融市场动荡的蔓延。巴西中央银行抛出100亿美元的外汇储备以稳定金融市场，同时上调基本利率，以阻止资本外流和防止本国货币大幅度贬值。拉美国家增加出口是获得外汇、稳定国内金融市场、最终实现经济增长的既定战略。由于亚洲金融危机使东南亚地区的货币至少贬值30%，这些使亚洲廉价的商品大量进入发达国家的市场，来自亚洲的廉价商品开始排挤除墨西哥商品之外的其他拉美国家的商品，而亚洲这些国家的进口却大大减少。

（三）对中国经济的影响

在这次东南亚金融危机中，从总体上对中国经济冲击不大，这主要是因为中国的金融市场几乎是一个封闭和相对独立运作的体系，中国的资本市场尚未开放，因此，国际短期资本无法直接冲击中国金融市场。但是中国在经济结构、金融体系等方面，存在着与遭受金融危机沉重打击的东南亚国家相类似的问题，如重复建设、地产泡沫、金融系统脆弱等。但是，中国与东南亚各国的经济关系十分密切，在危机中不可避免地也受到了金融危机的间接影响，但免受了更大的影响。

首先，中国对国际资本的流入严格控制。在危机发生时，中国当时是实行了以市场供求为基础的、单一的、有隔离的浮动汇率制度，人民币在经常项目下可以兑换，但不能在资本项目下自由兑换。当时，中国的外债结构是长期外债占比很高，外债结构稳健，因此，国际游资对中国金融业的影响受限。

其次，中国采取渐进的改革模式和有序的金融监管。中国在金融体制改革和金融自由化、国际化的进程中是稳步推进的，中国逐步开放国内金融市场，允许外资金融机构有限制地进入中国金融市场，对引进外资严格监管，从宏观上加强对外商投资的规模和方向的控制，尽量避免这些外资投向高风险行业的比例和限额，这样有效地防止了泡沫经济的出现。

最后，外汇储备充足。在 1998 年上半年时，中国拥有外汇储备 1209 亿美元，位居世界第二位，仅仅次于日本，从而不存在爆发金融危机的制度性因素，这为防范和化解金融风险取得了主动权。

东南亚金融危机尽管没有直接冲击中国，但也对中国经济带来一些间接的负面影响。亚洲金融危机对中国的贸易格局产生了较大的影响。1994 年人民币曾经大幅度贬值，推动了中国出口的高速增长，进而带动了中国经济的飞跃（1997 年出口需求对中国国民经济增长的贡献率为 40%）。从某种意义来说，这次东南亚货币贬值是对 1994 年人民币贬值滞后的反映。总体来看，由于我国出口 55%以上是面向亚洲市场，引进外资中约有 70%来自亚洲地区，因此亚洲金融危机对中国的出口有一定直接影响。东南亚国家货币贬值使其出口商品在国际市场重新获得价格竞争优势，从而促进其出口，但这会加剧包括中国在内的发展中国家在出口市场上的竞争。从 1997 年危机初起到 10 月下旬的一段时间内，泰铢累计跌幅达 40%以上，菲律宾比索跌幅近 30%，印度尼西亚盾累计跌幅达 50%，马来西亚林吉特累计跌幅约 35%，新加坡元、台币的累计跌幅也在 10%以上。这样，在 J 曲线效应下，经历了短期贸易困境后，偏软的货币汇率水平在一定程度上刺激出口，抑制进口，从而使其对外贸易状况得到很大改观。这些货币贬值国家多属于中国的主要贸易伙伴圈，这些国家货币的大幅度贬值必然在进口和出口两方面对我国产生影响。

这场金融风暴还对中国利用外商投资产生影响。中国港台地区、日本、韩国和东南亚国家是中国吸收外商直接投资的主要来源地。东南亚金融危机的发生必然会对中国的外商投资产生负面影响，导致东亚地区投资商对我国投资能力的减弱。1997 年 1 月到 11 月中国吸引外资达 470 亿美元，比 1996 年同期下降了 27%。除这种直接影响外，危机过后出现的市场信心问题还会造成对中国直接利用外资和信贷评级产生间接不利影响。在过去的 20 年中，新兴市场经济国家以其卓越的经济表现吸引了大量外来资金，东南亚国家作为整体成为世界上经济发展最快的地区和世界人均对外负债最高的地区。近些年来，多数亚洲新兴市场经济国家的经济发展势头开始减弱，东南亚金融危机发生后，全球投资人对新兴市场的风险意识有所增强，而美、日、欧的跨国公司在东南亚各国业务受到巨大冲击，从而影响到这些公司的对华投资。

中国香港股市震荡影响中国内地吸纳境外资金，内地企业的筹资通过香港股市产生影响。在东南亚金融危机中，香港特区政府采取的政策是“牺牲股市，确保港币”，这使香港股市出现巨幅下跌，恒生指数由 16820 点高位（1997 年 8 月 7 日）跌破 9000 点（1997 年 10 月 25 日）。北京控股、上海实业等红筹股的龙头老大，都从 60 元以上的天价跌至 15 元左右的地价。原本为股民所看好的中国电信因受金融危机影响上市不久即跌入发行价。当时中国国有企业在境外资本市场筹资的主要场所是香港股市，因此，香港股市下跌会伤害投资者的信心，影响大陆新股的发行和认购，对正要上市的公司筹资时机产生了延误，影响中国利用境外资本，延缓了试图利用香港股市吸纳境外资金推进国企改制的进程。

第二节 / 危机的原因

起源于泰国的东南亚金融危机造成了金融资产价格暴跌，金融市场动荡，金融机构陷于严重困难并大量破产倒闭，金融体系所有的或绝大部分金融指标急剧恶化，这些都与以往的金融危机具有共性。此外，这次金融危机还具有一些特殊性：首先，它源于一个远离传统的国际金融中心地带的小国，即泰国，可见当今各国金融的密切交叉融合的程度很高，小国出了问题也会传递到大国。其次，这次危机是以金融恐慌心理为媒介传导到周边国家，引起周边国家的金融恐慌心理，削弱市场的支撑力，进而向东亚、全球扩散的。再次，它的产生不仅在于东南亚各国的金融体系相当脆弱，而且更植根于金融体系赖以运行的实际经济之中。东南亚各国不同程度地存在着的资源配置不当，经济结构失衡，泡沫经济虚假繁荣，经济增长速度放慢，经常项目逆差扩大等问题，这些是产生这场金融危机的经济根源。最后，危机产生经济后果使各国经济发展都蒙上了一层阴影。如外汇管理制度遭到了致命的打击而使外汇市场管理体制一度陷入瘫痪，而货币的贬值又导致了通货膨胀率的上升。

任何金融危机的产生，归根结底都是经济体制、经济发展质量和政府所采取政策的影响所导致的，因此对于危机发生的原因，既有国际因素，也有国内因素，国内因素更为主要。一体化的浪潮席卷全球，各国金融市场波动的同步性进一步增强，国际投机者寻找套利机会的投机活动日益频繁。1997 年 7 月以量子基金的创始人索罗斯为代表的国际投机资本在泰国外汇市场和股票市场的恶性炒作引发了金融危机，从表面上看是由国际金融炒家所引起的，但究其深层原因：国内金融体系薄弱，货币及汇率政策不稳定，及未能合理控制经常项目逆差，汇率长期被高估等因素使外国投资者丧失信心联合资本外逃才是这场危机的内因。只有明白这些经济繁荣的背后隐藏着的深层次问题，才能避免各种危机，经济才能健康发展。

一、引发东南亚金融危机的直接原因是国际投机资本的冲击

国际游资的冲击是这次危机爆发的最直接因素。国际游资是为了追逐高额利润而具有很大的流动性、投机性和隐蔽性。据国际货币基金组织估计，至 20 世纪 90 年代末期，活跃在全球金融市场的游资相当于全球国民生产总值的 20%，每天有 12000 多亿美元的游资在全球外汇市场寻求获利机会，相当于实物交易的近百倍。一旦发现机会，这些游资便开始兴风作浪。

金融危机前，东南亚国家为减缓通货膨胀上的压力，利率持续上升，利率上升吸引了大量国际游资涌入套利，仅泰国银行业每月经手的海外套利资金额就达 400 亿至 600 亿美元。在泰国出现金融危机征兆后，国际投机家预料到泰铢将会贬值，就在贬值前从泰国银行买入巨额泰币，在外汇市场套取外汇，等泰铢贬值后，再从市场上买入廉价泰币偿还借款，从而获取暴利。在这次东南亚金融危机爆发前，投机大亨索罗斯就发现了东南亚地区经济发展中存在严重的经济金融问题，利用自己所掌握的 91 亿美元的量子基金，在汇市和股市上对泰铢进行投机，引起泰铢大幅度贬值和股价下跌，造成金融恐慌，引发了这场金融危机。据泰国估计，在 1997 年的金融危机中泰国外资净流出额高达 164 亿美元，索罗斯就从泰国获得了 30 亿美元的投机利润。泰国央行虽然与新加坡金融当局联合行动，动用 120 亿美元资金吸纳泰铢，但只有 300 多亿美元外汇储备的泰国央行，最终未能抵住国际游资的投机冲击，被迫宣布放弃这一努力。泰铢大跌后国际游资继续冲击其他东南亚金融市场，导致危机爆发。

这次投机的得逞是因为泰国等东南亚国家具备了国际游资直接冲击所

需要的六个条件：其一，被冲击国国内利率高于国际市场利率，并有其他获得高额利润的途径；其二，被冲击国的汇率相对稳定，存在一定的高估成分，存在货币贬值的因素；其三，被冲击国汇市、股市的规模相对狭小，容易遭受冲击；其四，被冲击国的国际收支资本项目可自由兑换，外国的基金能够购买该国货币；其五，被冲击国允许外国投资者开立短期资本项目本币账户；其六，被冲击国的汇市、股市对外国投资者的开放程度较高。正因为泰国等东南亚国家都具备这几个条件，所以以索罗斯为代表的国际投机家把泰国等东南亚国家的货币作为他们攻击的目标，并获得了成功。

二、爆发危机的根本原因是经济结构严重失衡

东南亚国家经济高速增长在于以初级产品出口为主导的外向型经济发展道路，西方国家产业结构升级带动了初级产品的旺盛需求，因此依靠这种需求通过外向型经济给东南亚国家带来了巨大的利益。在经历 10 余年的高速增长后，东南亚创造了“亚洲经济奇迹”。东盟国家并没有充分地认识到尽快实现经济增长方式转变的重要性，仍然迷信于劳动力廉价的优势，政府在经济结构调整方面未作出应有的努力。此次东南亚金融危机充分暴露了东南亚一些国家经济高速增长中隐含的结构性问题。

长期以来，东南亚地区各国都是把促进出口作为经济发展的龙头，其经济高速增长主要靠出口拉动。泰国出口产值占国内生产总值的 40%，其中电子产品出口的比重很大；马来西亚电子产品的出口占出口总额的 65%。1994 年以后，以劳动密集型产业为主体的东南亚经济开始感受到了出口增长势头减缓，进口势头上升，国内投资势头减弱，国内消费上升的多重压力。但出口经济结构单一，导致整体经济结构不合理。出口产品主要是技术含量低，附加值不高，以劳动密集型为主。以泰国为例，1996 年，受美元汇价走强和世界电子产品需求萎缩的影响，东南亚各国出口大幅度下降。泰国的出口从 1995 年的 22.5%下降到 1996 年的 0.1%，这对主要依靠出口产业带动经济增长的东南亚各国来说，无疑是一个沉重的打击，这是一方面；另一方面，由于国内工资增长过快，需求旺盛，导致进口大幅度增加，结果这些国家的国际收支经常项目便出现了巨额逆差。同时，随着近年来中国、越南等周边发展中国家以及东欧各国加入到竞争行列，普遍采用出口导向战略，国际竞争加剧，国内劳动力成本上升，导致

出口减少，贸易状况恶化，经济增长进度放慢，使得东南亚国家出口产品占国际市场的份额越来越小，产业经济效益降低。

为弥补赤字，泰国等国不得不大量借助国外资金，在1997年危机爆发前，泰国的外债总额达900亿美元，菲律宾为390亿美元，马来西亚达270亿美元，印度尼西亚则高达1000亿美元。这几个国家不仅举债规模失控，而且外债结构很不合理。以泰国为例，在其900亿美元外债中，短期债务高达440亿美元，约占外债总额的一半。这种债务期限结构使偿还期过于集中，增加了偿债压力。为维持国际收支平衡，这些国家不惜提高利率，大量吸引国际短期资本，使国内经济对短期流动资本过分依赖，东南亚国家的外债偿还比率均在警戒线25%上下。与外债规模相比，这几个国家外汇储备普遍不足。1997年6月底，泰国的外汇储备仅为330亿美元，马来西亚是280亿美元，印度尼西亚是184亿美元，菲律宾只有97亿美元。外汇储备不足不仅影响了它们对外债的清偿能力，而且不利于中央银行干预外汇市场，抵御外部冲击，使国际投机家有机可乘。结果造成一方面对外债务的沉重，另一方面国际收支赤字日益扩大，使其货币失去稳定的基础，陷入被抛售、贬值、再抛售的恶性循环之中。大量的外资利用效率很低、经济效益不高导致原先的出口优势下降，经常项目条件不断恶化。这说明，这些国家的经济发展模式对于促进经济发展的能动性已经达到了极限，经济的持续发展需要有新的模式、新的动力来替代。否则，经济难以持续发展，各种问题的暴露也埋下了危机的根苗。

三、引发危机的主要原因是经济虚假繁荣和金融体系脆弱

健康的金融系统是保证国民经济稳定发展及保持有效的风险控制能力的最基本的保证。金融系统越不健康，所遭受的损失就越大。20世纪80年代至90年代初，当西方发达国家处于经济衰退的困扰之中时，东南亚经济却高速度增长，然而经济高速增长的过程中隐藏着虚假繁荣。泰国的宏观经济发展过多地依赖外资和外贸，而外资、外贸和经济结构失衡，这构成了其货币危机的宏观基础。为弥补不断扩大的经常项目的赤字，泰国的外债从1992年底的296亿美元，增至1996年底的900亿美元。为偿付债务，泰国须保持15%的外贸年增长率和持续的外债注入。因此，在1996年泰国外贸大幅滑坡、出口下降给国际金融市场发出了外债偿还危机的强烈信号。

随着经济高速度增长，外资主要流向已经过热的房地产业，形成房地产泡沫经济，出现了房地产及股市的过度繁荣，不同程度地出现了泡沫经济。以泰国为例，当经济开始起飞时，面临着两大困难：一是资金短缺，二是通货膨胀率较高。在这种情况下，泰国的利息一直处于较高的水平，因此，国际游资大量流入泰国，从中谋取利益。当泰国流入大量外国游资时，游资大量投向房地产行业，因为当时只有房地产业才能承受两位数的利率。金融机构大量涌现，并将其资金投入房地产业，导致房地产市场发展、供求严重失衡。举借外债 40%以上为短期债务，这样的外债分布结构和期限结构极大地限制了泰国的偿付能力，给国际投机者以可乘之机。直至危机发生前，泰国的房地产已经开始滞销，又造成银行呆账、坏账大量增加，造成房地产贷款有 40%成为呆账或坏账。房地产业的泡沫带来银行及财务公司的资金周转困难，形成支付危机，结果造成存款人纷纷挤兑。

由于泰国在经济发展中十分强调金融自由化，泰铢实行了完全的自由兑换，不断设立一些新的金融机构，然而泰国对非银行金融机构的本外币融资却未进行合理和有效的控制。在钉住汇率制度下，由于汇率风险被控制在一定的范围之内，而美元利率较低（以 1991~1997 年的平均利率来看，泰国利率高于美国 7 个百分点），因此较低的资金成本率促使非银行金融机构大量借入外债，并将资金投入收益率高风险也相对较高的房地产和股票市场，而不是把外资投入贸易和制造业等可以从根本上提高经济技术含量的产业，终于导致了国内经济的泡沫性。稳健的宏观经济政策曾经是东南亚经济高速健康成长的重要保证，进入 90 年代后，这一重要的经济发展经验却逐渐被淡忘。90 年代初期以来，东盟五国在宏观经济管理方面出现的共同倾向是，在传统的粗放型发展战略遇到困难的时候，不是积极地实现发展战略的转变，而是希望通过扩张性的财政政策和货币政策来保持经济增长的势头，遂使国民经济泡沫化的程度不断提高。最典型的经济现象是在经常项目赤字和财政赤字不断增长时，股市与房地产经济异常活跃，成为国民经济的主要投资领域，银行贷款中呆坏账的比例不断上升。

四、对金融危机推波助澜的是汇率制度的僵化

汇率机制在一个国家经济发展中非常重要。一种汇率机制要与本国贸易和金融市场相适应，而且还要调整和不断完善。东南亚国家在牙买加体系建成后纷纷采用了与美元或以美元为主的“一揽子”货币挂钩的方法，

汇率浮动的幅度很小。因此，在80年代到1994年底的近10年中，由于美元对日元、马克等货币的汇率不断贬值，钉住美元的国家的货币实际也跟着贬值，出口价格相对便宜，获得了一种比较成本优势，推动了经济增长。但是，东南亚金融危机爆发后，德国《经济周刊》曾发表过题为《早该放开汇率》的文章，认为东南亚国家采取钉住特定“通货篮”汇率制度的做法，造成本国货币的长期高估，消除了本国产品的国际竞争力，也剥夺了本国金融政策的灵活性。

泰国在1997年7月2日前一直实行钉住美元的联系汇率。这就使得泰国政府随时要动用外汇储备来维持本国货币汇率的相对稳定。进入90年代，美国经济经历历史上时间最长的经济繁荣时期，但从1994年底开始由于美国经济开始又一轮新的增长期，美元对日元和马克的汇率开始迅速回升。到1997年年中，美元对日元大约升值了50%，而对马克则升值了约30%，这是以美国经济形势好为基础的。在此期间，东南亚国家的钉住汇率并未做相应调整，这样就导致了本币的被动升值、虚假走强。东南亚国家为了保持本币与美元稳定的比率，一方面积极干预外汇市场，抛出外币，买入本币，使东南亚国家的货币在经常性项目赤字居高不下的情况下仍然大幅上升。高估的货币价值不利于出口增长，从而使经常性项目的逆差进一步扩大。另一方面，各国中央银行只能实行紧缩的货币政策，提高本国利率水平以吸收外资平衡国际收支和稳定币值。由于只有房地产业才能承受两位数的利率水平，使得流入的外资主要贷给房地产业，导致房地产业过热发展。房价空置积压严重造成金融机构的呆账率上升，使经营发生困难。由于这些国家并不具备汇率实质升值的实力，原先的汇率优势消失殆尽，出口增速也相应放慢。这种泰铢捆在美元身上的坚挺是无坚实的经济基础做后盾的，这种与本国经济发展水平不相适合的汇率水平最终通过国际投机客的强行打压被迫宣布贬值。

即使当时东南亚国家的汇率制度过于僵化，对其进行改变又是东盟五国在当时不可能做到的事情。其原因在于，由于东盟五国错失了经济发展战略调整的良机，无法再将本币汇率维系本币的购买力平价。因此，在经常项目逆差时，只能借助于金融自由化政策人为地创造泰国货币市场上美元供大于求，而泰铢供不应求的短期虚假现象。这种政策反过来又生成了汇率硬化的机制，即越是依赖资本项目实现国际收支平衡，现行高估的本币汇率越是不能调整的。因为，资本项目下的外债是按美元来计算的，美元的比价越高，各国的债务就越沉重，加之大部分债务是短期信贷，要在一年内偿还，结果使汇率刚性更加强化。其结果是与美元挂钩的稳定汇率，一方面为东南亚各国银行和筹资机构带来了有利可图的生意，另一方面又培养出了无法摆脱的危机。

五、金融自由化盲目实行

引发东南亚金融危机政策上的原因在于国内金融市场的完全开放。80年代末，东盟五国把吸引资金当作经济发展的首要目标，希望以资本项目的盈余来缓解经常项目下赤字的压力。90年代以来，泰国推出了一系列金融改革措施，取消了经常项目国际支付的限制。1991年，开始减少对资本项目交易的外汇限制；1992年，允许国内投资者直接通过银行获得低息的外国资金；1994年，进一步放松资本项目下的有关限制；等等。

然而此时东南亚国家的金融体系还相当脆弱，金融市场不成熟，经济承受能力相当弱，金融机构的内部控制机制欠缺，尚未建立防范金融风险机制。东南亚国家的中央银行对金融机构的监管也存在着监管不力的情况。比如，这些国家的银行在经济景气时期向房地产业过度投资，甚至在无抵押的情况下向房地产业贷款，此次金融危机爆发前，东南亚各国银行都向房地产业贷款过度，形成了房地产业的泡沫经济。银行的贷款额逐年增加，贷款损失准备金却在减少。比如，1996年，泰国给房地产业的贷款占贷款总额的30%，结果导致各国房地产严重供过于求，银行贷款到期无法收回，呆账激增。

一方面是自身金融发展的不足，另一方面是追随发达国家金融自由化步伐，完全开放了国内金融市场。就拿泰国来说，它在1990年5月接受了国际货币基金协定第8条款，实现了经常项目的自由兑换，减少了对资本项目的限制，放开了利率。1992年5月，泰国对外汇交易进一步实行自由化政策，其中最重要的措施就是建立非居民泰铢账户。1993年3月，为把曼谷建设成为中南半岛地区的金融中心，又建立了曼谷国际银行设施（BIBF），该设施成为外资流入的重要渠道。1994年，泰国完全实现了资本项目下的货币可自由兑换，完全开放了本国金融市场。菲律宾、马来西亚等其他东南亚国家对于金融自由化的“脚步”与泰国相似。从经常项目自由兑换到资本项目完全开放，仅仅才四年左右的时间，很多金融监管机制并不健全。然而，泰国、菲律宾等东盟国家在金融自由化的旗帜下，一方面对外大量举债，另一方面又向外国和本国银行提供毫无约束的美元贷款。资本项目的可自由兑换，方便了资本流入和流出，使东南亚国家的公司能够比较容易地获得海外资金，但却撤销了抵御国际投机家攻击的最后一道防线，为国际投机家的投机性炒作提供了极大的方便。涉足信贷业务的外资银行和东南亚国家银行在相当的一段时期内，依赖在国外借低息贷款，在泰国国内高息放出以获得丰厚的收益，因而是乐此不疲地不断扩大信贷业务，结果吹起了一个巨大的以国际资本为依托的信贷气泡，为日后国际资本投机创造了极好的机会。从整体上看，东盟五国金融自由化的结果，使国际资金有相当部分流入了亚洲的东南亚地区。这次东南亚金融危机，实际上是过早地解除资本项目外汇管制，完全开放本国金融市场的一个严重的后果。

第三节 / 历史启示

这次金融危机使东南亚地区损失数千亿美元，使一些国家深深陷入经济危机之中，从防范金融风险和保护国家经济安全的角度来讲，从这次东南亚金融危机中，我们可以得到一些启示，吸取深刻教训。

一、适时调整发展战略和发展模式

东南亚金融危机的发生说明了一种经济发展模式的存在并不是永恒的，随着各国经济状况的改变和国际经济形势的变化，发展模式必然要随之改变。东南亚金融危机导致“东亚模式”的终结，引起了人们关于经济发展模式的反思。

在引进外资和推行出口导向发展战略方面，东南亚国家取得了巨大的成功。60 年代中期以来，东亚国家的经济保持了持续的高速增长，其发展道路被称为“东亚模式”。这种模式是一种受到政府各部门严格指导和部门控制的经理式模式，是靠受到极端保护的国内市场发展起来的，表现为企业靠银行、银行靠政府。其最大特点在于政府对经济的主导作用，以国家的力量来组织经济，引导产业结构升级，提高国际竞争能力。这种“东亚模式”等级森严且缺乏透明度，政府部门的官员与大企业领导人之间所维系的不正常关系削弱了国家的宏观调节作用。在没有充分竞争的情况下，企业内部的约束机制较弱，加上国家追求经济的高速增长，往往对企业的盲目扩张采取放纵的态度，政府和银行甚至支持效益并不好的企业，一定程度上助长了“泡沫经济”的增长，一旦“泡沫经济”破灭，暴露的将是政企、银企关系中的大量问题。“东亚模式”便成了引发此次东南亚金融危机的根本原因。

泰国金融危机的出现，很大程度上和粗放型劳动密集型的产业结构与增长方式跟不上经济变化需要有关。因此，东南亚金融危机对发展中国家经济发展战略决策提出了新的严峻挑战。我国一直以来与泰国和整个东南亚国家有很大的相似之处，尽快转变增长方式，实现产业升级，提高我国出口产品的国际竞争力也同样是我国经济转型的关键。从东南亚金融风暴看，在经济发展的道路上，发展模式必须根据国际经济环境的变化和国内经济社会的状况，做出适时调整。无论是“进口替代”，还是“出口导向”，都只是在特定的历史时期的发展模式之一，发展中国家最终必须寻找到可持续发展的社会经济平衡发展道路。

发展中国家只有优化国内经济结构，才能真正改善长期国际收支的状况。同时只有加强国内经济基本要素的建设，并建立起良好和有效的国内金融系统，才能确实保护自身不受国际资本流动无常变化的影响。中国是一个发展中的大国，中国在发展中对大国经济的特点应予以充分的考虑，大国经济在应对全球化的风险方面应当较为有利。中国应吸取东南亚国家发展中的经验教训，注意在发展外向型经济的同时充分注意发展国内产业，注重推动国内产业链的延伸。从总体上看，尽管处于全球化时代，中国这样的大国经济在可以预见的将来还仍然会是以内循环为主，以外循环为辅。因此，当前中国政府坚持扩大内需的调整与促进国民经济持续、健康和快速发展的基本战略是正确的。

二、有效利用外资优化产业结构

东南亚各国尤其是泰国，由于对房地产和股票市场有较高的预期收益，使许多银行和其他金融财务公司将资金用于从事房地产和股票的投机，投于投票市场和房地产市场的资金大量来源于银行资金，出现了房地产和股市过热的现象，造成严重的供求失调，房地产供过于求，形成大量积压，而房地产商资金周转不灵，金融机构呆账剧增，引发挤兑风潮，导致了金融机构破产。泰国从1992年至1996年仅曼谷建成的住宅就有15万套空置无用，全国闲置的住宅造成银行呆账额达400亿美元，占泰国外债总额的44%，这种由银行贷款支撑起来的泡沫经济处于虚假繁荣的景象之中，如果没有采取有效措施加以防范，最终会成为金融危机的导火索。

因此，国家必须实施有效的宏观经济调控，防止经济过热，保证经济在稳定与协调的基础上较快增长。积极、合理、有效地利用外资，可以做到动态地优化产业结构，外资的流入应该成为促进一国技术创新、管理水平提高，进而促进产业结构优化的重要推动力。政府的政策手段和市场上的资金应更多地用于现有上市公司的健康发展以及资本市场的稳健运行。但是，如果对外资缺乏有效的管理，如引进的外资中短期资金比例过高、外资投向的结构不合理、借入的外债使用效率不高等，外资不仅不能充分发挥对优化产业结构的促进作用，反而可能成为影响宏观经济稳定的威胁力量。防范金融风险的最佳途径是优化本国的经济结构，强化本国经济的基本要素。

我国的产业结构与东南亚国家相类似，仍不甚合理。在外资大规模进入的情况下，房地产投机、某些行业重复建设、过度投资现象严重存在。大多数企业通过扩大生产规模、无限制增加外延型投资造成虚假"规模经济"，粗放型经营产生的对资金的大量需求形成了银行不合理的信贷投放，这无疑也增加了我国金融风险的压力。因此，调整产业结构，促进经济的可持续发展，进而达到使一国金融较长时期内动态效益的最大化成为我国防范类似金融风险的根本出路之一。必须积极、合理、有效地利用外资，根据我国社会经济发展状况，合理地调控外资投向的产业结构和地区结构，利用外资动态地优化我国的产业结构，促进产业的升级换代。要加强对投资的宏观指导，防止资金过度投向房地产和证券市场。继续加快房地产和证券市场的发展是完全必要的，因为国家已经把房地产作为新的经济增长点。但是，在这一过程中必须吸取我们自身和东南亚金融危机的经验教训，加强国家的宏观调控，防止出现泡沫经济。

三、建立金融风险管理机制

高效率、健康运行的金融体系和金融风险管理机制直接关系着整个国民经济的健康发展。东南亚的教训表明，金融改革的滞后是宏观经济稳定的隐患。开放一国的金融市场，实现金融市场一体化，是发展的大趋势。

但是在完全开放金融市场前，一定要健全本国的金融体系，提高金融监管能力，建立一套防范金融风险的机制。否则，在现代市场经济发展中，金融业很容易成为风险集中的薄弱环节，并最终成为爆发金融危机的诱因。因此，对发展中国家来说，要防止国际游资的攻击，要防止经济的大起大落，就要健全金融体系，加强金融监管，使金融体系不断完善，以提高金融体系防范和抵御金融风险的能力。否则，金融市场完全开放是危险的。泰国金融危机的发生就与短期债务为主，过分依赖国外资本市场，政府对金融市场监管不力是息息相关的。

东南亚金融虽然没有直接影响我国，但它同样给我们敲响了警钟：防范和化解金融风险，不但是我国金融业的首要任务，也是我国顺利发展经济，促进社会稳定的重要保障。由于我国资本项目尚未对外开放，人民币不能完全可兑换以及所借外债结构较好等诸多原因，在这次金融危机中，人民币没有受到直接冲击，就是因为我国还没有解除资本项目的管制，还保留了这道防线。因此，解除资本项目管制要慎之又慎，开放国内金融市场要循序渐进。对追求经济高速发展的广大发展中国家而言，这次金融危机是难得的警示：首先，要认识到以出口导向为战略的国家发展的可持续性，只有不断提高出口产品技术含量，同时要增强出口多元化，减少对单一市场的依赖才能可持续发展。其次，一国汇率制度的选择必须与该国的国情相适应，以适应货币波动，在稳定经济的同时释放市场压力。最后，要严格控制银行机构在风险行业的投资，在经济高速发展时期要坚持稳健的财政和金融政策，加强金融监管。

一国只有在本国经济健全，企业制度完善，金融制度稳定，国内银行体系稳健而有效，国内资本市场成熟等这些条件都具备的基础上才能逐步开放资本市场。在开放过程中要采取必要的措施避免大量短期资本流入，短期资本的快进快出容易让不太成熟的新兴市场国家出现问题。改革开放以来，我国的金融业在改革中发展，取得了长足的进步。在金融体制改革，金融对外开放中也作出了很大的成绩。但金融危机告诉我们，在人民币国际化的过程中更要谨慎，在金融业逐步成熟的基础上进一步开放。

四、充分认识国际游资的危害

从东南亚金融危机发生最初情况看，多数国家的起因是国际投机力量的冲击，国际投机家们不用枪、不用炮，仅凭他们所持有的巨额的短期投机性资本和熟练的投机炒作技巧，就能把一个国家、一个地区乃至全球的金融市场搞乱，从而使一个国家和整个地区蒙受巨大的经济损失，而他们自己却从乱中获取巨额投机利润。因此，要认识到国际游资冲击的现实性和危害性，并积极研究有效防范国际游资冲击的对策。

在完全开放资本市场后，本币与外币就可以自由兑换，外国资本与本国资本就可以自由地进出，本国人可以持有外币，外国人也可以持有本币。这次东南亚金融危机向我们表明，一旦外国人大量持有本国货币，他们中的投机家就有可能采取以本币攻击本币的策略，在金融市场上进行货币投机，直至冲垮一国的货币汇率制度，造成金融恐慌心理，削弱市场的支撑力，引发金融危机。为了保护国家经济安全，对外国人大量持有本币的风险性要有清醒的认识并采取有效措施加以防范。对此，我们要对人民币资本项目下的可兑换进行严格控制。1996 年底，我国实现了人民币经常项目下的可兑换，但对资本项目仍然进行严格控制，这使国际投机资本没有机会冲击我国的资本市场。但是随着我国对外开放步伐的加快，最终要实现人民币资本项目下的自由兑换。为了防止出现东南亚那样的弊端，我们必须根据国内经济成熟的程度，谨慎而有步骤地逐渐实现人民币资本项下的自由兑换。

本章主要参考文献：

[1] 张德远. 金融危机的理论与对策 [M]. 北京：中国农业出版社，2001.

[2] 陈乔之. 面向 21 世纪的东南亚：改革与发展 [M]. 广州：暨南大学出版社，2000.

[3] 谢世清. 东亚金融危机的根源与启示 [M]. 北京：中国金融出版社，2009.

[4] 王洛林，李扬. 金融结构与金融危机 [M]. 北京：经济管理出版社，2002.

[5] 李明德，江时学. 现代化——拉美和东亚的发展模式 [M]. 北京：社会科学文献出版社，2000.

[6] 孟庆琳. 东南亚金融危机与发展模式 [J]. 世界经济，1998 (6).

[7] 陆符玲. 泰国及东南亚金融动荡评析 [J]. 国际经济评论，1997 (10).

[8] 胡本达，黄润. 东南亚区域发展与金融危机 [J]. 经济地理，1999 (8).

[9] 顾秉维. 东南亚面临经济增长模式危机[J]. 经济学家，1998 (1).

[10] 陈玉梅. 深刻认识东南亚经济危机对我国经济的间接影响 [J]. 商业研究，1998 (4).

[11] 杨列辉，徐忠. 东南亚金融动荡的深层思考 [J]. 世界经济，1998 (4).

[12] 卢毅. 对东南亚货币危机的金融思考 [J]. 南方经济，1998 (5).

第六章

20 世纪 90 年代的墨西哥金融危机

墨西哥是拉美第三大国，是南美洲、北美洲陆路交通的必经之地，也是拉美第一大石油生产国和出口国。墨西哥一方面具备了得天独厚、资源自足的有利条件，白银等矿产品储藏丰富；另一方面政府的市场化改革结果使得墨西哥 GDP 居拉美第二位，仅次于巴西，成为拉美经济大国。20 世纪 50 年代到 80 年代初的 30 多年里，墨西哥经济年平均增长率一直保持在 6%~7%。在工业化和农业现代化的进程中，墨西哥以其政治稳定的特点有力地保证了经济的持续发展，促进了经济产业部门的结构变化。农业比重逐年下降，工业比重大幅上升。使墨西哥由战后落后的农业和矿业原料生产国和出口国逐步变为经济结构多样、门类比较齐全的新兴工业国家。但是，1994 年 12 月，墨西哥爆发了一场由墨西哥货币比索贬值引发的金融危机，给全球金融市场造成了巨大冲击。这场金融危机被认为是新兴市场国家在“新兴市场时代”爆发的第一次金融危机。

第一节 / 危机过程与影响

墨西哥金融危机的发生有其自己的背景。首先，20 世纪 80 年代初的国际债务危机延误了墨西哥的经济增长，其货币比索的对外汇价随之大跌，并由此导致了整个 80 年代的通货膨胀。到 1987 年时，通货膨胀达到三位数，年通货膨胀率超过了 160%。在 20 世纪 80 年代，墨西哥经历了两次金融危机的洗礼。第一次金融危机发生在 1982 年的汇率改革之后，在这次危机中，墨西哥比索两次巨幅贬值，一次贬值 2.5 倍，另一次贬值 50%~100%，主要是由美国高利率政策引起的。70 年代末 80 年代初，美国的利率不断攀升。这导致大批国际游资迅速从墨西哥转移到美国，严重影响了墨西哥资本市场的正常发展，造成外债规模迅速扩大。加之比索被高估，出口受阻，贸易赤字急剧增加，原本就匮乏的国际储备此时已是所剩无几。无奈之下，墨西哥政府被迫停止清偿外债，宣布比索大幅度贬值。可以说，墨西哥此次金融危机是由美国高利率政策造成的一次债务危机。第二次金融危机发生在 1986~1987 年。在这次危机中，墨西哥比索贬值 120%~140%。第一次危机调整后，持续不断的通货膨胀严重困扰墨西哥经济，通货膨胀速度超过了预定的贬值速度，两种速度差的累积效果导致比索币值高估，出口增长乏力，进口增长大幅度提高，贸易赤字严重，经济形势再度恶化。为了摆脱困境，恢复经济增长，墨西哥当局宣布比索贬值。这一时期，继墨西哥之后，拉美其他国家也陆续出现了债务危机。

其次，新自由主义思想盛行。1989 年的拉美债务危机让欧美等发达国家十分头痛。1991 年，在美国的提议下，国际金融组织和相关国家在华盛顿召开了一次研讨会，即“华盛顿共识”，旨在挽救深陷债务危机的拉美经济。“华盛顿共识”主要是关于财政紧缩、私有化、自由市场和自由贸易等方面的内容。后来人们将“华盛顿共识”的观点称为“新自由主义的政策宣言”。墨西哥等拉美国家正式拉开了新自由主义改革的序幕。墨西哥的“新自由主义”经济改革在较短时期内还是收到了一些效果，比如，GDP 增长率连续三年达到 3%以上，通货膨胀率下降，对外贸易数额大增，出口比改革前高出15%等。但是，“新自由主义”对于墨西哥并不是万全之策，随着时间推移，激进式经济改革的种种弊端逐渐浮出水面：开放国内市场，导致部分竞争力不强的产业受到打击，中小型企业大量倒闭；国有企业私有化浮现腐败问题；国内自有资金不足，经济发展过度依赖外资，外资进入墨西哥也只是投资在证券市场，对墨西哥经济发展的推动力不足；金融机构激进式改革，使经验不足的墨西哥金融市场监管出现问题。

再次，墨西哥的经济改革。面对这种外部债务危机和国内通货膨胀，墨西哥政府于1987年11月起推出了改革和稳定的发展计划。该计划的主要内容包括：紧缩财政，削减支出，扩大税基，降低边际税率并要求纳税人按额纳税，对主要外债进行调整等。在此基础上，进行了以私有化和贸易自由化为主的经济结构改革。萨利纳斯在1988年当选为墨西哥总统后，在前任迈迪德改革计划的基础上开始了全面的市场化改革。第一是大力推进贸易自由化。1986年，墨西哥加入了关税与贸易总协定（GATT）。1988年，墨西哥大幅度降低平均进口关税水平、缩小非关税壁垒的范围。1992年8月12日，美国、加拿大、墨西哥三国签署了北美自由贸易协定（NAFTA），墨西哥加入北美自由贸易协定，推进了萨利纳斯的“新自由主义”经济改革，增加了墨西哥对外资的吸引力，对增加出口、引进先进的生产技术和管理经验都产生了一定的积极影响。但是，北美自由贸易协定很大程度上体现了美国的意愿，而墨西哥没有考虑到本国的具体国情，没有根据本国的经济发展水平和市场成熟度等情况采取适当的保护措施，这对墨西哥落后的产业如农业，造成了很大的破坏，竞争力低下的中小企业大量倒闭。第二是全面私有化。墨西哥在1988年后进行大规模的私有化，1982年，墨西哥的国有企业为1155家，1988年后被出售的国有企业达900多家，其中1991年至1992年将剩余的18家银行私有化，1994年剩下不到80家。第三是金融和投资的自由化。1990年7月，墨西哥颁布新的金融法，对外国金融机构的进入实施新规则。新金融法允许外国人拥有墨西哥商业银行和证券公司30%的股份，拥有保险公司40%的股份，允许外国银行在墨西哥建立分支机构承担非居民的金融业务。

改革和稳定计划的实施很具效果（见表6-1），这种转变使墨西哥这个在80年代还被视为未能到期偿还债务的“无赖国家”，在90年代初期成为了经济发展的典范国家。

表 6-1　墨西哥 1989~1994 年宏观经济指标

单位：%

指标名称	1989 年	1990 年	1991 年	1992 年	1993 年	1994 年
实际 GDP	3.5	4.5	3.6	3.6	1.8	4.4
通货膨胀率	19.7	29.9	18.8	11.9	8.3	7.1
公共外债/GDP	40.5	31.7	26.1	22.2	23.0	24.2
公共内债/GDP	23.9	23.5	19.7	12.9	12.0	13.2
公共财政/GDP	–5.2	–3.6	–0.2	1.4	0.3	–0.6
国内投资/GDP	21.4	21.9	22.4	22.8	20.6	21.6
国内消费/GDP	68.3	69.7	70.5	71.8	71.9	71.5
资本项目/GDP	0.5	3.4	8.7	8.1	9.2	3.4
其中：直接投资	0.1	1.4	4.2	5.7	7.7	2.0
证券投资	1.5	1.1	1.6	1.3	1.2	2.1

资料来源：王德祥. 经济全球化条件下的世界金融危机研究［M］. 武汉：武汉大学出版社，2002：63.

对于一个开放的经济来说，安排一个合理的汇率制度并且具有随市场变化而变化的灵活性是至关重要的。1988 年，墨西哥开始实施将比索钉住美元的汇率制度，汇率波幅被限定在很小的范围内，其目的在于通过稳定的汇率促进同美国的贸易，降低国内的通货膨胀。这项政策虽然达到了上述目的，但埋下了本币高估的隐患，从而使墨西哥虽然于 90 年代初摆脱了国际债务危机，恢复了经济增长，却很快地陷入了外部经济结构失衡的危险境地。墨西哥比索的汇价高估，1994 年 2 月初的比索汇价与四年前相比，其实际有效值高估了 35%，这使得出口抑制越来越严重，甚至墨西哥的出口到了 1994 年已下降为零，但进口仍在强劲增长。本币的高估，引起暴跌危机的可能性越大。进口的强劲使墨西哥的逆差额由 1987 年的约 29 亿美元上升到 1991 年的 110 亿美元、1994 年的 295 亿美元。经常项目赤字占 GDP 的比重由 1993 年的 6.45%上升至 1994 年的 8%，而该指标的国际公认警戒线为 5%。经常项目下的巨额逆差，已使墨西哥经济的承受能力达到极限，因为巨额的贸易赤字最终要用墨西哥的 GNP 偿还。国际收支的急剧恶化依靠外国资产补偿，过分依赖外资。墨西哥没有借此优化自己的投资结构，第一产业长期处于停滞状态，粮食长期依赖进口，第二产业中除出口加工业外，基本上处于低增长状态，第三产业特别是金融业增长很快，但间接的短期资本流入失控。潜在的金融风险在不断聚集。

最后，墨西哥的动荡政局。墨西哥经济改革之后，国内市场全面开放，尤其是加入北美自由贸易区后，大量的美国廉价农作物进入墨西哥市场，对生产技术差、效率低、价格高的墨西哥农业产生冲击，大批农民失业后涌进城市，加上受到冲击的中小企业纷纷倒闭，失业人口激增。国有资产私有化又滋生了腐败问题。这些导致贫富差距加大，民众“仇富”情绪浓厚。从此，墨西哥陷入社会动荡。1994 年 1 月 1 日，墨西哥南部恰帕斯州农民暴动；3 月 14 日，墨西哥最大的银行集团负责人被绑架；3 月 23 日，革命制度党总统候选人唐纳德·卡罗西奥在北部城市蒂华纳被暗杀，他是墨西哥历史上第一个被暗杀的总统候选人；9 月 28 日，革命制度党总书记、党内第二号人物何塞·弗朗西斯科·鲁伊斯·马谢乌遇刺身亡；12 月 1 日，厄尼斯特·塞迪略宣誓就职总统；12 月 19 日，伽俳斯再次发生暴力运动；等等。一连串的事件，引发了投资者对墨西哥政治稳定的担心，对墨西哥经济前景的信心也减弱了，触发了资本外逃。

一、金融危机的过程

（一）金融危机发生的过程

墨西哥的比索被严重高估，产品出口竞争力受损，贸易赤字直线上升，国际投资者开始迅速撤出在墨西哥的投资，金融危机拉开了序幕。

1994 年元旦，墨西哥南部最穷的州——恰尔帕斯出现了动乱。由土著印第安人组成的反政府武装占领了六个城镇，他们向政府要求一系列工作、吃住、健康等基本权利。这一年，墨西哥政局发生动荡，农村出现反政府游击队，城市连年发生爆炸事件，主要的总统候选人被刺。一系列事件使外国投资者对墨西哥经济前途的信心发生动摇，开始资本外逃。

2 月上旬，由于美国经济上升势头渐强，通货膨胀苗头出现，同时美元兑日元汇率连续下跌，几度触及 1：100 日元大关。2 月 14 日，格林斯潘将美国联邦基金利率提高 25 个基本点，达到 3.25%。其结果是，从 2 月下旬开始，外资抛售墨西哥证券，外汇市场压力增加，2 月底比索汇率触及 9%的浮动下限。

3 月 22 日，美国联邦基金利率再次提高到 3.5%。在 3 月 23 日的新一届总统候选人被暗杀后的一个月中，超过 100 亿美元的资金撤出了墨西哥，墨西哥外汇储备减少了 110 亿美元。政府发行的 28 天短期国库券的利率由 3 月初的 9%提高到 16%以上。

9 月 28 日，制度革命党秘书长约瑟·马修被刺身亡，动摇了市场信心，外汇市场压力增大。9 月到 10 月，墨西哥股票市场价格指数节节下挫，到 12 月初下跌压力加剧。实行钉住美元的汇率制度后，新比索对美元的比价长时间限定在 3~3.5 比索兑换 1 美元的狭窄范围内。汇率波动幅度由一个固定下限和浮动上限组成，上限允许每日增加 0.0004 新比索。4~12 月，新比索兑美元的汇价基本上接近于政府干预的上限，超过上限的情况出现了两次。到 12 月，新比索的美元汇价一直紧贴政府干预的上限，贬值压力增大。

在此情形下，1994 年 12 月 20 日，墨西哥财政部长塞拉在与工商界和劳工组织的领导人紧急磋商以后，突然宣布将比索对美元汇率的浮动范围扩大到 15%。比索汇率的干预上限放宽，比索的汇率贬值 15%，大大突破了之前规定的只允许每日贬值 0.0004 比索的界限，使比索对美元的比价由过去的 3.47 比索兑换 1 美元下跌到 4 比索兑换 1 美元。同时，政府要求企业和工会支持冻结商品和劳务价格，以便稳定民心和消除金融市场出现的混乱。然而，这一原本缓解比索贬值压力的放宽干预上线的措施却动摇了市场的信心，不仅没能遏制比索贬值之势，反而起了推波助澜的作用。20 日当天，外汇市场比索收盘时跌破新的干预下限，在此基础上比索又贬值 3%。

为了稳定新比索升值并缓解金融危机的强烈冲击，墨西哥政府在 1994 年 12 月 20 日宣布实行经济应急计划，但是，公众对墨西哥政治和经济形势缺乏信心，依然在市场上大肆抢购美元，致使比索贬值的失控局面未能刹住。比索暴跌挫伤了投资者的信心，他们纷纷从股票和证券交易市场撤资，股市猛跌。从 20 日到 22 日，3 天时间比索暴跌了 42.17%，幅度之大，在现代金融史上是极其罕见的。比索的大幅度贬值使投资者的信心受到严重打击，进而危及股市，对股票市场也造成很大影响，股票市场同日下挫 11.7%。金融市场的投机活动进一步加剧，资金外流日益严重，仅 12 月 21 日一天内，就有 25 亿美元的资金流出墨西哥。

为了抑制比索进一步贬值，12 月 22 日墨西哥政府被迫宣布实行比索汇价自由浮动，由市场供求调节汇率，同时宣布了将启动与加拿大、美国建立的 79 亿美元的货币互换安排，政府要求企业和工会支持冻结商品和劳务价格 60 天，以便稳定民心，消除混乱。但是，贬值仍然继续。当天，外汇市场收盘时新比索兑美元又贬值 20%，达到 4.80 比索兑换 1 美元的水平。与此同时，汇市和股市抛售比索的压力加大，股票市场价格指数下跌

13%，短期政府债权回购利率从12月21日的17%上升至22日的24.5%。此后，比索汇价降至5.5~6比索兑换1美元。12月27日，比索兑换美元的汇率猛跌至5.75：1。

为了挽救比索危机，墨西哥央行不得不抛售大量外汇储备，到1995年1月底，墨西哥的外汇降至34.83亿美元，短短两个月中，外汇储备减少了145.17亿美元。除货币大幅贬值外，股票市场也受到猛烈冲击，与危机前相比，墨西哥股票市场价格指数总跌幅达到42%。

与此同时，拉美各国、美国、加拿大货币市场也随之波动，汇率贬值。经过紧急磋商，在美国带动下，西方国家和国际金融机构决定向墨西哥提供180亿美元紧急贷款。在这些措施的影响下，货币市场渐渐趋于稳定。1995年1月初，美国提供的5.54亿美元到达墨西哥。1月9日墨西哥政府宣布将这笔资金投放货币市场，目的是进一步稳定市场，然而，这一措施却适得其反。股市进一步惨遭打压，1995年1月12日，比索汇价在5.5：1左右，一度达到6：1的低点，同一个多月前相比降低了70%。

2月初，一些依靠进口零件的生产企业因成本上升而被迫停产，银行利率提高，大部分企业资金短缺，一大批银行、金融公司也出现支付困难，有些甚至濒临破产。2月2日，主要股票指数一度降至1447点，比1994年12月31日收盘时的2375点低了近千点，创造了危机以来的新低；比索汇价降至6.5比索兑1美元，3月9日进一步降为8比索兑1美元。至此，墨西哥陷入全面的金融危机。墨西哥的金融危机使得外国投资者对拉美地区的经济和金融发展前景信心暗淡，纷纷撤走资金，巴西、智利、阿根廷也相继陷入货币危机之中，“龙舌兰酒效应”出现在拉美金融市场上。同时，墨西哥危机蔓延至全球市场。欧洲和亚洲各主要股市指数纷纷大幅下跌，远东和亚洲等新兴市场也受冲击。

（二）对金融危机的救援

墨西哥比索危机波及世界货币市场和股市的稳定，“龙舌兰酒效应”引起了各国投资者的恐慌。为防止金融危机的影响继续扩大，美国和加拿大等国家以及国际经济和金融组织立即对墨西哥这场危机作出反应。

墨西哥金融危机产生的原因之一是过早无条件地加入北美自由贸易协定，但在危机发生后，却得到了加入该组织的好处。在北美自由贸易协定中，要求成员国有帮助地区金融稳定的义务。美国很害怕墨西哥会因为负债太高，放弃偿还债务，同时美国投资在美墨边境建立很多工厂，一旦墨西哥金融危机恶化，美国的经济也会受到一定程度的影响。美国大幅度降低关税，加上比索的贬值，墨西哥出口开始持续上涨，甚至一度成为美国最大的进口商。从 1994 年开始，墨西哥对美国出口同比增加了 83%。出口成为墨西哥经济的第一增长点，出口也拉动了就业增长，为墨西哥提供了 45%的就业工作岗位。1995 年，墨西哥对外贸易即由逆差转为顺差，不仅扭转了其国际收支经常项目长期逆差的局面，而且也带动了与出口相关产业的增长，这对减缓墨西哥经济衰退的程度产生了非常积极的影响。1997 年，墨西哥位列十大贸易出口国之一。出口增长和对外贸易顺差提高了投资者的信心，促进了金融市场的稳定。

墨西哥金融危机刚爆发，以美国为首的西方国家就采取了坚决支持墨西哥克服金融危机的态度，特别是克林顿政府。克林顿利用自己的权力采取了前所未有的步骤向墨西哥提供巨额贷款，提出向墨西哥提供 400 亿美元紧急援助的建议。在遭到国会反对后，他们利用先行立法制度的漏洞，又动用总统可直接支配的稳定汇率基金，向墨西哥提供 200 亿美元紧急援助。

1995 年 1 月 2 日，有关国家与国际金融组织承诺向墨西哥提供援助，首先是 180 亿美元的信贷，其次是 500 亿美元的强力援助。墨西哥是北美自由贸易协定的成员国，它的危机与动荡直接影响到美国和加拿大产品在其市场的经济利益，在 180 亿美元不足以稳定墨西哥的金融市场的情况下，克林顿政府一再指示美国财政部给予墨西哥金融市场大力支持。美联储曾于一天之内两次入市干预，加拿大中央银行也多次入市干预外汇市场。为帮助墨西哥渡过难关，1 月 31 日，国际社会再次推出新的援助计划，其中美国提供 200 亿美元的贷款和贷款保证，IMF 提供 178 亿美元，国际清算银行提供 100 亿美元，拉美数国也同时计划向墨西哥提供数十亿美元贷款。此项援助资金除了支撑比索汇价外，还帮助墨西哥偿还外债。国际社会先后承诺向墨西哥提供 500 多亿美元的贷款。这些贷款对于稳定墨西哥金融形势是必不可少的。在数百亿美元的支持下，1995 年 3 月中下旬至 4 月末，终于遏制了汇市和股市持续下滑的势头。

（三）金融危机的恢复

金融危机爆发后，墨西哥政府利用危机带来的机遇，将国际社会援助的 500 多亿美元贷款的近 2/3（292 亿美元）用于偿还短期外债，或将其转为中长期债务，其余部分贷款分别用于支持濒临倒闭的银行和充实国库。

1995年和1996年为抢救银行，墨西哥耗资43亿美元，稳定了金融局势，保证了银行系统较为顺利地度过危机。与此同时，墨西哥的国际储备也从1995年初的50亿美元上升到年底的180亿美元。另外，对内外经济结构进行调整，采取及时有力的克服危机的稳定措施，使墨西哥很快走出了危机，为经济的健康、稳定和持续发展创造了条件。

首先，为了防止股市崩溃，扶持上市银行和公司。由于大量中小企业倒闭，墨西哥银行出现了大规模的呆账、坏账。危机期间，墨西哥不少上市公司，特别是银行发生支付危机，约有1/4的商业银行面临破产危机。这些上市公司和银行一旦倒闭，势必导致股市乃至整个金融系统的大崩溃。对此，墨西哥采取了接管、稳定、整顿、改组的行政干预措施。政府对银行的全力支持，稳定了墨西哥及国际上的信心，为墨西哥经济复苏，重新吸引外资进入提供了保障。

其次，完善金融市场法规，加强市场监管。金融危机发生后，为了加快金融业改革，墨西哥政府修改了相关金融法规，进一步完善了有关制度，加强了对金融业的监管，鼓励国际金融机构注资和兼并。墨西哥先后通过了《金融组织调解法》、《信贷机构法》、《银行间交易法》等一系列法规，完善了金融市场法律制度，严明了金融市场纪律。1996年4月，国会通过了《证券市场法》、《信贷机构法》等法律。通过建立一系列制度，墨西哥政府加强了对市场的监管，改进了电子交易系统，对国外大股投机资金进出本国金融市场进行监视，与国际金融市场接轨，以便发现问题迅速作出反应，墨西哥金融市场逐步稳定下来。

再次，全面调节经济结构。墨西哥加快制定了面向未来的发展战略。1995年5月，墨西哥政府制定了《1995~2000年国家发展计划》，又先后出台了一些适合不同产业领域的具体发展规划，如《全国农牧业发展计划》、《支持中小企业发展的金融协定》以及《全国综合扶贫计划》等。墨西哥还实施稳定财政，限制贷款，减少亏损，节约公共开支的全面紧缩计划。同时强调注重社会的和谐发展和全体人民生活的改善。在促进经济结构调整方面，政府采取了有力的措施引导资金流向生产性领域，鼓励利用新技术，大力发展采矿业和制造业，提高工农业的生产率，保持原来第三产业中旅游业的优势。

又次，实行浮动利率，调整进出口结构。固定汇率是墨西哥金融危机的罪魁祸首，过分僵硬的汇率制度亟须改革。1994年12月22日，墨西哥政府宣布放弃固定汇率制，比索迅速贬值，使比索从高估回到正常价值，为增强出口竞争力、缩减进口奠定了基础。墨西哥政府适度对比索加以管理，实行以市场为主，政府辅助的汇率改革。在比索贬值过于激烈时，墨西哥政府采用抛售美元、回购比索等一系列方法，控制比索的下跌幅度，防止比索汇率过度波动。随着比索高估的逐步纠正，银行间平均贷款利率从 1995 年 1 月的 110%的最高水平回落到同年 12 月的 40%左右，1998 年年初回落到 25%左右的水平，利率的回落进一步促进了经济的发展。比索高估的状况得到纠正，出口商品价格的竞争力逐步恢复，政府强化限制进口、鼓励出口的政策，逐步调整出口产品结构。在保持对美国和亚洲纺织品出口的同时，努力增加工业产品的出口数量。1996 年墨西哥外向型产品产值增长了 20%，给国内市场重新带来了活力。

最后，调整外资结构，鼓励外资进入证券市场。经过墨西哥政府一年多的努力以及国际社会的共同援助，墨西哥金融形势开始好转，比索兑美元的汇价基本保持平衡并略有回升，股市也出现转机，墨西哥的外汇储备由 1994 年年底的 61.48 亿美元上升到 1995 年年底的 157.4 亿美元，到 1995 年年底短期财政债券已大部分偿还，国际收支趋于平衡。1996 年第二季度，墨西哥国内生产总值出现危机爆发以来五个季度的首次增长。1996 年墨西哥股票市场开始恢复增长，主要股票指数连续七次突破历史纪录，1997 年年初以来，又持续大幅上升，至 7 月底，连续 44 次突破大关，并突破 5000 点大关。这次发展战略的大调整和经济结构的改革，不仅使墨西哥走出了金融危机的阴影，而且在进入 1997 年后，墨西哥经济开始了新一轮的持续增长，1997 年上半年，墨西哥国内生产总值比 1996 年同期增长了 7%。

二、金融危机的影响

此次墨西哥金融危机在对其国内经济造成了严重的负面影响的同时，也冲击了美国经济及中南美、亚洲等国家和地区的新兴市场。

（一）对国内影响

墨西哥的这场金融危机使墨西哥国内出现一片恐慌，它不仅给墨西哥造成了巨大的损失，而且把这个刚刚摆脱经济衰退的国家又一次推到了新的危机边缘。

第一，汇市、股市双双暴跌。这次金融危机是以墨西哥比索急剧贬值为先导的。从 1994 年 12 月 19 日比索遭到攻击开始，最低时曾达到 1:8 的汇率。比索的狂跌，使市场信心遭到毁灭性的打击，股市也出现了四年来最大的跌幅，股民损失惨重。

第二，资金外逃。危机爆发后，上百亿美元外流，国际收支形势恶化，央行在保卫本币汇率的市场干预中，又损失了大量的外汇储备，国库空虚，已无法进行国际支付。1994 年 12 月 22 日，外汇储备额仅存 60 亿美元，并且还要偿付即将到期的 1995 年第一季度的 110 亿美元短期国债。危机带来市场信心的急剧下降，使本国和外国的投资者纷纷撤离墨西哥市场，从而将墨西哥的经济抛入低谷。

第三，外债加重。为保持经济增长，墨西哥长年依赖大量发行债券以刺激经济。危机爆发后，外债再度大幅上升，债务支付能力下降，面临新的支付危机。1994 年底，外债总额高达 854.35 亿美元，曾经困扰墨西哥的对外债务危机卷土重来。金融危机发生以后，由于接受了有关国家和国际金融组织的新贷款，墨西哥的外债高达 1700 多亿美元，成为负债最多的拉美国家，更为急迫的是，这些债务多为短期债务，在短期内面临偿债问题，给企业和银行带来沉重而急迫的偿债压力。

第四，企业经营困难。金融危机爆发所导致的资金大量外逃，使市场上资金短缺，信贷减少，利率攀升，同时，政府为稳定比索汇率也在短期内大幅度提高利率，最高时达到 80%，致使企业经营成本急剧上升。企业的大量倒闭，企业经营成本的增加，又增加了银行坏账，导致银行体系出现危机。金融危机给墨西哥全国的加工工业协会 8 万余家企业中的 2 万余家带来了严重的经济问题，墨西哥中小企业破产高达 15 万家。

第五，经济增长减速。1995 年墨西哥陷入 64 年来最严重的一次经济危机，国内生产总值增长率为-6.02%，是 20 世纪初以来下降幅度最大的一年。此次危机，墨西哥至少损失 450 亿美元，货币大幅贬值造成物价上涨，国内物价已上升 30%左右。几年治理通货膨胀的努力付诸东流，民众生活雪上加霜。表 6-2 中列出了 1994~1995 年墨西哥主要经济指标。

表 6-2 1994~1995 年墨西哥主要经济指标

指标	1994 年	1995 年
GDP 增长率（%）	4.6	-7.0
人均 GDP 增长率（%）	1.7	-8.7
就业率（%）	1.2	-7.5

续表

指标	1994 年	1995 年
通货膨胀率（%）	6.9	54.5
外国投资（亿美元）	15.6	–0.2
其中：直接投资	8.0	9.5
证券投资	7.6	–9.7

资料来源：Peters E.D. Mexico's Liberalization Strategy，10 Years on：Results and alternatives [J]. Journal of Economics Issues，1998：359.

第六，人民生活贫困。金融危机造成企业生产困难，从而导致大批工人失业，农民破产。3/4 的墨西哥百姓生活在贫困线以下，近 90%的居民收入下降，大批失业的工人被迫离开家乡，冒着生命危险，非法移民到美国。

（二）对国外影响

1994 年，西方经济回升，利率上浮，大量资金从发展中国家回流，加上国际金融投机日益猖獗，国际金融市场日趋不稳定。金融危机使一批国家被迫重新调整经济发展计划，放慢增长速度。

首先，对拉美国家的影响。由于阿根廷、巴西、智利等其他拉美国家与墨西哥经济结构相似，都不同程度地存在债务沉重、贸易逆差、控制进出口及货币汇率等经济问题，所以墨西哥金融危机迅速波及这些拉美国家的金融市场。外国投资者担心金融危机扩散到拉美同家，纷纷抛售拉美国家的股票，引发拉美股市猛跌，对拉美证券市场产生强烈影响。比索贬值后，巴西和阿根廷的货币和股票市场也一度出现大幅下挫。巴西证券市场的外国投资者先后撤出的资金相当于外国投资者在巴西投资总额的 10%。巴西采用的钉住美元浮动的汇率制度也被迫调整为汇率调整制。市场信心丧失也使巴西外汇储备大量流失。阿根廷外汇储备骤减，银行资金恶化，银行发生了银根紧缺和支付困难的情况。其他一些国家，特别是对墨西哥出口的国家，因比索贬值而面临出口价格上涨，竞争力下降的局面。一些拉美国家企业部门由于得不到正常的贷款，已被迫减产或半停产。这就是墨西哥金融危机在拉美所引起的“多米诺骨牌效应”。

其次，对亚洲新兴国家的影响。墨西哥金融危机对“新兴市场”国家也产生了强烈冲击。泰国、菲律宾、马来西亚、印度尼西亚、中国香港等地均受到冲击。随着亚洲、拉美等地区不少国家经济出现高速增长，一些

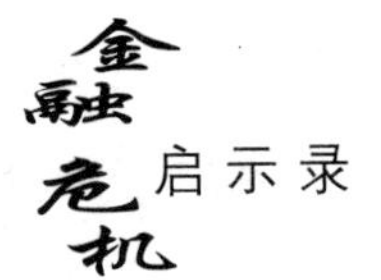

发展中国家的新兴股市应运而生，并被投资者看好。90 年代以来，东亚国家和地区为吸引外资，先后推出了一系列金融改革措施，和拉美一样成为国际资本的大量涌入地，特别是私人资本流入较多，国际资本流动的明显特征，一是趋利性，二是对市场反应特别敏感，任何负面信息都可能引起巨额资本在某一市场的流出。墨西哥金融市场的风波也动摇了投资者对远东及亚洲新兴金融市场稳定性的信心，使国际资本开始对新兴市场缺乏信心，十分担心泰国、中国香港等新兴金融市场会发生同样的状况，因而投资者纷纷将资金转移到日本金融市场寻求较为安全的投资场所，致使中国香港、泰国等外汇市场和股票市场出现剧烈动荡，外国投资者大量抛售当地货币和股票，金融市场银根紧张。同时，这些国家普遍采取的与美元挂钩的汇率制度，也助长了不稳定因素和金融市场的动荡。

最后，对其他国家的影响。在北美、西欧这些发达地区，股市和汇市程度不同地受到墨西哥金融危机的影响。墨西哥金融危机使美元对日元、美元对德国马克的汇价跌到了历史的最低点。在美国，由于资金回流，美国股市在 1995 年 2 月逐渐走强，到 5 月中旬纽约股指上涨了约 50%。美国利率上升并没有使美元对日元、德国马克的汇率上升，4 月 19 日跌到 1 美元对 80 日元的低位。加拿大元也受到较大冲击，一度被抛售。在西欧，瑞典克朗被抛售。全球金融市场受到震动。

美国是墨西哥的近邻，也是墨西哥的主要外国投资者。此次金融危机对美国造成了很大影响，表现为：一是美元贬值。1994 年 12 月 19 日，比索暴跌引发的金融危机大有不可遏制之势，如果任其发展下去，会损害美国国内蓬勃发展的新一轮经济增长。为此，美国采取了积极的救助态度，先后向墨西哥市场注入了近 300 亿美元的援助资金。动用如此巨额的资金救助和支持一个外国的金融市场，在美国金融史上是罕见的。数百亿美元对金融危机市场的投入，引发了人们对美元信用的怀疑和动摇，随后国际金融市场掀起了抛售美元而抢购日元和德国马克的狂潮，到 1995 年 4 月，国际投机资本把美元对日元、美元对德国马克的比价抛跌到 1 美元兑换 79.75 日元和 1.3450 马克的历史低点。然而，从当时的美国国内经济状况、美国经济的基本面看，以高新技术为支撑的美国经济的新一轮增长刚刚启动不久，美元不仅不应该贬值，而是应该升值的。然而，墨西哥金融危机却使美元的国际价格跌到历史新低。二是投资者损失惨重。在这次危机中，投资于墨西哥股票、证券市场的各种美国基金遭受了墨西哥汇率、证券价格下跌的双重损失。在 1994 年 12 月 22 日墨西哥放开汇率后，一周内比索贬值 42%。据估计，美国投资者在此危机中损失 100 多亿美元。美国对墨西哥约有 200 亿美元的顺差，美国有至少 70 万人直接从事对墨西哥出口产品的加工。由于这次金融危机，美国对墨西哥出口每年损失 100 亿~150 亿美元，美国 1995 年的经济增长速度也随之下降了 0.25%~0.3%，美国投资者损失了 80 亿~100 亿美元。三是社会稳定受影响。墨西哥金融危机后，大量移民涌向美国。由于美墨两国有 3000 公里的共同边境，每年有上百万墨西哥人越境到美国谋生，成为美国南部各州的沉重负担。1995 年非法偷渡到美国的墨西哥人比 1994 年大幅度增长，危及美国的就业、生产和社会治安。

第二节 / 金融危机的原因

墨西哥金融危机是在国际金融大变革的背景下发生的。这种大变革体现在：金融交易规模增长空前；金融工具创新不断；新金融机构不断出现。在这一变革下，世界金融市场的资金流动加快，意味着金融风险会增大，从墨西哥金融危机的发生可见这种信号的体现。墨西哥金融危机发生时，美国经济正在强劲增长，西欧经济出现复苏，日本的经济衰退正在走出谷底，从而推动了工业界信贷需求的增长。随着世界经济的增长，一些国家越来越依赖外国资金，特别是新兴的市场经济国家，这就给投资者和交易商以选择的广阔天地，他们可以随时从外债过多的国家或经济政策出现严重失误的国家把资金抽出，转移他国，而美国自 1994 年 2 月至 1995 年 2 月已 6 次提高利率，这就促使数百亿美元回流。墨西哥金融危机就是在世界金融市场这种新动向的背景下发生的。

传统的金融危机主要是由经济危机发生而引起的，表现为周期性金融危机，是由经济周期性波动引发的金融危机，所反映的是实物经济严重过剩的状况。比如，20 世纪 30 年代的金融危机是历史上最深刻、最持久的由生产过剩引起的周期性危机。然而，第二次世界大战后经济全球化的加速发展推动西方经济长驱直入金融资本主义，越来越多的国家加速发展虚拟经济，虚拟经济在所有发达国家和一些所谓新兴工业化国家（地区）占据重要地位，从而成为金融危机的主导因素，金融危机越来越显现出其超周期性和超前性。这种超周期性和超前性使金融危机的发生并不必然是伴随着经济周期波动而发生，而是当经济运行出现问题时，会先于经济危机在金融领域爆发，是经济危机爆发的前兆。因此，金融危机的突发性加强。墨西哥金融危机的发生也表现出了超周期性和超前性。1994 年的墨西哥金融危机领先于经济危机发生，比国内经济危机发生领先三个月。

墨西哥金融危机曾被称为“新兴市场时代出现后的第一次大危机”，这意味着，金融危机发生地区从第二次世界大战前的西欧和美国逐渐向开放的发展中地区转移，金融危机发生的区域发生了变化。随着经济全球化的发展，20 世纪 90 年代金融危机除了发生在西欧外，主要集中在拉美和东亚地区。随着发展中国家以金融深化或金融发展为旗帜的金融体制改革，相继开放资本市场，使发展中国家与全球金融市场的联系日益密切，吸引大批国际投机资本。但由于缺乏约束机制，宏观经济基础脆弱，制度的不合理，步入了“自由化”陷阱，造成了国内金融业的无序，使其暴露在强大的国际游资面前，成了投机者的牺牲品。在经济全球化、一体化的相互作用下，金融危机也具有了全球性。20 世纪 90 年代以来不断爆发的金融危机事件，几乎都发生了“多米诺骨牌”式的本币贬值传导。1994 年墨西哥爆发金融危机后，迅速传递到巴西和阿根廷等拉美国家。这种非均衡传导，一方面是因为相互间经济往来密切或属于同一国际经济区域而被拖累的本币被动贬值；另一方面是为了提高本国经济的国际竞争力和国际适应力而推出的本币竞相贬值。墨西哥比索的贬值传导出美元对外汇价的大暴跌，而从当时美国的经济景气状况看，美元不应贬值而应升值。

第二次世界大战前国际金融危机的一般特点是银行和股市危机。第二次世界大战后至 20 世纪 70 年代的金融危机一般是西方国家的货币危机。在 20 世纪 80 年代和 90 年代经济全球化条件下，金融危机往往是货币汇率危机、债券危机、股市危机和银行危机并发的综合性金融危机，金融危机呈现综合性特征。1994 年的墨西哥危机就是银行危机和货币汇率危机交杂在一起。

墨西哥金融危机的发生也具有上述金融危机的特点。90 年代以来，墨西哥执行经济开放政策，国民经济得以长足发展。墨西哥政府于 1982 年开始推行国内金融市场国际化，经过努力，其国内生产总值保持年均 8%的递增速度，通货膨胀率从 1987 年的 160%下降到 1994 年的 6.1%，国家经济发展态势良好。然而，墨西哥政府由于对经济发展持过于乐观的态度，放松了宏观经济的监管与调控。如1994年墨西哥国内上市企业中69%的企业清偿债务能力下降，近50%的小企业因资金不足或在外来企业的竞争中倒闭；贸易逆差加大，1994年墨西哥贸易逆差达280亿美元，相当于其国内生产总值的8%~10%；本国货币值被高估30%；国内社会矛盾激化，政局动荡；等等。这些因素累积起来预示着某种危机的临近。

比索贬值成为危机的导火线。1994年，墨西哥的政局处于不稳定状态，发生了暴动和政治人物遇刺身亡的事件。除了政治动荡外，经济发展也遇到了一系列问题，巨额的贸易逆差，使外资在墨西哥的信心进一步动摇，流出加剧，货币汇率下降，从1994年12月20日起，政府将新比索贬值15%，翌日这一措施生效。在这一新货币政策出台的当天，比索与美元的汇率立即出现大幅度下跌，在短短的几天之内，墨西哥货币比索实际贬值了50%以上，股市市值了下跌了50%。由此也引起资金纷纷外逃，几天之内外流资金就达50多亿美元。外汇储备从12月19日的110亿美元降到了22日的60亿美元。比索贬值成了金融危机的引子。同时，也影响到周边的国家。

墨西哥金融危机的“导火线”是比索贬值，被称作“比索危机”。但比索贬值并非必然诱发危机，因为墨西哥在1954年和1976年也实施过两次贬值，可并没有带来危机。可见，1994年墨西哥金融危机的爆发，是一系列经济、政治问题在各种不良因素作用下发生质变的必然结果，冰冻三尺，非一日之寒。墨西哥这次金融危机的爆发，原因是复杂的，国际国内政治、经济、社会因素交织，并非仅仅是一个表面的“比索贬值”所致。

（1）社会矛盾激化，政局动荡。自1988年以来，墨西哥政府在稳定经济、改革开放方面取得了成就。但是，革命制度党执政60多年，经济、政治和社会矛盾日益尖锐，在国内威信下降，反对党的势力不断增强，人民要求政治民主的呼声高涨。90年代以来，墨西哥罢工频发，政治动乱迭起，社会治安恶化。左翼反对派与执政党和政府对立趋于严重。此外，私有化改革使墨西哥造就了多个世界超级富豪和4000多万贫穷者，加入北美自由贸易区后，不少竞争力差的中小企业纷纷倒闭，又造就了大批失业人口，贫困问题长期得不到妥善解决，致使贫富差距不断扩大，经济部门间和地区间发展的不平衡加剧。这种状况的存在增加了社会不安定因素，特别是在经济最不发达的地区，社会矛盾严重激化，一触即发。

（2）过早开放金融市场，造成本国币值不稳。在其经济发展过程中，墨西哥政府为了吸引外资和推动本国金融市场国际化，在金融监管制度尚未完善的条件下，过早地开放了本国的金融市场，为国际游资的任意出入提供了便利条件。1988 年，墨西哥对金融自由做出了重要的决策：政府取消了强制性银行储备金要求，并且不再向国有企业提供信贷。1990 年开始，墨西哥放松对存款利率和贷款利率的管制，取消商业银行必须拥有政府长期债券的强制性规定，取消银行储备金要求和清偿能力系数。1991~1992 年，政府对所有银行实行了私有化，取消了 1982 年以后实施的资本管制。北美自由贸易协定的生效，墨西哥的金融市场对外全面开放，不仅国内的银行和信贷机构实行了私有化，而且国外的银行、证券交易所、保险公司等金融机构也在墨西哥建点开业。1994 年 10 月，政府进一步放宽对外资的限制，外资银行、保险、证券、信托、融资租赁等众多的金融机构都蜂拥而入设立分支机构。外资金融机构的过快进入，产生了许多负效应，如，外资在弥补经常项目赤字的同时，也提高了比索的币值，因而在一定程度上使经常项目的赤字更加难以控制。这都增加了金融市场的不稳定因素，削弱了国家的经济实力和调控能力，这本身孕育着极大的危险，并且，墨西哥本身在金融市场上监督管理机制滞后和准备金不足。市场对外开放的速度、幅度已经远远超过了当时墨西哥国内的承受能力，埋下了危机的隐患。

（3）外资结构不合理，过分依赖外资。墨西哥国内储蓄率较低，资金难以满足经济增长的需要。1990 年到 1994 年，国内储蓄率从 19%下降到 14%左右。投资缺口依赖外资来弥补。实行“新自由主义”的经济改革特别是加入北美自由贸易区之后，墨西哥消除了对外资进入和利润汇出的限制。这种放开对资本流出限制的做法，旨在缓解国内资金不足的压力，吸引更多的外资流入。1989 年，墨西哥吸引外资 10 亿美元，1990 年增加到 84 亿美元，而到 1994 年涌进墨西哥的外资达 739 亿美元，其中一半以上是来自美国。这些外资的涌入毫无疑问为墨西哥的经济注入了活力，然而，由于墨西哥对外资没有加以正确引导和干预，结果埋下了隐患。一是墨西哥当局没有立足于内部资金积累和增加本国投资比重，而是将本国的经济发展维系在外国资本身上，这样，就使本国经济对外资的依赖性过大，造成了墨西哥经济的脆弱性。二是巨额外资绝大部分是投入到债券、股票和货币交易的金融投资（见表 6-3），如美国在墨西哥的投资有 450 亿美元，其中投入生产部门的投资不超过 150 亿美元，而金融投资多达 300 亿美元以上，而金融投资具有很强的投机性。1994 年西方经济开始复苏，利率也随之上扬，加上墨西哥政局动荡，一些外国投资者便开始抽走资金，结果造成 160 亿美元的国际储备弥补亏空。因此，墨西哥政府决定通过比索一次性适度贬值，促进出口，减少进口，阻止资金外流，稳定外汇市场。然而，这一措施却引起始料不及的比索汇率暴跌，最后酿成了严重的金融危机。

表 6–3　墨西哥资本流入的主要构成

单位：10 亿美元

构成项目	1990 年	1991 年	1992 年	1993 年	1994 年	1995 年
外商直接投资	2.6	4.8	4.4	4.4	11.0	9.5
股票	2.0	6.3	4.8	10.7	4.1	0.5
债券	1.1	1.3	3.6	6.3	2.8	–0.5
银行	9.1	7.9	1.6	3.6	–0.3	–4.3
备忘项目	0	0.6	0.7	2.0	30.1	0.3

资料来源：邢天才. 20 世纪金融大危机［M］. 西安：陕西人民出版社，2010：70.

（4）经济结构失衡，农业发展不足。自 80 年代后期以来，特别是 1988 年萨利纳斯总统上台后，墨西哥政府加速了国家财产私有化的进程。1988 年，墨西哥拥有国营企业 618 家。5 年后，国有企业只剩下 258 家，拍卖了 360 家。按照西方新自由主义理论，实行私有化，政府可以增加资金收入，减少对经济效益不好的和亏损企业的补贴，把节省下来的资金用于社会公共部门，还能调整经济结构，同时，私有化还能够使资金来源多样化，鼓励大批投资者参与企业的经营活动。然而，墨西哥的私有化结果，却使大量国有资产流失，削弱了国家的经济实力和调控能力，墨西哥的宏观经济结构并没有得到根本改善，旧的失衡没有根本解决，又出现了新的失衡。主要表现在第一产业农业长期处于停滞，甚至是倒退的状态，每年要用大量的外汇进口粮食。第二产业除了出口加工业发展相对较快外，基本上是处于低增长状态。特别是第三产业中的商业、服务业和金融业增长过快，大大超过了第一产业和第二产业。

另外，产业结构调整进展缓慢，相当一部分已私有化的企业经营管理差、效益低的状况没有改变，传统工业特别是轻纺工业处境艰难，纷纷破产。出售国有企业的收入大都被政府用来还债，只有少部分投入生产部门。基础工业和加工工业发展缓慢，发展较快的只有出口加工工业，其中主要是外资公司经营的工业。从国外吸收的资金主要流入消费性的第三产业，但第三产业与第一、二产业并无有机联系。由于国家对投资结构缺乏必要的引导，宏观经济结构缺乏综合平衡发展，又未能充分有效地利用外资来逐渐改变长期形成的二元经济结构，最终导致生产性投资不断下降，而投机性投资却大幅上升，第三产业的发展大大超过了第一、二产业，造成金融市场过度“繁荣”，形成泡沫经济，掩盖企业生产困难、经济结构不合理等问题，使整个经济变得十分脆弱。

（5）进出口失调，贸易逆差加大。墨西哥在加入北美自由贸易区后，大幅降低了关税，大量外国商品涌进墨西哥，致使其对外贸易由顺差转为逆差。在解除资本管制后，墨西哥实行了钉住美元的汇率机制，使比索能够随美元的波动进行自动调节，减少了汇率不稳定对经济造成的波动，这一隐性的“汇率保障”吸引了大规模私人资本流入，弥补了经常项目逆差，形成了墨西哥的外汇储备。墨西哥本国经济增长缓慢，在国际市场上其产品竞争力不强，通货膨胀的增长速度高于比索贬值的速度，比索高估的问题愈来愈严重，相对比较优势逐渐丧失，最终阻碍了出口，刺激了进口，使得贸易逆差加大。

此外，金融危机过程中以汇率钉住为核心的反通货膨胀计划也加重了贸易逆差。该计划产生了消费热，扩大了对进口商品的需求。在进口急剧增加的同时，墨西哥的出口却增长乏力。1989 年，墨西哥的经常项目逆差为 44 亿美元，1994 年已扩大到 289 亿美元。从理论上说，只要国际收支中资本项目能保持相应的盈余，那么经常项目即使出现较大的赤字，也并不说明国民经济已面临危机。问题的关键是，使资本项目保持盈余的外资不应该是投机性较强的短期外国资本，而墨西哥用来弥补经常项目赤字的资本项目盈余却正是这种资本。在 1990~1994 年，间接投资在流入墨西哥的外资总额中的比重高达 2/3。连年巨额贸易逆差只能靠外国投资来弥补，当外资停止流入，甚至大量外流时，中央银行就不得不动用国家外汇储备来“填窟窿”，使其经济抵御风险的能力大大降低，为此次金融危机的爆发埋下了隐患。此外，贸易收支出现巨额逆差，比索贬值很容易引起投机者的攻击，诱发金融危机。

（6）金融货币政策失误，加速危机的发生。墨西哥把本国货币与美元挂钩，长期保持相对稳定汇价。事实上，由于墨西哥的通货膨胀率一直较高，比索早就应该贬值。1993年，墨西哥政府已发现比索定值过高和贸易逆差过大的潜在危机，但为了迎合美国加入北美自由贸易协定，放弃将比索贬值，痛失货币政策调整的大好时机。随着美国等西方国家经济的复苏和利率的调高，1994年外国投资者已开始从墨西哥撤走资金。然而墨西哥政府对此形势变化估计不足。1994年是墨西哥大选年，为了确保赢得大选，政府放弃了实行比索贬值的政策，因为贬值会引发通货膨胀的上升，激发老百姓的不满情绪，因而政府又一次放弃对金融市场进行干预，再次错失调整金融政策的良机。

在墨西哥加入北美自由贸易协定后，其货币比索随着美元自由浮动。但墨西哥政府对比索汇率一直采取半管制的做法，造成比索汇价高估，到1994年下半年比实际值高出30%左右。这种高汇率政策本意是稳定国内市场价格，抑制通货膨胀，但却导致外贸逆差扩大和资金外流。国库所剩的国际储备也不足，根本无法维持本国经济的正常运转。墨西哥政府出于政治原因，对这个问题久拖不调，使问题越积越多。到1994年底，墨西哥新一届政府上台后，为了拉动出口，阻止资金外流，稳定外汇市场，新政府突然决定采取比索一次性贬值的措施。在人们毫无思想准备的情况下，这一措施没有取得预期的效果，反而引起社会上的极大恐慌，人们纷纷抢购美元，比索汇率急剧下降，金融市场出现混乱，终于爆发金融危机。

（7）美国汇率影响。墨西哥金融危机固然有其深刻的国内因素，但其他因素也不可忽视。在美国的“怂恿”下，墨西哥已全部取消贸易保护政策，完全开放市场，加入北美自由贸易协定，但由于墨西哥市场还不够成熟，与其他国家相比，综合国力悬殊，因此在自由贸易圈内贸易实际上不平等。外国商品特别是美国商品大量涌入，造成墨西哥经常账户出现赤字，外汇储备枯竭，对比索贬值起催化作用。并且，比索与美元挂钩，美元利率的升降对墨西哥经济会产生重大影响。从1994年1月开始，美国利率上调，而到了1994年5月份，墨西哥的短期利率反而逐月下调，国际资本流入减少甚至停止流入就不可避免，催生了危机的发生。

第三节 / 历史启示

当宏观经济积累的各种问题矛盾爆发时，最先体现在金融系统。墨西哥金融危机就是以比索贬值的货币危机为起点，引发资本大量外流，进而给经济增长带来严重的创伤。从某种程度看，墨西哥金融危机也是对该国经济失衡的一种纠正，并且成为进一步调整经济结构、深化改革的契机。这里金融危机成为了经济硬性调节的杠杆。墨西哥金融危机带给了我们不少启示。

一、贸易自由化和资本市场开放要循序渐进

20 世纪 80 年代墨西哥对外贸体制进行了某些改革，如 1986 年开始降低关税，结果促进了出口贸易的发展，扭转了贸易逆差状况，使贸易顺差一直保持到 1988 年。之后，政府进一步放宽了对外贸易限制，特别是进入 90 年代后，为了急于加入北美自由贸易区，完全放开了对外贸易。但事与愿违，从 1989 年起，墨西哥的贸易出现逆差，而且逐年增大，形成了巨大的赤字。这成为了墨西哥国际收支的沉重负担，只能依靠外国投资来弥补。贸易赤字和大量外债阻碍了经济发展。

金融自由化是一把“双刃剑”，资本市场开放的前提是金融风险防范机制的建立，否则，放开本国的资本市场是十分危险的。因此，资本市场的开放有一个顺序，建立开放的资本市场是一个循序渐进的过程。墨西哥在外汇储备不足，银行体系的不良贷款比重不断增加的情况下，进行金融自由化会将墨西哥经济置于十分脆弱的危险境地。因此，要正确把握实现金融自由化的速度。对于金融体系较为脆弱的发展中国家，应把金融改革放在首位，集中精力改革金融机构的不合理结构，完善金融市场，加强金融监管，重点应放在内部机制的健全上，保证宏观金融秩序的稳定。随着金融体系的完善和应变能力的增强，对资本项目的管制应逐步放松，适度地、有选择地推行资本项目的自由化。

经济区域化、一体化，是当今世界经济的发展趋势，它有助于推动各国经济的发展。但是，作为一个发展中国家，要想加入自由贸易区，必须

首先考虑到本国的国情，根据本国经济发展水平、市场成熟程度、本国产品的竞争力等情况，适度放宽对进出口贸易的限制，否则，必然带来一些严重后果。墨西哥在这方面给世界发展中国家提供了宝贵的教训。

二、妥善进行外债管理和外资使用，维持健康的国家收支平衡

外资是一把“双刃剑”，过度依赖外资的危害也不容忽视。墨西哥政府急于引进外资来弥补资金不足，墨西哥引进的外资中以短期投机性资金最多，这种资金流动性大，极易受政治、经济等各种因素的影响。同时，墨西哥政府为控制通货膨胀，导致长期紧缩银根，利率较高，但是国内储蓄率仅为20%，主要靠流入的外资发展经济。墨西哥缺乏对外资引进工作的金融监管，外资的融资期限和使用结构失去了平衡。发展中国家在本国货币迈向自由兑换的过程中，政府金融当局还应加强对外债务的管理，尤其是要控制好外债期限结构，当汇率发生变化时，外债会随本币币值变化而变化，管理不好可能加重本国偿债负担。在出现货币危机时，偿还短期外债的需求必然会增加金融市场对外币需求的压力。对政府不能够按时偿还短期债务的预期，则既降低了政府信誉，也降低了投资者的信心。

一国国际收支主要依靠经常性项目收支顺差来加以平衡，而非依靠资本项目的顺差来弥补。墨西哥在爆发金融危机前经常项目赤字已达290亿美元，当时政府始终认为，只要墨西哥有能力吸引外国资本，经常项目赤字不论多大，都不会产生风险。还认为，如果外资流入量减少，国内投资就会随之萎缩，进口也会减少，经常项目赤字就自然而然地下降。基于这种错误的认识，使政府对经常项目赤字持一种任由其发展的态度。事实上，只有在外资被用于生产性的目的时，资本流入量的减少才能影响国内投资的规模，进而达到压缩进口的目的，使经常项目状况得到改善。在墨西哥，大量外资被用于进口消费品，消费的性质决定了这样一个难以扭转的趋势，因此，外资流入量的减少并非永远能够控制经常项目赤字。而且大量外资流入有可能提高本国货币的价值，扭曲本币的汇率。

发展中国家为加快本国经济发展目标，应引导外资投入高新技术和设备的直接投资来改善本国的贸易收支，不可使经济被动地拴在外资流向上。政府管理部门国际收支经常项目盈亏状况与汇率制度之间可能发生冲突。当一国国际收支的经常账户出现赤字时，对外币需求增加，从而增加本币贬值压力，这时若不对汇率做出适当调整，释放这种压力，而保持汇

率固定不变，本币币值便出现高估。本币高估进一步抑制出口，刺激进口，经常项目赤字继续扩大。这种恶性循环积累到一定程度，本币贬值的压力便会在汇率上反映出来。在钉住汇率制下，被钉住货币币值的变化也会影响到本国的国际收支。被钉住货币升值，而本国宏观经济状况又不支持本币升值的话，钉住汇率实际上已经高估了本币币值，造成出口困难，进口增加，可能导致经常账户出现赤字，加剧国际收支的失衡。宏观经济的失衡如果不能在汇率上反映出来，便会蕴含更大的危机。所以，适时调整汇率进而改善国际收支，才是防范金融危机的有效途径。

三、政府要及时进行宏观调控

一国在贸易自由化过程中，关键的一点在于政府是否同时完善了各项配套政策。比如汇率政策、产业政策、提高商品竞争力等。墨西哥经济改革认为实行新自由主义原则，实行私有化和自由市场，那么市场机制就会解决一切难题。但实际并非如此，就产业政策而言，墨西哥对第一产业不注重，农业问题长期未解决，再如第三产业又畸形发展证券业，这样的产业结构造成整个经济建立在空中楼阁之上，泡沫成分很大。宏观经济的综合平衡差，当然就难以承受贸易自由化带来的冲击。由于贸易自由化带来的国际收支流量很大，政府用国内外汇储备来干预，控制力是有限的，如超出控制能力，政府只能放弃原来的汇率，积聚的势能迅速释放便酿成危机。

因此，在不同时期，随着经济的发展和环境的变化，政府的宏观经济目标要根据不同需要而有所调整，采取的宏观经济政策也会相应改变，这就要求政府审时度势，从整个宏观经济运行考虑，根据不同时期的利率政策、汇率政策、财政政策，有选择、有计划地推行资本项目的自由化，使之为实现宏观经济目标服务。

四、制定正确的货币汇率政策

墨西哥政府在货币政策的制定上，在关于比索汇率的决定问题上出现了许多失误。一是没有及时进行汇率体制改革。自 1987 年以来，墨西哥比索与美元直接挂钩，比索与美元汇率在狭小区域内浮动。在明显高估的情况下，政府几次耽搁了比索贬值的好时机，于是比索一直维持在对美元高估 30%左右的汇价水平，不但耗费了大量的外汇储备，而且抑制了出口，导致经常项目逆差不断扩大。二是新任总统错误地估计了形势，认为比索贬值后，本国出口就会扩大，资本外逃的势头就会得到遏制，国际收支就会得到改善。但是，比索贬值会使在证券市场的投机资本遭受损失，从而不可避免地引起大量投机资本外流，减少外汇储备。新兴市场采取有弹性的汇率制度才是最合适的，当出现大规模的外资流动时，浮动汇率制是最好的选择。

墨西哥的汇率政策没有跟上金融改革的步伐，墨西哥国内通货膨胀严重，政府没有采取紧缩的政策，却选择了“治标不治本”的方法，用比索钉住美元方式来控制通货膨胀。墨西哥政府错误地采用非常容易导致短期资本流入的组合，即钉住汇率制、对冲性的外汇市场干预加上对资本流入的放任自流。固定或钉住汇率制度，为资本的流入提供了汇率风险的担保；对冲性的外汇市场干预使得国内利率水平居高不下，加大了政府财政的负担；缺乏对资本流入的限制，那么短期投机资本就会大量涌入。钉住汇率政策意味着政府有责任将名义汇率控制在固定的范围内。一旦外资出现大规模的变动，政府就需要动用外汇储备来维持稳定汇率。

政府在干预汇率时经常在公开市场上抛售外币购回本币，而这种策略的结果是基础货币量缩减，短期利率上升。短期货币利率上升可以增加投机者的融资成本，抑制其在金融市场上的过度投机，但是也会缩小银行利差，银行往往用短期负债来支持其长期资产，利差缩小影响银行的收益。如果银行体系财务状况恶化，银行经营风险会不断增大，不但不会击退投机，反而会加重危机的发生。

另外，货币可兑换的实施必须与政府对外汇市场干预能力相配套。本币实现可兑换以后，对汇市、股市产生冲击最大的因素是外国短期投机性资本。这部分资本的流动性强，很容易抽逃。货币可兑换后，本国投资者也很容易将本币金融资产转变为外币金融资产，加大市场的压力，如何控制和引导本国投资者的行为是值得研究的。政府保持充足的外汇储备十分必要，这是实行货币可兑换的先决条件。只有掌握足够的外汇储备，政府才能有效干预外汇市场，将汇率波动控制在政府设定的目标区域内。

1994年墨西哥已经完全开放了资本市场，实施了货币可兑换计划。这意味着，将本币金融资产转变成外币资产要比以前更容易、更方便。在这种情况下，货币管理当局如果不具备足够的能力干预和调控市场，那么，最先引起金融市场动荡的恐怕不是外资的抽逃，而是本国居民金融资产的转移。因为本国居民在获取市场所在地政治、经济信息方面，要优先于远离市场所在地的外国投资者。因此，政府外汇储备是否充足，还需考虑到本国投资者随时可将其持有的本币金融资产转变成外币金融资产这一重要因素。

五、政治的稳定和社会稳定、公平至关重要

自 1929 年起，革命制度党连续执政，成为世界上一党连续执政时间最长的政党。但是，进入 80 年代后，革命制度党的统治地位受到了严重的挑战，该党与其他政党和各种政治反对派的矛盾也日益突出。与此同时，萨利纳斯政府在推动经济发展的过程中未能有效地解决日益突出的贫富悬殊问题。改革前，墨西哥只有两位亿万富翁进入美国《福布斯》的亿万富翁排行榜。到 1984 年已增加到 20 多位，而穷人队伍却不断壮大。墨西哥在短短六年的改革中，就造就了 24 个被列入世界巨富名单中的超级富翁和 4000 万穷人（全国人口 8400 万）。这些富翁的财富，主要是在私有化过程中通过低价购买大拍卖的国有企业攫取的。在 4000 万穷人中有 1700 万人处在极端贫穷状态中，这些人靠不到 50 美元的月收入维持生计，有 2200 万人生活在贫困线上，月收入低于 140 美元。另外，还有 350 万失业人口，两极分化如此严重，引起社会动荡。上述这些矛盾和摩擦最终从量变发展为质变。农民暴动，总统候选人和总书记遇刺身亡事件，凡此种种动乱事件的发生，不仅破坏了社会安定，扰乱了社会政治、经济生活正常秩序，而且动摇了外国投资者对墨西哥经济前景的信心，他们纷纷把资金转移他处，造成墨西哥外汇资金大量外流。可见社会分配不公、两极分化严重不仅阻碍深化改革和发展经济，而且还影响扩大开放和吸引外资。因此，必须保持社会稳定和社会公平。

总之，墨西哥的金融危机带给发展中国家深刻的教训。我国作为发展中国家，在发展过程中也要认识到：一是合理引导外资。既不能闭关锁国，也不能过分依赖外资，对其投向要积极加以引导。要根据我国经济发展目标、国家外汇收入及偿债能力适度引进外资。要以产业政策引导外资投入，使外资引进与国民经济发展规划有机地结合起来。要利用外资引进高新技术，引导外资投向国民经济薄弱的产业，从而优化产业结构与产品结构。还要改善引进外资的期限结构与地区结构。增加中长期投资的比重及配比，减少短期投资，以增加引进外资的稳定性。二是有序开放国内市

场。发展中国家对外开放的程度应取决于本国经济结构调整和竞争力提高的状况，而不能取决于政治需要或外部压力。在金融市场开放方面，发展中国家在经济实力、融资能力、金融市场的调控机制以及专门人才和有关法规建设等方面都与发达国家有很大差距，因此在开放金融市场问题上一定要采取谨慎的方针。应坚持在深化改革、完善金融体制的情况下，有计划有步骤地开放金融市场。三是加强金融监管。金融开放与金融监管是一个相辅相成的过程。如果金融监管滞后，就可能发生问题而埋下金融危机的种子。因此，我国要健全金融监管制度，实现金融市场的有效监管。四是管理好外债。要综合考虑举借外债的合理规模，包括地方政府外债、大企业外债和国家外债；举借外债必须与偿付外债的能力联系起来考虑，合理安排，做到借债、还债环环相扣；强化审批手续，建立和健全必要的统计制度和监督机制。五是正确利用汇率机制。墨西哥金融危机的教训之一是墨西哥迟迟没有解决比索汇价高估的问题，有此前车之鉴，我国应十分注意汇率调控。六是保持国际收支平衡。高度重视并加强对国际收支账户的统计和管理。外汇储备要适度，依据国际经验，外汇储备额度应在足够支付三个月进口需要的水平上再适当高一点，既要避免太多的资金占压，同时又要保证外汇市场的稳定。

本章主要参考文献：

[1]王德祥. 经济全球化条件下的世界金融危机研究［M］. 武汉：武汉大学出版社，2002.

[2] 邢天才. 20 世纪金融大危机［M］. 西安：陕西人民出版社，2010.

[3] 王洛林，李扬. 金融结构与金融危机［M］. 北京：经济管理出版社，2002.

[4] 李小牧等. 金融危机的国际传导 90 年代的理论与实践［M］. 北京：中国金融出版社，2001.

[5] 石俊志. 金融危机生成机理与防范［M］. 北京：中国金融出版社，2001.

[6]［比］亚历山大·兰姆弗赖斯. 新兴市场国家的金融危机［M］. 周凯，钟锦译. 成都：西南财经大学出版社，2002

[7] 刘莉亚. 新兴市场国家、地区金融危机理论研究［M］. 上海：上海财经大学出版社，2004.

[8] [法] 蒲吉兰 (Guilhem Fabre). 犯罪致富：毒品走私、洗钱与冷战后的金融危机 [M]. 李玉平，苏启运译. 北京：社会科学文献出版社，2002.

[9] 李占五. 墨西哥金融危机的教训 [J]. 宏观经济管理，1995 (6).

[10] 谭雅玲. 墨西哥金融危机的前因后果及其启示 [J]. 国际金融研究，1995 (3).

[11] 许建秋. 墨西哥金融危机的教训和启示 [J]. 财政研究，1995 (4).

[12] 李忠尚，王建华. 墨西哥金融危机的影响及启示 [J]. 金融研究，1995 (4).

[13] 王军. 中国经济开放与墨西哥金融危机 [J]. 金融研究，1995 (4).

第七章

俄罗斯金融危机（1997～1998年）

1997年10月到1998年8月，俄罗斯经历了由三次金融大风波构成的金融危机，金融危机导致了俄罗斯严重的经济衰退，政治上最终导致了两届政府的垮台，甚至波及全球，产生全球效应。尤其俄罗斯的金融危机是在俄罗斯经济开始复苏和全球化经济一体化不断加强的背景下发生的，这使得人们开始更多地关注国家的经济与金融安全问题。

第一节 / 危机过程和影响

俄罗斯是地跨欧亚大陆的一个国家，冷战时期，苏联非常辉煌，当时能够和美国和西方抗衡，是超级大国。可是，在苏联东欧剧变之后，其经济、社会动荡不止，前进的道路坎坷崎岖。20 世纪 90 年代，国际金融环境动荡不安，对于身在风雨飘摇中的俄罗斯来说，更是雪上加霜。

一、危机的过程

1997 年 10 月至 1998 年 8 月间，俄罗斯在不到一年的时间内发生了三次规模不同的金融动荡，俄罗斯金融局势就像踩在钢丝绳上一样摇摆不定，稍不注意，就会从高空中摔下来。自 1997 年亚洲金融危机爆发以后，俄罗斯经济就频繁对外发出告急或求援的信号。到 1998 年，俄罗斯的金融市场动荡非常严重，国内经济恶化，巨额债务到期，而政府无法支付，卢布贬值幅度高达五成。尽管与东南亚金融危机相比，这三场危机的规模和影响无法相提并论，但这三次金融地震具有独有的特征，发生的间隔越来越短、规模越来越大、程度越来越深，而且每次都来势迅猛、猝不及防。危机不仅使俄罗斯经济严重衰退，政治发生剧烈的动荡，最终还影响到美国、东西欧、独联体甚至拉丁美洲，被称为“俄罗斯病毒”。

俄罗斯金融危机的产生有其深刻的背景。从 1992 年俄罗斯开始实施以自由市场经济为目标的经济改革以来，到 1997 年已经有了六年的风雨历程，1997 年，俄罗斯经济慢慢复苏，生产停止滑坡并实现了首次增长，但财政金融状况仍未出现实质性的好转，但总的形势有所好转。通货膨胀率在近六年内呈现最低点。经济改革的不断深化使财政金融领域发生了积极变化，主要表现在以下几个方面：

（1）通货膨胀率下降。90 年代初，苏联解体前后的俄罗斯出现恶性通货膨胀，卢布同美元的比价急剧下滑。80 年代，按官方汇率，通常是 1 卢布兑换 1.5 美元，这不能反映卢布和美元的实际价值；1991 年底，情况正好相反，卢布与美元的比价变成了 170 : 1；到了 1997 年底，5900 卢布才能兑换 1 美元。卢布大幅度贬值与通货膨胀息息相关。1992 年，俄国政府实行“休克疗法”改革的第一年，俄罗斯通货膨胀率超过 2200%，第二年降为 1000%，尔后继续大幅度降低，1995 年降为 1331%，1996 年又降至 22%。1997 年，俄罗斯进一步采取严格的货币信贷政策，旨在进一步下降通胀率。当年通货膨胀率相比 1996 年下降近 50%。与此同时，卢布汇率也趋于稳定。

（2）拖欠工资有所偿还。在 1992 年至 1994 年期间，俄罗斯财政赤字在国内生产总值中的比重始终保持 8%~10%的高水平。在 1995 年之后，政府不再寄托中央银行增印钞票和发放贷款，而是通过发行国家短期债券和吸引外国贷款的方法来弥补财政赤字。1996 年，财政赤字的比重下降到 3.3%，1997 年为 3.5%。为了弥补财政赤字，俄罗斯的负债额很高，到 1997 年上半年，内债总额已达 320 多万亿卢布（500 多亿美元），外债总额已达 1300 亿美元。由于俄罗斯实行过度紧缩的财政政策，控制货币发行量，致使国家与企业、企业与企业、企业与银行之间的债务越积越多。但由于叶利钦总统的直接干预，政府采取相应措施，在 1997 年 7 月 1 日前偿还了拖欠的职工退休金，9 月 1 日前付清了军人军饷，并在年底前基本偿还了拖欠的职工工资。

（3）证券市场迅速兴起。改革以来，俄罗斯证券市场走上了由自发的向规范的转变道路。1991 年俄罗斯证券市场恢复后，交易规模和交易额不断扩大。1994 年，股票行情跌宕起伏，起初由于长期投资，特别是外资的流入，股票价格上涨了几倍。但到年底，外资锐减，加之居民购买股票积极性下降，股票行情出现暴跌。1996 年 7 月叶利钦总统重新当选后，股票情况出现好转。1997 年上半年，50 种主要股票的“莫斯科时报”指数上升了 140%。

（4）黄金外汇储备增加。苏联解体前后，俄罗斯外汇储备大大减少，为最低值，尚不足 30 亿美元。1994 年底增加到 40 亿美元，之后开始增加。1997 年发生的东南亚金融危机对俄罗斯金融市场冲击太大，其中外汇黄金储备增加是个重要的因素。1998 年俄罗斯外汇储备达到 230 亿美元，比 1992 年增加 8 倍，黄金储备 430 吨。

（5）金融工业集团形成规模。金融工业集团是银行与企业间的兼并和联合建立的，是国家资金、资源、资产的优化与重组的产物。金融工业集团集银行资本与企业资本于一身，这样有利于提高银行的投资积极性和解决企业投资严重短缺的问题。1993 年，俄罗斯出现了第一家金融工业集团，后来发展为 70 多家，其总产值逐年大幅度上升。这种金融工业集团被称作“俄罗斯经济增长的发动机”，是俄罗斯新的经济增长点。

在俄罗斯财政金融形势出现积极变化的同时，财政金融体制中的诸多弊端和问题也暴露无遗。这些问题阻碍了财政金融状况的好转，制约了整个经济改革向深层次发展。

（1）偷税漏税问题突出。俄罗斯经济正处于转轨时期，企业和国民的纳税意识十分薄弱，有许多企业和个人甚至想方设法逃避纳税。1996 年国家只完成税收任务的 60%，1997 年的完税率也没有超过 65%。国家税收的减少使国家支出计划无法实施，国家的发展受阻。

（2）出现支付危机。政府压缩财政赤字不以发展生产和增加收入为主要手段，片面推行财政紧缩政策，结果引发了货币危机。国际经验证明，货币发行量应达到国内生产总值的 70%~80%才能使经济正常运转，而俄罗斯仅为 10%~20%。俄罗斯经济连续滑坡和货币严重不足使支付出现了严重障碍，一些企业之间无法用货币结算，只好以物易物或以物代金。甚至用平底锅或长筒毡靴支付工资等现象也十分普遍。

（3）影子经济突出。影子经济是不注册并逃避国家监督和纳税义务的经济，居民生活水平不断下降，但居民拥有的私人汽车却越来越多。一些犯罪分子从事毒品、武器贩运和各种各样的非法经济活动，从中牟取巨额利润。社会上贪污受贿盛行，一些中下层官员的受贿金竟占其收入的 60%。有照商贩不照章纳税，无照商贩不向国家缴纳一分钱。影子经济的最大受益者是那些乘改革之机，通过非法途径变为富翁的俄罗斯人，“仓促而野蛮”的私有化为官僚、银行家、企业领导人和黑手党提供了巧取豪夺的机会。他们腰缠万贯，将资产转移到国外，在 1993 年和 1998 年间短短的五年中，俄罗斯非法外流资金多达 600 亿美元。

（4）金融工业集团。俄罗斯金融工业集团在推动经济发展的同时产生了严重的负面影响。金融工业集团有七家实力雄厚，七大金融工业集团控制着一半的国家经济和大部分新闻传媒，其能量之大足以掌控国家经济的运行乃至政局的发展。金融工业集团常常与国家权力机构暗中勾结，互相利用，大搞钱权交易。1997 年 11 月的“稿酬事件”就是最鲜明的例子。第一副总理丘拜斯和其他几名高级官员利用职权，以低价格将俄罗斯电信投资公司和诺里尔斯克公司的部分资产拍卖给波塔宁的奥内西克姆银行，并以索取 《俄罗斯私有化史》一书的稿酬为名，变相收取 45 万美元的贿赂。此事对政府声望无疑是一次沉重打击。

任何重大事件的发生，都是偶然中存在着必然。1997~1998 年的俄罗斯金融危机的出现也并不是偶然的，它是俄罗斯这个“巨人”长期以来经济衰退、债台高筑、政局不稳等病因的产物。由于俄罗斯社会经济长期以来积累了一些弊病，导致“俄罗斯病毒”的爆发也就不足为奇了。

“休克疗法”成为危机的导火线。1991 年底，苏联解体，俄罗斯联邦成立。但叶利钦政府面临的是一大堆半死不活的企业、1 万亿卢布赤字和 1200 亿美元的外债。新政府认为俄罗斯要避免重蹈覆辙，就应该大刀阔斧，进行深刻变革，才能重振大国雄风。依据萨克斯的经济理论，在 1992 年初，一场以“休克疗法”为模式的改革，在俄罗斯联邦全面铺开。

“休克疗法”采取了一系列的经济措施，第一措施就是彻底放开物价。在 1992 年 1 月 2 日，俄罗斯政府放开 90%的消费品价格和 80%的生产资料价格。同时，取消居民收入增长限制，公职人员工资提高 90%，退休人员补助金提高到每月 900 卢布，家庭补助、失业救济金随之水涨船高。改革初期取得一定成效，可没过多长时间，消费品价格上涨了近 70 倍，物价飞涨，市场秩序大乱，进而出现消费持续低迷；需求不旺反过来抑制了供给，企业纷纷减少生产，市场供求进入恶性循环。

“休克疗法”的第二措施是实施“双紧”财政与货币政策。财政紧缩主要是开源节流、增收节支。税收优惠统统取消，所有商品一律缴纳 28%的增值税，加征进口商品消费税。同时，政府削减公共投资、军费和办公费用。紧缩的货币政策，包括提高央行贷款利率，建立存款准备金制，实行贷款限额管理，从源头上抑制通货膨胀。但由于税负过重，企业生产进一步萎缩，失业人数激增，政府不得不加大救济补贴和直接投资，财政赤字不降反升。紧缩信贷造成企业流动资金短缺，企业间互相拖欠，“三角债”现象日益严重。政府又被迫放松银根，1992 年增发货币量是 1991 年的 20 倍，在印钞机的轰鸣中最终导致紧缩性政策流产。

“休克疗法”的第三措施是大规模私有化。政府采取无偿赠送的办法，将俄罗斯国有财产分到个人，每个俄罗斯人领到一张 1 万卢布的私有化证券，可凭证自由购股。但到私有化正式启动，已是 1992 年 10 月，此时 1 万卢布只够买一双高档皮鞋。这个措施使大批国有企业落入特权阶层和暴发户手中，企业效益每况愈下。1992 年 12 月，盖达尔政府解散。

“休克疗法”是对一整套激进的反经济危机措施和经济转型方式的总

称。它的主要内容是：采取严格从紧的金融货币政策，大力压缩消费，强行弥合总供给与总需求之间的缺口，以期达到短时间内遏制通货膨胀的目的。由于这样的措施会使社会经济受到极大的震荡，甚至处于“休克状态”，因此有了“休克疗法”的比喻。在实行“休克疗法”的当年，俄罗斯 GDP 几乎减少了一半，经济结构也发生了重大变化，燃料、电力和冶金工业成了民族经济的关键部门，其比重在 GDP 中约为 15%，在工业总产品结构中为 50%，在出口总量中为 70%多。实体经济部门的劳动生产率极其低下，如果说原料和能源部门的劳动生产率还算接近世界平均指标的话，其他部门则远远低于美国同类指标 20%~24%。70%多的生产设备服务期超过 10 年，高于经济发达国家一倍。这种局面是国内投资特别是实体经济部门的投资大幅度减少的最终后果。投资环境恶劣，外国不愿投资俄罗斯，吸收的外资总额累计只有 115 亿美元。俄罗斯科技开发支出全面减少，投资不足，对创新重视不够，使得俄罗斯在国际市场上具有质量竞争力的产品越来越少，特别是在民用科技产品市场上受到外国竞争对手的排挤，俄罗斯产品还占不到 1%的份额，居民生活水平更是一落千丈。到 2000 年底俄罗斯人均货币收入总量大大少于美国，国民健康状况和平均寿命也在恶化。当时，身为总统的叶利钦在电视上大谈节俭度日的诀窍和经验，一时成为西方报刊嘲弄的笑柄。俄罗斯希望借“休克疗法”跨入市场经济轨道，跻身西方发达国家之列。不料事与愿违，俄罗斯经济非但没有起色，反倒陷入了空前的危机。不顾国情盲目改革，给俄罗斯带来了惨重的代价。

1998 年 5 月 27 日，在当天举行的一次非例行的国债交易会上，大约有三家驻俄罗斯的外国银行和企业，突然大量抛售俄罗斯国家短期债券和公司债券进行投机，企图使卢布贬值，这一举动导致俄罗斯金融证券市场顿时出现剧烈动荡，俄罗斯金融危机终于全面爆发。

短短的一天时间里，俄罗斯股市、汇市大跳水，金融市场一片阴霾，震荡之剧烈程度堪称近几年来之最，史称“黑色星期三”。这天，“俄罗斯交易系统”综合指数全天下跌近 13%；连历次动荡中表现稳健的蓝筹股“俄罗斯储蓄银行”等也猛跌不止，收盘时较上一交易日下跌 25%。人们纷纷抢购美元，卢布对美元的比价跌至 6.2010~6.2020 卢布兑 1 美元，超越了中央银行 1998 年外汇与卢布比价浮动走廊规定的最高限度 6.1880 卢布，在这种情况下中央银行停止向商业银行出售美元，各外汇兑换点不得不限量或停止兑换美元。同时，国债也大幅下跌，短期债券年收益率从60%猛升到80%，价格跌至近两年来的最低水平。[①]

为了稳定外汇走势，避免卢布再次剧烈贬值，俄罗斯中央银行已将银行拆借利率由50%提高到150%，同时抵押贷款利率也随之大幅度上升。俄罗斯中央银行在危机当日表示，俄罗斯目前有140亿美元的黄金外汇储备，足以支持这一临时性非常措施。在黑色交易日后的两天内，俄罗斯政府一方面斥资救世，另一方面政要频频出面安抚人心，并采取了最重要的实际行动。5月29日，俄罗斯政府对症下药紧急出台了一系列增收节支的措施。美国发表声明将在必要的时候动员国际金融机构提供更多的援助，国际货币基金组织于5月29日当天也做出反应，同意尽快向俄罗斯提供拖延已久的第一笔6.7亿美元的贷款。种种措施使金融市场紧张形势在5月末6月初出现缓解迹象。从5月28日起，国家长期债券和公司债券价格有所上升，俄罗斯中央银行还在非交易场所市场购买了3亿美元。5月29日，美元对卢布汇率从27日的1：6.2降至1：6.133。6月2日，股指上扬了15~20个百分点。俄罗斯从金融危机中稍稍地松了一口气。

但是，市场再起波澜，陷入动荡泥潭。6月8日，俄罗斯总统叶利钦对德国《明镜》周刊发表讲话说，俄罗斯已经基本度过了金融危机中最艰难的时刻。然而，俄罗斯银行协会专家马卡维奇撰文指出：俄罗斯金融的新一轮危机浪潮还可能在较短的时间内再次席卷俄罗斯。1998年俄罗斯需偿还100亿美元到期债务，占俄罗斯国家开支的32%，另外还需资金来弥补占国家开支26%的巨额联邦预算赤字。这些国库支出目前还没有找到资金来源。5月底，法国、德国和一些美国贷款机构关闭了对俄罗斯银行的风险贷款业务，同时穆迪公司将俄罗斯外汇国债信用从B3级降为B1级，中期卢布债券降为B2级，短期国债降为非优惠利率级别。同时，俄罗斯各地区、银行和公司的信用也相应降低。

6月9~10日，西方七国集团副财长在巴黎会议上表示将向俄罗斯提供适当的额外援助，但没有给出具体的援助数目，这之后还使俄罗斯股价和国储市场价格发生了波动，连续几个月价格继续下跌的概率极大。从6月至9月，俄罗斯政府将被迫突击偿还早先发行的国内债务，仅在六七月份就需要偿还120亿美元，这还不包括政府在5月底危机过程中大幅提高再

---

① 夏德才. 试析俄罗斯金融危机的成因及启示［J］. 今日东欧中亚，1999（1）.

贴现率所制造出来的新债。俄罗斯政府的任务十分艰难。1993~1998 年，俄罗斯政府通过发行国债得到 320 亿卢布的流动资金，但同时花费了 4500 亿卢布来偿还国债本息。也就是说，国库从市场上每得到 1 卢布就要随后支付 10 多卢布。到 1998 年 5 月，有价证券形式的俄罗斯内部国债已超过 7000 亿卢布。然而俄罗斯在短时间内改变不了那些阻碍经济发展的能力低下的经营主体，只能靠暂时终止其活动或拍卖它们来降低资金消耗和回收资本，而且，靠发行新债来偿还旧债的办法目前还不得不进行。

俄罗斯在克服金融危机时内外并举、双管齐下，采取了一系列应急措施，以避免更大规模的金融危机。首先，调整了外汇及货币信贷政策。为减缓东南亚金融危机对本国金融市场的冲击，俄罗斯及时推出新的外汇政策和货币信贷政策。1997 年 11 月 10 日，俄罗斯政府和中央银行联合宣布，将改变规定卢布汇率全年浮动限度的做法，为卢布牌价变动确定中期目标，1998 年俄罗斯银行将根据外汇交易市场的现行牌价，每天规定卢布的官方汇率。在 1998~2000 年的三年内，改值后的卢布兑换美元的中间价为 6.2 比 1，官方汇率与银行买卖价之间的差价不得超过 1.5%。这一决策说明俄罗斯经济正在与世界经济接轨，俄罗斯对本国经济的发展及实力充满信心。

其次，采取减少损失的权宜之计。考虑到外国投资者可能因心理恐慌再次抛售俄罗斯债券，中央银行规定了一项制度：外国投资者如果出售债券和把出售债券获得的卢布兑换成美元，必须提前一个月通知中央银行。此规定有助于俄罗斯金融市场避免因外资大量撤走而引起剧烈动荡。

再次，向国际金融机构求助。10 月下旬，俄罗斯政府派官员同国际货币基金组织和美国财政部官员举行会谈，以谋求国际援助和贷款，但会谈双方均未透露货款数额与条件。据《纽约时报》报道，美国的基本态度是对俄援助应由国际货币基金组织提供。然而，国际货币基金组织对俄罗斯的财政金融政策甚为不满，已于 1996 年终止了对它的贷款。经济学家认为，俄罗斯为恢复该组织的贷款，可能依照其要求修订自己的财政金融政策。《华盛顿时报》称，国际货币基金组织将批准向莫斯科提供 7 亿美元优惠贷款。

最后，与国际金融机构接轨。1997 年 9 月，俄罗斯加入巴黎俱乐邦；10 月，俄罗斯加入伦敦俱乐部，这些都提高了它在国际上的信用等级，为不堪重负的本国财政提供了喘息之机。11 月，俄罗斯加入亚太经合组织，此举将大大推动它同亚太国家和地区的经贸合作。12 月 1 日，俄罗斯与欧盟于三年前签署的伙伴关系与合作协定开始生效，这标志着俄罗斯与欧盟的关系发展到一个新阶段。

在 1998 年 7 月 6 日和 7 日，反映俄罗斯对内借贷成本的国债券收益率连续突破 90%和 110%的大关，已高于 1996 年总统大选前金融市场不稳时的水平。7 日上午开盘仅两小时，俄罗斯统一电力公司、卢克石油公司、俄罗斯电信公司等俄罗斯业绩好的大公司，股价分别下跌 9.2%、7%和 10%。到 7 日下午，俄罗斯贸易系统股价综合指数已经下跌了 9.17%。两天来，卢布汇率也出现大幅波动，美元和卢布的官方比价每天升 0.002 卢布，市场价已突破俄罗斯中央银行规定的浮动幅度上限 1：6.2390，达到了 1：6.2550。[①]

鉴于市场局势的危急，国际货币基金组织于 7 月中旬又以停止短期国债发行和债务重组等为条件，允诺对俄罗斯提供紧急贷款援助，提供总值达 226 亿美元的贷款。然而，在内外筹资渠道已越来越狭窄的情况下，面对庞大的偿债压力，国际货币基金组织于 7 月底到位的 48 亿美元贷款仅仅是杯水车薪。与此同时，有关俄罗斯政府无力偿债和卢布贬值的舆论日盛，市场上开始弥漫一种“末日”气氛。所有这些情况在投资者心中引发了对俄罗斯新一轮的信任危机，外国投资者急于抛售俄罗斯证券和公司股票，挤兑外汇，俄罗斯本国持券者也群起效仿，从而使金融市场再次出现了新的危机，刚从激流中挣脱的俄罗斯又陷入了泥潭。

针对俄罗斯金融再次恶化的现状，俄罗斯提出了稳定财政经济纲领。认为除加强税收外，还应从根本上改变财政金融政策，促进生产发展，增加财政收入。国际金融组织也做出反应，1998 年 7 月 13 日，俄罗斯从国际货币基金组织、世界银行和日本银行共获得了 187 亿美元的贷款承诺，这给动荡中的金融市场注入了一针“强心剂”。

1998 年 7 月的动荡似乎在政府的强压下渐渐平息了，可是，这只是更大的暴风雨来临前的平静。8 月初，新一轮东南亚金融动荡冲击充当了俄罗斯走向全面危机的“最后推动力”，俄罗斯更严重的金融风暴袭来。

1998 年 8 月 10 日被俄罗斯称为“黑色星期一”，这天投资者对俄罗斯金融市场再次失去了信心，大规模抽走资金的现象再一次出现，从而引发

---

① 夏德才. 试析俄罗斯金融危机的成因及启示［J］. 今日东欧中亚，1999（1）.

了俄罗斯债市、股市双双暴跌：一年期债券的年收益率最高时达到了110%。受债市影响，股市也大幅下挫，截至 10 日收盘时为止，蓝筹股比 3 天前收盘时平均下跌了 9%，成交量极度萎缩。

8 月 11 日，俄罗斯国内证券市场的短期国债券收益率激增至 100%。为增强投资者信心，俄罗斯政府对 8 月 12 日到期的国债进行清偿。财政部将 7 月 13 日从国际货币基金组织得到的 48 亿美元贷款中拨出 10 亿美元用于清偿，余下 38 亿美元增加外汇储备。原以为当天付出的 53 亿卢布中会有一部分再购债券而回笼，孰料债民不但未购新债券，还将大部分清偿款用于购进美元，其余则撤出市场，或留在手中以待时机。8 月 13 日，国际大炒家索罗斯在报刊上公然敦促俄罗斯政府卢布贬值 15%、25%。当天，俄罗斯 100 种工业股票价格指数大跌，跌掉了 74%。若干外资银行预期卢布贬值，纷纷要求俄罗斯银行提前还贷。同时，7 月份税收只征收到 120 亿卢布，而执行预算每月不少于 200 亿卢布，缺口很大。

在这些内外压力下，政府惊慌失措，不知如何应对。眼看国债券又将陆续到期，年底前政府需偿还内外债 240 亿美元，而当时外汇储备仅为 170 亿美元，不够还债，更难以干预外汇市场。①

俄罗斯政府和俄罗斯中央银行在此内外交困形势下，于 1998 年 8 月 17 日为尽速缓解金融市场压力被迫采取了极端政策，即：延期清偿内债，转换内债偿还期，延期偿还到期外债，将国家短期债券转换为中期国债，在转换结束前，国债市场暂停交易，这实际上意味着债市的崩溃。修改汇率政策，放宽外汇走廊。从 8 月 17 日起，俄罗斯中央银行实行卢布的浮动汇率，并扩大为 6.0~9.5 卢布兑 1 美元，实际上卢布兑美元的汇率由 6.295 贬至 9.5，贬值 50%以上。② 临时限制居民办理大宗外汇业务。对外国人提供的财政贷款、有价证券抵押的贷款保险费以及定期货币合同的付费偿还期延期 90 天，禁止在俄罗斯的外国人对偿还期一年以下的卢布资产进行投资，以减轻政府债务负担，这标志着俄罗斯政府对内债和外债已经丧失了清偿能力。③

这三项措施一公布，股票和卢布汇率猛跌，俄罗斯金融形势不断恶化，金融市场开始失控。由于卢布大幅贬值，导致物价上涨，社会不满情

---

① 夏德才. 试析俄罗斯金融危机的成因及启示［J］. 今日东欧中亚，1999（1）.

②③ 周信. 俄罗斯金融危机与改革［J］. 国际金融研究，1998（6）.

绪增强，社会关系极度紧张。这种政治、经济、社会危机相互交织的形势，直接动摇了俄罗斯总统叶利钦的总统宝座。叶利钦“丢车保帅”，于8月23日迅速做出了解散刚刚组建不到五个月的基里延科政府的决定，并任命2月份被解职的切尔诺梅尔金为临时代总理。

代总理上台后即对国内债务重组。8月25日，莫斯科公布“一揽子”近400亿美元的以卢布为面值的国内债务重组计划，但是该债务重组方案显得非常的仓促，令投资者感到迷茫，并进一步对俄罗斯的投资信心造成重大打击。26日，俄罗斯金融形势仍未好转，汇市联动股市，以前所未有的幅度继续下跌。莫斯科银行间外汇交易所的卢布汇率狂泻，被迫停盘，俄罗斯中央银行当即宣布当日交易无效，这在俄罗斯外汇市场上还是第一次。与此同时，股市价格猛跌，蓝筹股价格在开盘后至一个半小时内比前一天收盘时跌去10%~20%。8月27日，莫斯科银行间货币交易所开盘大幅下跌，俄罗斯中央银行下令停止全部卢布的交易，卢布兑美元下跌至13.401：1的历史新低，卢布汇价当天贬值30%以上。俄罗斯股票市场下跌幅度也很大。

俄罗斯金融危机的爆发，使全球金融市场顿然失序，道琼斯工业指数遭遇全面卖压，收盘大跌。欧洲国家的股市也出现大熊市，拉丁美洲和东欧等新兴市场的主要股市也都大幅下跌，跌幅高达10%。8月28日，东京股票市场开盘就大幅下跌。除中国香港股市因政府大力干预微幅下跌0.7%以外，亚洲各国股市都大幅下跌。8月31日，纽约股市再度狂跌，因为市场关系到全球经济，使得美股在尾盘犹如自由落体般大幅坠落，使得1998年前半年的涨幅尽失。俄罗斯的金融危机已经波及全球金融市场。

即使使用了新政府的极端措施，俄罗斯仍然继续在经济动荡的怪圈中挣扎。1998年9月以来，严峻的经济形势仍在继续：俄罗斯汇市继续暴跌，股市萎靡不振。9月4日，俄罗斯代总理切尔诺梅尔金正式宣布实行卢布率自由浮动政策，由市场自行确定卢布与美元的比价，国家不再规定汇率上限，这一天，卢布兑美元的官方汇率由前交易日的13.4：1猛跌至16.9：1，跌幅达26%。汇率大跌和政局不稳，使俄罗斯股市长时间滞留在低迷状态。金融系统混乱不可避免地引起了恐慌，人们对本国经济的信心几乎降到了谷底。面对日益加剧的动荡局势，叶利钦做出了重大妥协，于9月10日提出了新总理人选普里马科夫，并出乎意料地以绝对多数票顺利过关。至此，困扰俄罗斯政坛多时的政府危机终于化解。

1998 年 9 月 24 日，俄罗斯新政府终于登场，举行了第一次工作会议，制定出了一系列摆脱当前经济危机的临时措施，包括推迟国家债券重组工作的结束时间、增加税收、及时发放工资等措施。到了 10 月份，由于采取了种种有力得当的措施，俄罗斯市场上主要食品价格上涨率已经从八九月份的 40%~50%回落到 10 月份的 2.8%，社会动荡的紧张趋势也有所缓和。

此外，基于国家领导层各方的矛盾没有再激化，政治上也出现了难得的平和局面，国内外投资者的信心有所增加，撤资现象开始缓解，加之国际贸易大环境好转，到了 10 月底，俄罗斯黄金外汇储备已比两个月前上升了 10 多亿美元，在此利好消息刺激下，卢布汇率基本上稳定在 16 卢布兑 1 美元的水平。在国内，由于增加税收措施进行顺利，财政收入状况已经出现好转，股市方面也逐渐显现出摆脱低迷的好苗头，股指出现了连日的回升。终于，在 1998 年快要走到尽头的时候，俄罗斯几个月来的经济恶化得到了初步的控制。

二、危机的影响

（一）俄罗斯金融危机的国际影响

西方人士曾惊呼：“俄罗斯卢布带来的麻烦可能毁掉整个欧洲的经济。”俄罗斯经济的好坏对东欧国家经济的发展意义重大。如果东欧国家受俄罗斯经济的影响发生危机，那就会制约西方国家的经济发展。新崛起的东欧国家是西方国家产品出口的重要市场。虽然俄罗斯早已不是昔日的超级大国，其弱小的经济实力对整个世界经济的影响十分有限，但由于全球经济的一体化，其金融危机的加深和经济衰退对世界经济产生了负面影响。影响较为明显的是周边国家和东欧各国，俄罗斯和周边国家的危机将打击商人对欧洲地区的信任和投资。

乌克兰作为俄罗斯最大的贸易伙伴，卢布贬值立即冲击乌克兰货币，受其影响最大。近五个月来为保持乌克兰本国货币格里弗那汇率的稳定，国家银行已动用的外汇储备超过了 10 亿美元。当时乌克兰央行的外汇储备仅为 19.6 亿美元。从 1998 年 8 月 1 日起，乌克兰政府投入 3 亿美元支撑其货币，但仍未阻止下跌，9 月 5 日货币贬值 35%。之后，乌克兰中央银行决定，提高再贴现率和抵押率，期望以此来抵御俄罗斯金融市场动荡的冲击，以稳定本国金融市场和汇率的稳定。

俄罗斯发生的金融危机也影响到哈萨克斯坦的经济，哈俄之间经贸关系十分紧密，哈萨克斯坦将因此丢失许多在俄罗斯的传统市场，而且，也打击了外商到哈萨克斯坦投资的信心。白俄罗斯是俄罗斯的关税同盟国，70%的出口对象是俄罗斯。俄罗斯 5 月危机后，白俄罗斯的货币在 8 月底的五天中贬值了 70%。

俄罗斯金融危机对东欧的影响也已出现：股指和汇率下跌，对俄罗斯出口减少，外资开始撤离。捷克、波兰及匈牙利等国对俄罗斯出口都有所下降，其中匈牙利减幅高达 30%，捷克股市跌至三年来的新低，波兰股市在五天之内持续下跌了 20%，货币也不同程度地贬值。5 月 27 日，捷克克朗同德国马克比价跌至几个月来的最低点。波兰货币兹罗提同西方货币的比价下降了 1.5 个百分点。匈牙利福林同美元的比价下降至一年来的新低。波罗的海沿岸的立陶宛、爱沙尼亚和拉脱维亚三国的股市全面下跌，不仅金融市场遭到冲击，而且出口受到了影响。1998 年 5 月底，爱沙尼亚首都塔林的股价平均下跌了 15.78%，拉脱维亚首都里加的股市也比以往更加萧条。拉脱维亚天然气公司开始抛售其 30%的股票。立陶宛的股票市场也并不比上述两国好，立陶宛因对俄罗斯出口减少，失业率上升 20%。

欧洲和美国深受其害。俄罗斯金融危机从对其周边国家的影响已迅速向欧美地区蔓延。德国是俄罗斯最大的债权国，俄罗斯外债总额中有 40%是欠德国的，俄罗斯金融形势的恶化使德国在俄罗斯的巨额投资变成了巨额不良债权，从而逼迫马克汇率下跌，延缓了德国经济恢复的进程。另外，俄罗斯金融危机对德国经济的恶性传导，直接影响英、意、法等发达国家与该地区的经贸合作，使这些国家及地区的投资者对俄罗斯市场丧失了信心。1998 年 8 月中下旬俄罗斯汇市、股市恶化，导致 8 月 27 日美国道琼斯 30 种工业股票平均价格指数一度猛跌 357 点，成为近十年来美国股市遭受的最大挫折。股市中的银行业和出口产业的股指受外界的冲击最大，损失最严重。与此同时，美元受全球金融动荡的影响，汇率呈现下跌趋势。美国资产价值也大幅度下跌，这将会使外来资本从美国撤走，抛售美国债券，给美国经济造成损失。①

另外，俄罗斯金融危机对欧洲商品市场乃至整个国际商品市场造成极大的压力。俄罗斯中央银行为了稳定本国金融市场，维护卢布汇率，在国际市场上抛售黄金和出售石油资产来换取硬通货。国际商品价格由于供应

① 程玉英. 俄罗斯金融危机评析［J］. 国际经济评论，1998（11）.

不断加大而下挫。

拉美和亚洲国家也未能逃脱受到影响。俄罗斯金融危机促使国际资本迅速撤离边缘地区国家，资本大量撤离的现象已蔓延到巴西，哥伦比亚比索已经贬值。1998 年 4 月底，巴西日益增长的公共财政赤字已经使巴西的财政赤字占国内生产总值的 6.7%。出于国际金融危机的影响，巴西政府采取了周期性微贬的做法。其他拉美国家也面临同样危险，智利、墨西哥、委内瑞拉、秘鲁和哥伦比亚股市都大幅下跌，货币也发生贬值。1997 年 6 月开始的铜价下跌影响智利的经济发展，使其经济的年增产率由 7.1%的预期下降至 4.8%，同时，智利货币受投机活动的影响极大，智利比索从 1997 年 10 月开始已经下降了 13.8%。墨西哥和委内瑞拉一样，石油出口是国家财政的重要收入，石油危机和货币投机问题对两国的影响是不言而喻的。

亚洲一些国家和地区也受此影响，货币继续贬值。俄罗斯金融危机与东亚危机交互作用，使东亚的危机可能深化和延长。1998 年 8 月 27 日东京证券交易所日经平均指数暴跌 452.24 点，达六年来的最低点，中国香港联系汇率在国际炒家的袭击下步履维艰。所有这些都说明，一些投资者对新兴市场，尤其对亚洲市场的投资持极为谨慎的态度。由于国内金融危机使俄罗斯进口剧减，使外国向俄罗斯的出口损失巨大。据统计，损失约为 1200 亿~2000 亿美元。同样，作为同俄罗斯贸易联系非常紧密的亚洲，对其出口也受到了严重的影响。

虽然中国与俄罗斯间的金融往来较少，俄罗斯在华以及中国在俄罗斯的投资规模均不大，但俄罗斯金融危机将直接影响到中国对俄罗斯的贸易。1997 年中俄贸易总额为 61 亿美元，俄罗斯来华旅游人数约 80 万人，在各国来华人数中仅次于日本。旅客减少导致旅游收入锐减。另外，俄罗斯金融危机使东亚经济复苏更为艰难，世界经济形势更趋黯淡，这也必然会在深层次上对与世界联系日益紧密的中国经济造成一定影响。

俄罗斯金融危机影响的传导途径除了贸易、金融，还包括心理因素。1997 年俄罗斯国内生产总值为 4400 亿美元，为美国的 5.5%，世界的 1.5%，外贸数额不大，进出口总额 1550 亿美元，只占世界的 1%，外商投资较少，总共约 500 亿美元。长期经济衰退导致俄罗斯经济规模缩小。值得一提的是，其对世界经济的影响主要不在经济方面，而在心理方面，且总的来说比东南亚金融危机的影响小。但毕竟会产生不同程度的影响，如对独联体的贸易、汇率和经济将产生严重影响；对美欧可能使其经济增长速度减慢；对东亚可能使其摆脱危机的时间延长；对拉美则使其成为下一个危机爆发区的可能性增大等。

（二）俄罗斯金融危机的国内影响

第一，危机造成了财政极度恶化，经济大幅滑坡。从1992年1月俄罗斯开始向市场经济转轨以来，经过六年多的发展，俄罗斯经济还是一直处于危机之中。直到1997年经济才有微弱的增长，金融市场的剧烈动荡使刚刚开始止跌企稳的经济又开始大幅度滑坡，经济形势极度恶化。加上俄罗斯中央银行又采取大幅度提高再贴现率。从此，企业的生产难以从银行取得资金的支持，而外资的引进也受到金融危机的不利影响。征税工作的加强以及股市的下跌，使企业的财政更为困难，生活必需品的价格急剧上涨，商品供不应求，恐慌的抢购形势严峻。俄罗斯的石油工业及天然气工业是支柱产业，作为俄罗斯最大的石油天然气公司“天然气工业公司”遭受来自政府的财产及账户查封等调查，该公司作为俄罗斯最大的纳税者，6月份却没有缴税。俄罗斯政府的这一举措立即在股市上产生了极大的负面影响，使该公司股票价格下跌10%。与此同时，另一家原计划参与私有化的外国石油企业公司也已退出，使财政收入计划难以实现。在市场上抛售短期国债的银行有相当一部分是天然气工业公司的代理，这无疑对俄罗斯今后的生产发展是极为不利的。1998年6月下旬，俄罗斯总统叶利钦强调俄罗斯的经济问题已尖锐到了极其危险的程度，有可能造成严重的社会后果。

第二，经济美元化抬头，信誉下降。由于金融形势的严峻使人们产生了极大的恐慌，多数俄罗斯人都急于将自己手中的卢布资产转换成为美元资产，一时间使美元现金极度缺乏，迫使俄罗斯中央银行不得不一度停止外汇交易。而且，俄罗斯政府采取了增加卢布发行量来偿付高额债务的计划，从而加剧了卢布的急速贬值。1998年8月俄罗斯政府作出卢布贬值的决定，宣布关闭债券市场，将1999年底到期的短期高利率债券转为长期低利率债券，并将国外投资者的贷款偿还期延迟90天。1998年9月4日，俄罗斯代总理切尔诺梅尔金宣布实行卢布汇率自由浮动政策，使卢布对美元的汇率狂跌。国内外投资者都对卢布失去了信心，卢布信誉危机严重。国际上认为俄罗斯国家对内债和部分外债丧失清偿能力，因而使俄罗斯的国际信誉大受损害。

1998 年 9 月 16 日，美国 S&P 信用评估公司将俄罗斯长期外债的信用等级降为 CCC，排在印度尼西亚和巴基斯坦之后。一份未发表的世界银行报告对世界 68 个国家的企业做了调查，认为俄罗斯政府的信誉是世界最低的。这种状况下，西方国家和国际货币基金组织认为要恢复对俄罗斯的信任需要时间，并不打算再向俄罗斯提供援助。

第三，银行亏损严重，甚至面临破产。俄罗斯银行体系在此次危机中遭受到巨大的打击。核心银行瓦解，银行大量破产，资产贬值巨大，呆坏账增多，以及支付系统陷入半瘫痪状态等，这意味着近十年来新兴俄罗斯商业银行体系作为一个整体已经在实际意义上处于崩溃边缘。据俄罗斯银行协会的统计，1998 年 8~12 月，整个银行体系的亏损达到 350 亿卢布，由此导致银行体系的资本总额减少了 30%。排名前 30 位的大银行坏账及高风险贷款比例都大幅度上升，仅政府债券停止偿付及交易这一项，就导致整个银行体系的资产遭冻结，在一些大银行，这一比例更是高达 40%~50%，而这部分资产恰好是许多银行维持日常流动性的重要工具。加之同业市场形同关闭，其结果是整个银行体系的支付系统一度陷入瘫痪。俄罗斯中央银行曾被迫动用大量存款准备金帮助银行化解相互间拖欠，总计 300 亿卢布，但仍不能维持正常结算支付。

危机以来，银行信任大幅度降低，引起了储户普遍挤提或转移存款。从 1998 年 8 月 1 日至 1999 年 2 月 1 日，除“储蓄银行”外的银行体系内各项自然人卢布存款余额减少了 44.45%，各项外币存款余额减少了 56.52%。截至 1999 年 1 月 1 日，85%的各项自然人存款集中在“储蓄银行”这一家国有银行里。对于绝大多数银行而言，储户存款的流失直接导致了资金的匮乏，进而削弱了信贷能力。据俄罗斯中央银行的统计，从 1998 年 8 月到 1999 年 3 月，整个银行体系的卢布贷款余额下降 9 亿卢布。

由于严峻的金融形势，使大批商业银行，尤其是大银行损失惨重。一些购买国债的银行在金融市场形势激烈震荡时，纷纷抛售国债，使市场暴跌进一步加剧。俄罗斯中央银行又大幅度地提高再贷款利率，将达 150%，使各商业银行受到更大的压力。例如，已购买 150 亿美元国债的俄罗斯最大的储蓄银行处境十分艰难，一些购买国债的银行由于市场暴跌而濒于破产。其他一些规模不大的商业银行也由于卢布的大幅贬值而处境困难，商业银行中有一半濒临破产。

第四，社会动荡激烈，人民生活困难。1997 年 7 月以来，俄罗斯金融市场的动荡使本来已不景气的经济又雪上加霜，生活必需品短缺，物价飞涨，失业人数快速增加，国内居民存款损失近一半。1997 年 9 月，消费物价上升 40%，超过 1992 年 2 月的上升 36%，成为俄罗斯经济转型以来的最高涨幅。居民实际工资收入下降 13.8%，近 1/3 的居民处于贫困线以下。①

由于一些企业的经营效益欠佳，生产滑坡，在职人员工资得不到保证，以及有关官方机构和人员的裁减，使更多的人面临失业。由于俄罗斯沉重的债务负担以及货币和财政紧缩，使工资和退休金拖欠的问题难以缓和，甚至有可能更为尖锐。股市的下跌影响股民的收入，个人所得税的征收将进一步加重居民的负担，使社会动荡更加激烈，人心背离。

第五，执政当局产生信任危机。这一次金融危机有损于俄罗斯执政当局的声望。原来在是否批准基里延科当总理的问题上，俄罗斯国家杜马各派与叶利钦存在很大分歧，后来即使国家杜马各派通过了基里延科当总理的表决，总统和政府同国家杜马各派之间的矛盾也没有得到缓和。俄罗斯金融危机的发生无疑使反对派找到了攻击政府的借口，从而进一步激化了总统和政府与国家杜马之间的矛盾。据报道，俄罗斯一些联邦主体议会发表了要求总统叶利钦主动辞职的呼吁书，还有一些州将通过类似的文件。中央和地方之间的矛盾有可能加剧。

俄罗斯的金融危机一步步发展成为社会危机和政治危机，使社会冲突加剧、政治矛盾激化。这次危机不仅意味着金融体系和自由派的金融政策的破产，也使全社会对近八年来一直管理着国家的统治阶层产生了信任危机，是对政治、金融和意识形态领域的信任危机，而且这种损失是无法弥补的。人们一直忍受着没完没了地拖欠工资和退休金、物价上涨、生活艰难等，这使人们对统治阶层的治国能力产生怀疑。

第二节 / 危机的原因

在 1997 年 10 月到 1998 年 8 月期间，俄罗斯共经历了由三次金融风波构成的金融危机。第一次风波主要是外来的，是受东亚金融危机影响

① 张康琴. 俄罗斯金融危机 [J]. 东欧中亚研究，1999 (1).

的；第二、三次主要是与俄罗斯政府实施的政策失误有关，引起了政府信任危机所致。这三次金融风波波动的间隔越来越短，规模越来越大，程度越来越深，最终导致两届政府的垮台，甚至波及全球，形成了金融危机与经济危机、财政危机和社会政治危机相互交织，愈演愈烈的局面。具体看危机有这些特点：

首先，市场动荡具有连续性和激化性。俄罗斯金融市场是在 90 年代初随着其国内经济以激进方式向市场体制转轨应运而生的。随着几年来的迅速发展，俄罗斯被国际投资者普遍视为颇具潜力的新兴市场，尤其是以短期国债为主体的债市。但这种良好的市场走势在 1997 年 10 月末被彻底打破，不仅股市、债市的增幅一时间化为了泡影，外资的大规模撤资更迫使俄罗斯央行为维系卢布“汇率走廊”的动作不得不付出数十亿美元的沉重代价，短期国债价格的显著下降加重了政府财政还本付息的负担，银行在再贷款利率大幅攀升后也面临着资金成本上涨及流动性降低的双重压力。当时，俄罗斯普遍认为其根源在于受东南亚金融危机的牵连。然而，俄罗斯国内经济、财政、银行体系以及政治和社会生活中原本潜在的矛盾被逐渐激化出来，使市场在 1997 年 1 月末至 2 月初又经历了一次大幅度下跌，之后，3 月中下旬又爆发了持续一个月的政府危机。1998 年 5 月，由于市场上卢布资金短缺的加剧导致了短期国债发行受阻和价格下降，以及财政收支状况的继续恶化，促使投资者对政府偿债的能力怀疑达到空前地步，进而引发恐慌性抛售，并传导至股市。最终致使股市、债市、汇市均跌至历史性新低。此次俄罗斯金融市场震荡无论是持续的时间，还是所达到的深度，堪称是它自 1995 年以来所经历的最严重的一场危机。

其次，金融危机从金融体系传导到实体经济。在金融危机爆发之前，国家债券以高利率在证券市场上吸引投资的同时，阻碍了企业获得融资的渠道，使俄罗斯“金融脱媒”的现象非常严重。在间接融资方面，国内形成的储蓄资金没有通过银行机构配置到企业部门，企业普遍面临资金短缺的问题。在直接融资方面，大量的国债发行，使俄罗斯金融市场成为联邦政府融资的场所。金融危机爆发之后，商业银行的亏损又进一步加剧了企业的融资困境，企业贷款的难度大大提高，对俄罗斯实体经济的影响十分巨大，这使金融危机逐步由金融层面传导到实体经济，大量企业因为资金短缺而破产。

最后，金融危机与经济危机、财政危机和社会政治危机相互交织。由于世界石油价格的持续下滑，给刚显复苏迹象的俄罗斯经济带来沉重打击。一方面是石油出口的减少，另一方面是减轻石油生产企业的税负，使原已囊中羞涩的财政收入更加捉襟见肘。这是令国外投资者对俄罗斯市场持观望、退却态度的原因。多年来，巨额财政赤字一直是困扰俄罗斯经济、社会生活的一大难题，直接表现为各级政府大量拖欠工资、退休金和养老金。1997 年 5 月，俄罗斯金融市场已经处在十分脆弱的状态，对任何影响市场动向的消息都反应强烈。总之，此次经济危机、财政危机、政府危机与金融危机紧密联系。

一、俄罗斯金融危机产生的外部原因

首先，受到了东南亚金融危机的影响。1997 年 7 月东南亚金融危机产生之后，世界各发展中市场均受到不同程度的冲击，俄罗斯也在其中。出口方面，俄罗斯的出口遭受打击。俄罗斯经济的支柱产业是能源、原材料，两者的出口占俄罗斯出口的 2/3，是俄罗斯的主要外汇来源。东南亚金融危机发生后，亚洲一些国家对石油和原材料的需求减少，国际石油和原材料价格大幅度下跌。因此，俄罗斯的出口遭到了一个巨大的打击。1998 年国际市场石油价格与前一年初相比，下降了近 40%。石油价格下跌导致俄罗斯石油工业公司收益大减，这对俄罗斯联邦财政对石油公司的征税大大减少，使财政收入锐减，出现了财政危机。

俄罗斯的金融体系依赖外来资金的程度极高。据估计，俄罗斯发行的各种国家债券总额约 600 亿美元，其中外国居民直接或间接占有的数额就达 300 亿美元，大大超过了俄罗斯的黄金外汇储备。一旦有风吹草动，对俄罗斯的国际收支状况极为不利，使俄罗斯的金融稳定受到威胁。亚洲金融危机发生后，面对整个新兴市场，外国投资者缺乏信任，资金纷纷撤离了俄罗斯市场。外国资本的撤离，还带动俄罗斯国内资金的外流。总之，东南亚金融危机之后，俄罗斯经济面临的是一个更为复杂更困难的局面。

其次，国际经济组织政策引导失当。1995 年国际货币基金组织顾问建议俄罗斯政府发行国债来解决危机。俄罗斯政府采取了发行国债的措施，但是，俄罗斯没有处理好发行国债的目的和国债发行与流通的运作方式，从而埋下了金融危机的隐患。

俄罗斯发行国债的目的只是为了弥补财政预算赤字，而没有通过集资来开发生产性项目。这是财政性发行，而不是经济性发行，这与通过增发货币弥补财政预算赤字没有很大的区别。换言之，俄罗斯发行国债从一开始就伴随着通货膨胀的风险，而且在国债的发行和运作方式上更是漏洞百出。俄罗斯政府发行的国债收益率极高，年收益率为 30%~200%，这是不可想象的。发展中国家的国债年收益率平均为 10%~15%，经济转轨或经济不稳定国家的国债年收益率平均为 20%左右。俄罗斯政府发行的国债主要为短期国债，种类较为单一，还债周期也很短，这一点就决定了国债的经营将带有很大的金融投机性，存在较大的炒作空间，并给俄罗斯政府带来很大的偿债压力。俄罗斯这种短期国债的发行方式，从一开始就伴随着较大的金融风险。这些风险在后来进一步加大并最终变成了现实，引发了金融危机。

国际货币基金组织的这一药方虽然曾对某些国家疗效卓著，但对处于经济转轨时期的俄罗斯来讲，就未必是灵丹妙药了，反而加重了“病情”，最终导致俄罗斯政府债台高筑，几乎丧失了偿债能力。而且，在危机已经爆发、俄罗斯政府入不敷出的情况下，国际货币基金组织仍要求俄罗斯中央银行提高短期国债的利率，以稳定国债市场，这实际上保护了投机资本的利益。无论国际货币基金组织在给俄罗斯“开药方”时出于何种考虑，其结果却将俄罗斯拖入了深深的债务深渊，因而该组织对俄罗斯金融危机的爆发和深化负有不可推卸的责任。

再次，债台高筑，借款无门。到 1999 年底，俄罗斯外债已达 1580 亿美元，相当于当年国内生产总值 1875 亿美元的 84.3%。从 1999 年开始，贷款陆续到期，俄罗斯已进入还债高峰期。从 1999 年到 2003 年的五年中，俄罗斯每年需偿还外债约 150 亿~200 亿美元。沉重的债务负担严重困扰着俄罗斯经济的复苏，并制约着俄罗斯政府的经济行为。不仅如此，俄罗斯自身的债务也需继续举债方能偿还。但是，借钱也极为困难。西方债权人看到苏联外经银行所欠债务偿还无望，希望通过债务重组将这部分贷款变成俄罗斯政府的债务。当时俄罗斯几乎天天都在同伦敦俱乐部、世界银行、国际货币基金组织及各种其他债主进行谈判，请求延期或减免债务。俄罗斯的债务问题最终还是要靠自己来解决，指望西方国家帮助几乎是妄想。

最后，俄罗斯在国际市场上的信誉严重受损。俄罗斯在苏联解体独立后的几年中经济长期衰退。1997 年由于政府采取了一些措施挽救经济，初见成效，使得经济有止跌回升的迹象。由于东南亚金融危机和国内社会不稳定等国内外的一些复杂因素，1998 年经济又开始全面恶化。同时，中小银行经营风险增加，受企业经营不善的影响，不良债权增多，坏账高筑。国外投资商对俄罗斯经济复苏缺乏信任，没有足够的信心，再加上恐慌的政局和不可预测的动荡，国外投资商都不敢再次进军俄罗斯市场，纷纷将已投入的资金撤离俄罗斯市场。俄罗斯金融市场一片混乱，外汇储备、黄金储备锐减，这样更增加了其向外国借债的难度。其外国债主，尤其是第一大债主德国的商业银行担心无法收回对俄罗斯的贷款及利息，使其资信降级，其他一些欧洲国家也对俄罗斯市场失去信心。以上种种外部因素导致俄罗斯政府举借外债的环境进一步恶化。由于不能及时偿付外债，使得俄罗斯政府信誉日低，通过国际市场筹资的难度更大，成本更高。

二、俄罗斯金融危机产生的内部原因

俄罗斯金融危机固然有外部环境的影响，但更多的是来自本国自身，是其国内政治经济矛盾激化的结果。长期以来，俄罗斯政局不稳定，经济缺乏宏观调控能力，在危机过后的整整一年时间里，俄罗斯联邦委员会专门成立临时调查委员会，在 1999 年 3 月提交了一份调查报告，披露这次金融危机真相。从中得出了一些发人深省的结论，具有较强的现实意义。

首先，过早地开放市场，缺乏有效监管。俄罗斯过早地开放资本项目是其金融体系脆弱的重要原因。1997 年 4 月前，俄罗斯政府对外国资本进入俄罗斯证券市场做过较为严格的规定，1997 年 4 月俄罗斯加入国际货币基金组织，当时该组织根据条约第八款向俄罗斯政府提出开放资本项目的要求，俄罗斯政府并未马上同意这些要求，一直保留着对外资进入俄罗斯证券市场的种种限制。到了 1998 年 1 月 1 日开始，俄罗斯政府取消上述种种监控措施，全方位地开放本国资本市场，但是当时国内金融市场发育并不成熟、相关法律并不健全，这开启了外国大量游资进出俄罗斯市场之门。在金融体制改革和股份化的推行中，俄罗斯资金市场、债券市场和股票市场迅速发展形成，但还处于发展的初级阶段，金融市场所起的作用远远小于其投机性，金融市场在相当大程度上成了投机家和银行家的乐园。这充分暴露了俄罗斯金融市场的不规范以及政府监管职能的薄弱。

其次，金融市场混乱，尤其是银行职能混乱，体系脆弱。一是俄罗斯金融市场非常混乱。俄罗斯的改革是推崇西方货币主义政策，俄罗斯中央银行高度独立，独立于政府之外，直接对议会负责，使得政府失去对货币政策与财政政策的协调能力。由于实施金融自由主义，政府对商业银行发展实际上失去控制。一夜之间，商业银行遍布全国各地，而许多银行毫无实力可言。1997 年对全国商业银行整顿后留下的 1800 家银行中，资产超过 15 万美元的不到一半，银行呆账率达 50%。这些银行通过接受企业和支付机构的低息存款，然后把资金投向收益高又有政府作保的短期债券上，从事高息揽存和金融市场的投机活动，未能在经济中发挥应有的生产性积极作用。

二是俄罗斯银行职能混乱。俄罗斯的商业银行与投资银行职能不分，银行从简单的中介人变成了万能的垄断者，通过与工业资本的相互"参与"，形成了具有垄断性质的"金融工业集团"和作为金融资本人格化的金融寡头。金融集团与政府有着密切的私人联系，这些关系成为集团迅速发展的特殊条件。因此，金融工业集团不仅是银行资本与工业资本融合形成的垄断资本，而且是垄断资本与政治权力结合形成的官僚垄断资本。金融工业集团对政府政策产生影响，这种局面极大地影响了资源的配置效率，打击了投资者的积极性，增加了金融风险和政治风险，使国际资本望而却步。短期投机性极强的流动资本，一有风吹草动就立即逃脱，使俄罗斯金融市场摇摆不定。金融市场的动荡直接威胁到银行业，而银行业危机又加剧了市场动荡。由于金融资产贬值，商业银行流动资产大幅减少，不得不加紧回收贷款，一些银行要求储户提前申请取款金额，这些直接打击了公众对银行的信心。储户开始挤兑提款抢购美元保值，银行则被迫抛售政府债券，给债券市场带来巨大压力，并影响到卢布稳定，形成了这种互为因果、互相影响的恶性循环局面，并强化了整个经济领域的美元化倾向。

俄罗斯商业银行与中央银行职能混乱。中央银行是实行宏观金融调控的政府机构，它与商业银行的根本不同点是其金融行为不能以营利为目的。然而，俄罗斯中央银行受政府高利发放国债的诱惑，竟将中央银行控股的俄罗斯储蓄 1200 亿卢布的居民存款的大半用于炒国债，使中央银行沦为商业银行的地位，而放弃了中央银行应该致力于保持经济稳定、保持币值稳定的政策性功能。中央银行不负责任的这种行为使本已混乱不堪的俄罗斯金融乱上加乱。

三是私有化过程中，银行业畸形发展。在私有化过程中，俄罗斯中小银行层出不穷，这些银行资本实力弱小，抗风险能力差。到 1998 年，俄罗斯已成为当时世界上商业银行数量最多的国家。这些中小银行将大量资金投向债市、股市以及衍生金融产品交易市场，使得资产与金融证券市场的波动密切相关。主要大银行均隶属于某工业金融集团，缺乏独立性，风险意识不强。1998 年上半年，俄罗斯前 200 家银行的盈利总和是 26 亿新卢布，较上一年同期 108 亿新卢布下降了 76%，经营状况每况愈下。由于政府债券停止偿付和交易，银行体系 18%的资产遭冻结，流动状况恶化。居民大规模挤提使得卢布存款余额在 8~9 月下降 33.5%。[①]1998 年 10 月 1 日，在最大的 30 家银行中，资本充足比超过 7%的仅有 6 家，资本充足比为负值的占 16 家，危机爆发前排名前 10 位的大银行有一半濒临实际破产。[②] 俄罗斯银行的信用危机处于随时崩溃的状态。

再次，汇率政策失误，为危机埋下伏笔。俄罗斯自 1995 年 7 月起实行的是卢布汇率走廊制，当时 1 美元兑换 4300~4900 卢布（旧卢布），波幅为 14%，此后每半年调整一次。1997 年 11 月，俄罗斯中央银行决定实行较为固定的汇率政策，将新卢布与美元的兑换比例确定在 6.1∶1，波幅限制在 8%~9%，这一汇率实际上高估了卢布。俄罗斯中央银行为维持这一汇率，不得不大量抛售美元。据统计，1997 年 10 月俄罗斯中央银行的外汇储备为 248 亿美元，到 1998 年 8 月金融危机爆发时，已剩不足 100 亿美元。与此同时，在国际市场原材料价格大幅度下跌的情况下，卢布过于坚挺导致出口大幅下降，高估的本币又刺激进口增加，这一进一出，加剧了俄罗斯进出口贸易的不平衡，减少了国家外汇收入，降低了国家偿还债务和抵御风险的能力。另外，相对稳定的汇率及短期国债的高收益率为商业银行炒作短期国债提供了极好机遇，许多商业银行在自有资金不足的情况下，通过从西方银行贷款参与国债投机。他们通常将所借的外国贷款兑换成卢布，用于购买短期国债，经过短期周转后，将所得本息再兑换成美元，偿还贷款。据俄罗斯银行界的资料，金融危机爆发前在许多银行的资金中，国外贷款占 40%~50%，换言之，短期国债的收益成了银行利润的主要来源。这为其此后参与短期国债的炒作埋下伏笔。

最后，政府不稳定，政策无序。俄罗斯金融危机的一个显著特征是受政治因素影响很大。俄罗斯经济与政治动荡有密切关系，俄罗斯似乎还没

---

①② 王联. 受命于危难之际的俄罗斯政府重建银行体系的构想［J］. 国际金融研究，1993（3）.

有完全建立起一个有效的政治体制，总统和议会之间争斗不断，对任何政治问题几乎都不能达成一致意见，议会中占多数席位和支配地位的党派与叶利钦总统的那些有“改革思想”的成员，对问题的看法在根本上达不成一致。在议会和总统的争斗中，俄罗斯的政府成为效率低下的政府。俄罗斯政府更迭频繁，政治斗争异常激烈，使俄罗斯的经济、金融基本上是在一个无政府的状态下运行。这种无序的结果最终集中在金融领域，金融危机的出现不可避免。从盖达尔的激进改革到切尔诺梅尔金的国有财产进一步私有化，以及到基里延科政府的钉住解决财政稳定的经济政策，一步步把俄罗斯经济推上了下坡路，加上领导者们将希望寄在西方国家的援助上，都加速了金融危机的爆发。

第三节 / 历史启示

俄罗斯在不到一年的时间内爆发了第三次金融危机，到了 1998 年 8 月 17 日，股价比 1997 年 10 月高峰时下跌 94%，卢布贬值 75%，银行半数关门，居民生活水平下降 30%，工业生产下降 15%。俄罗斯政府采取一系列做法，主要采取紧缩银根的办法，基本使这几次危机得以克服。俄罗斯的金融危机既是亚洲金融危机在国际范围的一种延续，又是俄罗斯自身的经济、政治问题积累的爆发。金融危机对俄罗斯各个方面都产生了巨大的负面影响，堪称是俄罗斯中央银行独立以来最为强烈的金融震荡，使刚有起色的俄罗斯经济再度遭受衰退。对于发展中国家来说，对俄罗斯的金融危机的反思，具有历史和现实意义。

一、政治稳定是金融市场稳定的基础

政治稳定民心才能稳定。俄罗斯经济屡遭挫折以致金融危机的爆发都与社会的普遍不稳定有很大的关系。当时，工人领不到工资，老人领不到退休养老金，军队的补给严重不足，恶性的通货膨胀使百姓的多年储蓄一夜间就变成一堆废纸，这种种问题的存在，使人民对政府和银行极其不信任。俄罗斯政治的动荡集中表现了社会的不稳定。总统、议会、政府三者之间严重对立、不断争斗，出现棘手问题时，无法在关键时刻形成重大政

策，即使形成了，也无法真正落实。同时，由于金融寡头的介入，俄罗斯政坛十分混乱，根本无法起到协调各种利益、组织各界力量通过改革促进社会进步的作用。严重依赖于信用的金融市场对国家信用极为敏感，如在1998年3月下旬开始的持续近一个月的俄罗斯政府危机中，政府与议会严重对抗，随后出现了政府要员更迭，使得投资者对俄罗斯政策的连续性以及社会的稳定性产生了怀疑，从而重新评价已投资金的安全性。

经济的平稳发展为政治稳定提供基础。同时，政治稳定又反作用于经济的发展，为经济发展提供安全稳定健康的社会和文化环境。任何国家离开了政治稳定，经济发展就无从谈起，特别是像俄罗斯这样的经济转轨国家，更需要政治稳定来保证经济转轨顺利有序进行，而政局动荡必然会加剧经济转轨过程中本已存在的混乱、无序现象，给经济发展造成严重的负面影响。尤其是在金融市场出现波动的情况下，减少摩擦、减少或消除易引起市场情绪波动的偶发事件极其重要，不然只会使局势更趋恶化，甚至难以控制。

二、经济改革依据国情，循序渐进地开展

俄罗斯在经济发展过程中没有基于本国的国情，注重长期发展的战略，而是过分强调短期发展。俄罗斯在经济发展中过分依赖某一产业，缺乏多方位发展。由于生产的燃料、钢铁、化肥等原料类产品大部分或相当大部分用于出口，给经济带来很好的效益，俄罗斯政府前几年支撑了这些部门和外贸出口的发展，而家电、轻工、食品工业属于落后的行业，在外国货物冲击下，没有政府的扶持，差不多彻底垮台。当石油价格下跌的情况下，俄罗斯蒙受巨大损失，经济陷入不景气的境地。但是，俄罗斯没有一个新兴产业或部门可以代替燃料原料工业的出口地位。尽管某些西方国家的要求不符合本国国情，为了获得西方的经济援助，俄罗斯政府还是利用自己的权力以命令的方式对绝大多数企业进行改组和私有化，全盘接纳和采用了西方提供的改革药方。这对于一个长期实行计划经济管理体制、经济结构极不合理的大国来说，指望一夜之间实现经济市场化和自由化是不切实际的。俄罗斯实施所谓的“休克疗法”，无疑会造成生产关系与生产力的新的不适应，从而导致了严重的危机。

三、金融危机不能完全依靠外部援助

面对金融危机，各国只能依靠本国的经济实力、金融实力和金融监管手段等，企图外部力量的援助不切实际。1992 年 6 月，俄罗斯加入国际货币基金组织，1998 年 8 月金融危机全面爆发。在这期间，国际货币基金组织向俄罗斯共提供了近 180 亿美元的援助贷款。但与此同时，国际货币基金组织设置了非常苛刻的宏观经济政策方面的限制条件等贷款附加条款。比如，在石油贸易方面，自 1995 年 1 月 1 日起取消石油出口限制，取消满足国内需求的石油及其产品的国际订货，取消专项出口制度和一些出口限额等。在金融方面，允许外国银行和非银行金融机构进入俄罗斯市场。另外，还要求俄罗斯执行强硬的紧缩性财政、货币信贷政策，加快私有化进程等。1998 年 1 月 1 日，为了遵循国际货币基金组织的条款规定，俄罗斯全面放开了资本市场。在政治上，国际货币基金组织的援助贷款是以美国为首的西方国家对付俄罗斯的一个借口。比如，1995 年美国以帮助俄罗斯争取在国际货币基金组织和其他国际金融组织的贷款为诱饵，与俄罗斯签署了关于终止向伊朗出售武器的秘密备忘录，以实现美国在海湾地区的战略意图。

尽管如此，国际货币基金组织承诺的贷款并没有如实落实，很多贷款久拖不决，实际到位的资金数目也不一致。相对于俄罗斯危机而言，少量的援助资金实在是杯水车薪，解决不了实质性的问题。因此，地区内和国家间的货币援助协议往往是无能为力的。如果把解决金融危机的立足点完全移到对于外部援助的依赖是很危险的。

四、金融市场要有序开放

俄罗斯在经济的自由化改革道路上付出了相当长时间的努力，尽管在自由化改革过程中出现的一些破坏性因素削减了俄罗斯经济的竞争力。但是，俄罗斯政府及其金融监管部门还是没有科学客观地认清其经济水平，不合时宜地全面放开了货币市场和资本市场。特别是在证券业务方面，从而使得俄罗斯证券市场高度依赖外资，使其证券市场时时刻刻处于大幅度波动的风险浪潮中。在缺乏雄厚的外汇储备的情况下，在银行体制不健全、金融监管机制不健全的情况下，不切实际、不顾国情彻底敞开国内金融市场，全面放松外汇管制，只会加剧世界经济波动对俄罗斯国内经济的直接冲击，只能为国际游资的逐利恶炒提供机会。

俄罗斯金融危机告诉我们：一定要在本国的金融市场机制较为健全、时机成熟时方可开放金融市场，能够根据本国经济和发展水平科学地把握本国金融市场的开放程度并予以有效的、适度的管制，否则国外资本的大量涌入以及资本投资者和投机者的跨境套利将使一个不健全、没有足够资金的金融市场陷入瘫痪或造成大的动乱，如同此次俄罗斯金融危机一样。

五、健全银行体系，建立金融预防机制

在 20 世纪 90 年代初俄罗斯金融体系建立之后的发展过程中，既经历了数量和规模的急剧增长时期，也走过了万众瞩目的投机和暴利时期。在这期间遭受过多次经济危机和金融危机的洗礼，俄罗斯一直向往的市场经济曾给自己带来了痛苦。

俄罗斯金融危机给我们的教训是：建立对金融危机的预测、防御和回应机制是十分必要的。应加强银行与实体经济部门的相互作用。发展银行对实体经济部门的贷款业务在很大程度上取决于实体部门结构改组的速度和成效、贷款返还的法律保障以及实体部门财务信息的公开度。同时，为了促进实体经济对贷款的需求，应该降低通货膨胀率和金融市场利率，稳定本国币值，加强对银行风险状况的监督，同时提高银行风险管理质量。发展与信贷业务有关的新种类的银行业务，引导银行信贷业务向中小商业贷款、零售业务、居民消费信贷和抵押贷款方向发展。

经济危机引发政治危机，政治危机反过来又加剧经济危机，二者交织在一起，正是俄罗斯陷入 20 世纪 90 年代一系列严重金融危机的最大根源所在。俄罗斯金融体系挺过严寒只是一时，关键是若要扭转多年来重政治轻经济的死结，振兴支离破碎的民族经济，保障国家的经济良性长远地发展。

本章主要参考文献：

［1］［俄］A. B. 乌留卡耶夫. 期待危机：俄罗斯经济改革的进程与矛盾［M］. 石天，陈聪舒译. 北京：经济科学出版社，2000.

［2］关雪凌. 俄罗斯社会转型期的经济危机［M］. 北京：中国经济出版社，2002.

［3］徐滇庆等. 泡沫经济与金融危机［M］. 北京：中国人民大学出版

社，2000.

［4］张德远. 金融危机的理论与对策［M］. 北京：中国农业出版社，2001.

［5］唐朱昌. 俄罗斯经济转轨：危机、教训与前景［J］. 改革，2000（2）.

［6］财政部课题组. 俄罗斯金融危机及其教训［J］. 财政研究，1999（1）.

［7］来有为. 休克疗法与俄罗斯金融危机［J］. 俄罗斯研究，1999（6）.

［8］高中毅. 1998 年俄罗斯的经济危机［J］. 东欧中亚市场研究，1999（1）.

［9］陈景耀. 对俄罗斯危机的若干思考［J］. 财政研究，2000（3）.

［10］程玉英. 俄罗斯金融危机评析［J］. 国际经济评论，1998（11）.

［11］夏德才. 试析俄罗斯金融危机的成因及启示［J］. 今日东欧中亚，1999（1）.

［12］周信. 俄罗斯金融危机与改革［J］. 国际金融研究，1998（6）.

［13］张康琴. 俄罗斯金融危机［J］. 东欧中亚研究，1999（1）.

［14］王联. 受命于危难之际的俄罗斯政府重建银行体系的构想［J］. 国际金融研究，1993（3）.

第八章

阿根廷金融危机

2001 年 1 月以来，阿根廷平均每月都要经历一次金融动荡，而且一次比一次严重，最终演变成了金融危机，并引发了政治动荡。金融危机使得阿根廷政府和企业更加难以在国际金融市场上筹集资金，并加剧了经济衰退。在政治上造成了社会动荡、政权频繁更迭和一系列政治事件。金融危机引起了人们对国际金融体系内在缺陷的深刻思考。

第一节 / 危机过程与影响

阿根廷共和国是拉美第二大国，是南美洲一个十分重要的国家，拥有得天独厚的自然资源和有利的社会条件，被誉为“世界粮仓和肉库”。第二次世界大战后，阿根廷实行发展工业的五年计划，推行企业国有化，增加工人福利，经济获得飞速发展，出现了所谓的“阿根廷奇迹”。20 世纪 90 年代，阿根廷人均 GDP 超过 8000 美元，为南美之首。1991 年起，阿根廷根据国际货币基金组织和美国的要求，实行经济市场化、贸易自由化和国企私有化的新自由主义经济政策，一度被国际社会誉为“新自由主义改革成功的典范”。

然而，阿根廷于 2001~2002 年爆发了史无前例的金融危机，并同步发生财政危机、企业危机、政治危机、社会危机。阿根廷是一个金融危机频发的国家。阿根廷自 20 世纪下半叶以来，出现了九次影响很大的金融（货币）危机。

一、金融危机的过程

阿根廷从 1998 年 9 月开始经济衰退，到 2001 年第四季度经济、社会和政治危机的爆发，经历了一个较长的发展过程。

1998 年下半年，受国际金融形势动荡的影响，阿根廷的经济形势开始恶化。在东亚和俄罗斯金融危机的影响下，阿根廷在国际金融市场的借贷条件呈恶化趋势，筹资成本提高。阿根廷发行债券的平均期限由 1997 年的 8.7 年缩短到 3.7 年，债务的平均利息也大幅度提高。另外，1998 年年底与阿根廷经济联系十分紧密的巴西的金融形势产生动荡，进而货币贬值，对阿根廷产生强烈冲击。

国际金融形势动荡严重恶化了阿根廷经济本身存在的各种问题。因本币升值、相对价格扭曲，国际竞争力下降，国际收支失衡状况加重；税收萎缩、财政收支状况恶化，偿债能力严重削弱；等等。虽然国际货币基金组织于 2000 年年底为阿根廷筹措 400 亿美元紧急救援贷款，但无法改变阿根廷面临的金融形势和扭转其经济颓势，阿根廷国内金融资本仍在外流，利率大幅上扬，进口筹资困难，消费和生产指数持续下降。从 1998 年 9 月起，阿根廷开始了长达四年的经济衰退期。

受长期衰退困扰及金融和财政形势恶化的冲击，从 2001 年第四季度开始，经济大幅度下滑，股指和债券价格跌至历史最低点，银行出现了支付困难，最终陷入危机。2001 年 11 月 30 日，大规模的银行挤兑潮在阿根廷爆发，当日，银行存款流失 13 亿美元。迫使阿根廷政府采取紧急措施，实行金融管制，其中包括限制居民银行提款和资金流出境外，以防止金融和银行系统崩溃。12 月 18 日，波及全国的抢劫浪潮和社会动荡被引发。12 月 19 日，以限制居民银行提款措施为导火索，终于爆发成全国性的大规模骚乱和示威。次日，局势失控，在此后的十多天内，更换了 3 位总统，激进党人德拉鲁阿总统和上台执政不到 10 天的正义党人萨阿总统先后被迫辞职，此后国会推举的杜阿尔德总统虽然在台上稳住了脚跟，但也难以恢复政府的政治权威和民众的政治信任。几天之内，阿根廷政权几经更迭，由金融危机波及的社会动荡最终酿成了一场政治动荡。面对金融危机，政府被迫实行限制居民提款和限制资金外流等金融管制措施，加剧了金融恐慌，引爆了蓄势已久的社会不满情绪和矛盾。国家陷入以经济持续恶化、社会动荡不安和政治混乱为特征的全面危机。

12 月 23 日，罗德里格斯·萨阿出任阿根廷代总统。为拯救危局，新政府成立之初即宣布暂时停止偿还总额约为 1320 亿美元的公债，并提出了发行“第三种货币”，增加就业机会等一系列经济复兴计划。然而，仅执政一个星期，便先后遭遇群众示威、内阁辞职、党内政见分歧等一系列打击，最终也不得不宣布辞职，使危机愈演愈烈，社会几乎陷入无政府主义状态。以国际货币基金组织为主的国际金融组织与美国不仅没有主动伸出援助之手，帮助阿根廷缓解危机，还在借款问题上不断提价，最终导致投资者对阿根廷经济失去信心，外资流入减少，资本外逃严重，股市、债市剧烈动荡。

2002 年 1 月 6 日，阿根廷政府放弃了实行 11 年的比索与美元的联系汇率制度，实行比索贬值。到 2002 年上半年，比索贬值过半。由于外汇短缺，进口原材料、生产设备变得异常困难，企业的生产活动无法正常进行，生产日趋低迷，再加上银行实行的限制性措施使个人消费锐减，导致严重的通货膨胀、失业、GDP 负增长等问题，国内治安状况急速恶化。

2002 年中期，阿根廷金融危机再度升级，呈现出向巴西、乌拉圭扩散的连锁反应趋势。巴西货币雷亚尔七个月内贬值 50%。乌拉圭在 2002 年 7 月 30 日由于无法抵挡挤兑狂潮，宣布银行停业，国有银行冻结所有定期存款，结果导致乌拉圭货币贬值、物价暴涨等，国家面临严重的风险。

经济危机引起金融市场恐慌，导致资本大规模外逃。阿根廷爆发金融危机之后，阿根廷警方在联邦法院的授权下，对外资银行进行了 30 多起突击搜查，搜查重点针对一些著名西方跨国大银行。这些外资银行涉嫌违法滥用资金和资本外逃，将阿根廷民众 300 多亿美元存款转移海外。阿根廷联邦法院怀疑存在着内外勾结，授权警方突击搜查了阿根廷中央银行，调查表明，资本外逃的 300 多亿美元中，有 200 亿美元发生在政府酝酿实行金融监管的时期，政府正式宣布资本外汇管制之后，仍然有 100 多亿美元资金外逃，有许多证据确实表明有人内外勾结协助外资银行逃避监管。阿根廷前经济部长卡瓦略涉嫌被捕，同时涉嫌的还有前政府的重要内阁官员。法院还逮捕了尼加斯银行的总裁罗姆，他同阿根廷前总统梅内姆的关系密切，除了涉嫌资本外逃和洗钱的指控外，还卷入了著名的国际信贷银行丑闻。由此可见，阿根廷腐败官僚买办阶层的形成，是最终酿成历史上最严重的金融危机、造成阿根廷民众惨重损失的重要原因。

二、金融危机的影响

阿根廷金融危机是 21 世纪第一场金融危机，它涉及经济、金融、货币，以及政治、社会等诸多层面，给阿根廷本身经济社会生活造成很大破坏，也对整个拉美经济和世界其他地区的经济产生深远影响。

金融危机在阿根廷演变成了全面的危机，直接导致其银行体系崩溃，加剧经济衰退，GDP 增长率出现持续负增长，失业率大幅上升，全国半数人口生活在贫困线以下。金融危机使得阿根廷政府和企业难以在国际金融市场上筹集资金，经济形势进一步恶化，外汇储备迅速减少，阿根廷银行体系在一夜之间轰然倒塌，整个国家濒临破产边缘。在政治上，社会动荡，政权频繁更迭。

阿根廷长期奉行贸易自由化、经济市场化和国企私有化的新自由主义发展模式，走过了一段光辉历程后，弊端暴露无遗。高速经济增长，却贫富悬殊加大，金融体系抵御风险能力削弱。阿根廷金融危机的爆发使新自由主义发展模式受到质疑。但阿根廷给广大新兴市场国家的改革开放提供了经典的“实验教材”，引起人们对自由化的反思。但无论如何阿根廷金融危机造成的影响是巨大的。

（一）阿根廷金融危机的国内影响

首先，危机对阿根廷金融经济造成极大的影响。2002 年第一季度，固定汇率改为浮动汇率造成了严重的经济金融混乱。存款被冻结和经济比索化使长期以美元计价的合同作废，金融系统处于瘫痪状态，生产大幅度萎缩。经济持续衰退，2002 年第一季度下降了 16.3%，是 90 年代以来经济下降幅度最大的季度。国内固定资本投资同比下降了 46.1%，私人消费下降了 20.9%，商品生产下降了 20.1%，服务下降了 13.5%。2002 年上半年，工业产值同比下降 17.5%。从 1998 年 9 月经济开始衰退以来到 2002 年年底，国内生产总值下降了约 25%。

经济形势极度恶化导致资金大量外逃或退出金融系统和投资领域。到 2001 年 12 月，阿根廷人藏在床垫或保险箱中的现金共计 28 亿美元。它相当于目前中央银行国际储备的三倍，几乎相当于被冻结在银行、已经重新安排兑现期的定期存款资金数额的四倍。也就是说，阿根廷人在国外的资产与家里的现金加起来，共计 855 亿美元①。这相当于公共债务的一半。如此巨额的资金外逃和退出金融领域无异于经济的大抽血。

其次，政府和银行信用降至最低。在危机爆发以后，阿根廷的政府外债高达 1322 亿美元，其中 946 亿美元为政府债务，其余为国际金融机构的贷款。财政赤字居高不下，仅 2001 年上半年财政赤字就接近 50 亿美元，由于一再突破国际货币基金组织规定的财政赤字指标，其与各国借款银行及国际货币基金组织的借款谈判举步维艰。与此同时，阿根廷银行面临挤兑危机，各大银行门前纷纷出现排队提款的现象，于是政府不得不实施金融监管，直到目前下令冻结个人存款，甚至出动警察搜查外资银行，防止大量资金的外逃。

再次，危机严重恶化了社会问题。最突出的是失业问题。自危机以来，阿根廷的失业率急剧上升。2002 年 7 月，阿根廷官方统计的失业率为 23%以上，私人机构的统计为 25%。就业受冲击最大的部门是建筑业和金融业。2002 年第二季度，首都联邦区建筑就业规模同比萎缩了近 40%②，金融机构就业规模同比萎缩 10.9%，在科尔多瓦省和罗萨利奥市，金融机

---

① 阿根廷《号角报》网站，2002-08-01.

② 阿根廷《号角报》网站，2002-08-06.

构就业萎缩幅度分别高达 25%和 17%。就业状况的恶化不仅表现在数量上，而且还表现在质量上。阿根廷正规部门的稳定就业以每月 1%的速度减少，非正规部门就业扩大。目前非正规部门的就业已达 350 万人，非正规就业常为短期，不稳定，收入低，缺乏社会保障①。

失业造成了贫富差距越来越大，这也是阿根廷社会经济发展的重要特征。阿根廷在 70 年代中期以前，最富阶层和最贫穷阶层之间的收入差距为 6 倍，80 年代这种差别扩大到 20 倍，1989~1990 年超高通货膨胀期间，达 27 倍。“兑换计划”实施之初，差距一度有所缩小，但自 1993 年起又开始拉大，扩大到 29 倍，而 2002 年则进一步扩大到 46 倍。自阿根廷陷入危机以来，贫困化问题加重十分引人注目，布宜诺斯艾利斯市 59%的家庭被迫削减某些商品、服务和娱乐的消费。抽样调查表明，具有储蓄能力的家庭由三年前的 29.9%下降到两年前的 20%，危机时期仅为 3%。2001 年 12 月，贫困人口的比重为 38.3%，大约 1400 万人，仅仅在半年时间后，全国有 1900 万人即 53%的人口处于贫困线以下，也就是说，短短半年时间内，又有 500 万人陷入贫困状态。赤贫状况也很突出，大约 24.4%的人口即近 900 万人处于赤贫状态②。阿根廷目前的贫困水平与 80 年代末 90 年代初相仿，当时通货膨胀率达到四位数。但与 90 年代初的情况不同的是，贫困指数提高不仅与通货膨胀相连，而且与失业这一更加复杂、很难扭转的现象相关。

在危机冲击的受害者中，中间阶层首当其冲。2002 年 3 月对中间层的抽样调查表明，属于中间阶层的 68%的人感到家庭开支水平下降了，57%的人认为其社会状况下降了。在中间阶层中，70%的人处于贫困状态，只有 30%的人其月收入超过 1000 比索。

自 2002 年 1 月杜阿尔德政府开始执政的半年多，一直处于进退两难的境地：由于经济和金融秩序混乱、资金外逃和信贷缺乏，企业难以恢复生产和利用本币贬值的有利时机促进出口；高额外债和财政赤字压力与社会和政治开支压力双管齐下，使政府疲于应付，焦头烂额。国际货币基金组织的要价很高，近期内阿根廷难以与之达成援助协议。令当时政府头疼的

① 阿根廷《号角报》网站，2002-08-26.

② 阿根廷《号角报》网站，2002-08-21. 贫困的标准是家庭收入不能满足在卫生、饮食、交通和穿衣等方面的基本需要；赤贫的标准是家庭收入不足以满足其最低的热量和营养需求。

是，自 2001 年 12 月德拉鲁阿政府宣布冻结银行存款、实行“畜栏”金融管制措施以来，社会群情激愤，抗议浪潮持续不衰。之后，政府出台“存款转换成国债券”的计划，因储户对政府极度不信任，实施并不理想，只解决了 15%的存款。大多数储户拒绝与政府合作，执意要求提款，并坚持抗议示威。银行存款冻结问题依然是引爆各种经济、社会和政治矛盾的导火索。

阿根廷政界腐败成风，威信扫地，失去民众信任。美国政界，包括政府不少要人多次公开指责阿根廷政治领导层腐败。2002 年 8 月，美国财长奥尼尔在访问巴西、乌拉圭和阿根廷三国前夕，在回答记者有关何时向阿根廷提供金融援助问题时说：“不能让国际信贷机构提供的资金流入瑞士银行私人秘密账户。”面对这种指责，杜阿尔德总统的回答却是苍白无力，但 80%的阿根廷人赞同奥尼尔的讲话。

最后，从外交层面看，阿根廷危机使得地区均势被打破。阿根廷危机及其引发的拉美金融动荡极大地削弱了阿根廷这个南美第二大国的实力，使“争雄南美”的地区均势失衡。自视为拉美“领头羊”的巴西和以“拉美发达国家”自傲的阿根廷，长期为争夺地区领导权进行或明或暗的争斗。为了维护拉美“龙头老大”的地位，巴西向来反对美国干涉与控制拉美；阿根廷则常常追随美国，希望美国帮助其获得南美洲领导权。然而，此次危机使元气大伤的阿根廷在短期内无力与巴西争雄，且与美国的关系也逐渐疏远。与此同时，为稳定国内金融局势，巴西也不得不低头向美国寻求援助。因此，阿根廷危机引发新一轮拉美国家与美国关系的调整，美国在拉美的影响逐渐提高。

（二）*危机对拉美及世界经济的影响*

首先，拉美经济再受硬伤。阿根廷危机引发的 2002 年拉美多国的金融动荡，使巴西、乌拉圭、巴拉圭、委内瑞拉、哥伦比亚、秘鲁等国家均受到影响，使拉美经济继 80 年代债务危机之后再次遭到重创。

阿根廷和巴西是南美两个大国，阿根廷的危机对巴西经济的影响严重，巴西企业在阿根廷的投资受损。1995 年以后，由于雷亚尔坚挺，巴西许多企业家到阿根廷投资办企业。由于阿根廷比索贬值，在阿根廷的巴资企业严重亏损，它们在阿根廷银行的存款损失近 50%。巴西主要向阿根廷出口印刷设备、家用电器、移动电话和其他电子电器产品。阿根廷爆发经济危机和金融危机后，比索大幅度贬值，导致巴西出口减少，对外贸易赤字增加。2001 年巴西与阿根廷的对外贸易赤字达 12 亿美元，而仅在 2002 年头五个月，巴西与阿根廷的对外贸易赤字就已高达 13 亿美元，创历史纪录。阿根廷危机导致巴西的出口收入减少，迫使巴西政府在履行与国际货币基金组织达成的 2002 年巴西对外贸易顺差为 50 亿美元的承诺时必须做出巨大的努力。巴西对阿根廷出口的减少，导致巴西企业生产的下降。这已成为巴西经济增长缓慢的重要原因之一。①

阿根廷危机还严重影响巴西旅游业的发展。旅游业是巴西重要的外汇收入来源之一。1994~1999 年巴西在国际旅游业的地位由第 43 位升至第 29 位。1999 年巴西的旅游收入达 40 亿美元，2000 年到巴西旅游的外国游客达 519 万人，比 1995 年的 199 万增加 2.5 倍，外汇收入近 50 亿美元。在每年到巴西的外国游客中，阿根廷游客占 1/ 3。2001 年阿根廷到巴西的游客达 168 万人，巴西从中得到的旅游收入达 16 亿美元。爆发危机后，阿根廷的失业率上升，工资收入减少，贫困人口增加，到巴西的阿根廷游客急剧减少。2002 年，由于阿根廷游客的减少，巴西的旅游收入骤降。

由于阿根廷危机，国际金融机构和外国私人资本减少了对拉美的直接投资，这也导致进入巴西的外国直接投资大幅度下降。因担心巴西受阿根廷危机的影响而出现经济衰退、爆发金融危机或无力偿还外债本息，外资企业减少了在巴西的投资。外国在巴西的投资由 2000 年的 300 亿美元降至 2001 年的 230 亿美元，2002 年仅为 180 亿美元。最为突出的是西班牙在巴西的投资，2000 年，西班牙在巴西的直接投资为 95 亿美元，占当年外国在巴西直接投资的 32%。2001 年西班牙的投资额降至 27 亿美元，占当年外国在巴西投资总额的 13%。2002 年 1~5 月，西班牙在巴西的投资仅为 2.24 亿美元，大幅减少。由于巴西是一个严重依赖外资的国家，但由于阿根廷危机导致外国投资一再下降，巴西经济不仅难以得到高速发展，而且可能出现债务危机。

其次，南方共同市场受到重挫。巴西和阿根廷是建立南方共同市场的主要倡导国和成员国。南方共同市场是在 80 年代中期巴西和阿根廷之间签订的贸易协定的基础上逐步演化和发展起来的。1991 年，阿根廷、巴西、乌拉圭和巴拉圭四国为了发展彼此间的经贸关系，同时也为了提高自己的谈判地位而建立了自由贸易区。玻利维亚和智利是南方共同市场

① 巴西《圣保罗州报》，2002-08-07（转引自中国驻巴西使馆经商处网站）。

的伙伴国（只加入自由贸易区，不加入关税联盟）。由于巴西和阿根廷是南方共同市场的两大主要国家，它们之间的贸易在南方共同市场内占主导地位。

作为南方共同市场四个成员国中最重要的成员国之一，阿根廷危机迅速通过贸易、金融、投资和心理等方式向邻国扩散，严重影响了南方共同市场的稳定与发展。2002 年 1~7 月，巴西对南方共同市场的出口减少了 60%，乌拉圭对阿根廷的出口减少了 70%，巴西对阿根廷的投资减少了 40%。南方共同市场内部的贸易额从 1998 年的 200 亿美元降到 100 亿美元以下。乌拉圭是受阿根廷危机“探戈效应”影响最大的国家，全年 GDP 增长率为-11.1%。阿根廷危机引发的南方共同市场经济受挫，使南方共同市场在 2000 年年底达成的经济趋同的目标落空，南方共同市场一体化进程停滞不前。

最后，世界经济受到拖累。欧美一些大银行在阿根廷及拉美地区拥有大量业务，阿根廷危机及其引发的拉美金融动荡使这些银行蒙受惨重损失。2002 年第一季度，欧美七大银行在阿根廷业务的损失达 85 亿美元，其中花旗银行损失 22 亿美元，汇丰控股银行损失 11 亿美元，摩根大通银行损失 4.11 亿美元。几乎占据拉美金融市场半壁江山的西班牙银行受损更重，损失接近 30 亿美元。与此同时，欧美银行的受损，拉美投资环境的恶化，直接导致新兴市场信贷紧缩和融资困难。

（三）危机对拉美政局的影响

20 世纪 80 年代，拉美地区曾经爆发过一场深刻的债务危机，使拉丁美洲经历了“失去的 10 年”，也促使拉美国家选择了新自由主义的经济改革。20 年之后，拉美经济再次亮起了红灯。2001 年 11 月，阿根廷因未能得到国际货币基金组织的贷款而爆发债务危机，并最终演变成政治、经济和社会的全面危机。

随着阿根廷危机不断迅速在拉美国家中扩散，2002 年 6 月，一些拉美国家的街头相继出现了大规模的社会对抗，政治和经济形势急剧动荡。在阿根廷，2002 年 6 月 23 日，阿根廷最活跃的街头示威组织之一的“皮克特运动”组织游行，在与警察的冲突中，该组织的两名成员当场死于警察的枪下，170 名示威者被捕。这一事件在阿根廷政坛再次引发了一场严重的地震，人们要求政府对流血事件负责，“杜阿尔德下台”的口号此起彼伏。政府不得不逮捕了首都警察局长，并宣布将于 2003 年 3 月提前举行总统大选。在秘鲁，托莱多政府的私有化政策也受到了挑战。秘鲁第二大城市爆发了针对私有化政策的街头暴力事件，托莱多总统违背其竞选时的承诺，要将该市的两个主要的国有企业私有化，结果引发了人们的强烈不满，纷纷走上街头以暴力相对抗，使整座城市陷于瘫痪。迫于社会的压力，托莱多政府不得不撤回其私有化计划。然而，政府却因此陷入一场政治危机之中，由于总统屈服于社会的压力而放弃私有化计划，内政部长愤然提出辞职。在哥伦比亚，政府也面临一场严重的危机。哥伦比亚最大的游击队组织“哥伦比亚革命武装力量”提出了要使政府在所有市镇的管理活动陷于全面瘫痪的口号。同时，该组织还发出最后通牒，要全国所有市长辞职，否则，他们的生命安全将得不到保障。这一通牒在全国产生了意想不到的多米诺骨牌效应：在全国 22 个省中，有 19 个省的市长提出辞职。仅在 6 月 24 日一天，哥伦比亚北部安蒂奥基亚省的 30 位市长提出辞职。

阿根廷危机导致的拉美其他国家的社会冲突和紧张局势的原因较为复杂，既有经济政策上的原因，也有政治上的原因，而且表现在多个方面，但其中有两个方面的原因尤为重要。

第一是在经济改革过程中，这些国家的政府从各自的政治需要出发，有选择地进行经济改革，结果造成一些部门的经济改革速度加快，而另一些部门的经济改革却相对滞后，使改革的整体质量下降，最终给国民经济造成无法弥补的损失。通过对 20 世纪 90 年代阿根廷梅内姆政府的经济改革的比较，可以发现，梅内姆在其前后两个任期内，完全是出于其政治需要来选择改革的内容、速度和时机的。在第一个任期内，他在私有化方面实行了最彻底的新自由主义改革，在较短的时间内几乎出售了所有的国有企业，实现了全面的私有化；在汇率政策上实行的却是与新自由主义政策相违背的做法，从而阻碍了该国的对外开放。在第二个任期内，梅内姆几乎没有对这种改革的不协调性做出任何调整，而是依靠不断增加外债来弥补改革的代价，从而使经济矛盾愈积愈深，最后到了难以收拾的地步。由于在私有化进程中社会原有的平衡机制被打破，社会矛盾激化，在经济形势发生不利的变化时，社会矛盾就容易引发新一轮的危机。

第二是政治体制改革明显地滞后于经济改革，传统政治格局同改革形成的新的利益集团经常发生冲突。而且一些拉美国家难以建立与新的市场机制相适应的政治秩序，政党利益与国家利益发生冲突，因而当社会矛盾激化时，就容易造成危机。目前阿根廷的危机就是由于政治体制改革明显

滞后，政府行为得不到相应的监督机制的制约，政府在私有化进程中的一系列不规范行为极易造成集体的腐败，从而给国家的政治和经济造成难以弥补的后果。

第二节 / 危机的原因

19 世纪末至 20 世纪初，阿根廷经济的增长速度非常快，当时，在欧洲，当人们形容某人腰缠万贯时，常说“他像阿根廷人一样富有”。1900 年，阿根廷的人均国内生产总值（GDP）分别为美国、英国和澳大利亚的一半，是日本的 1 倍，略高于芬兰和挪威，略低于意大利和瑞典。1913 年，阿根廷的人均收入为 3797 美元，高于法国的 3485 美元和德国的 3648 美元。1950 年，阿根廷的富裕程度仍领先于日本，与意大利、奥地利和德国大致相当。

阿根廷拥有许多有利于经济发展的多种得天独厚的自然条件。阿根廷的人口只有印度的 4%，但土地面积则相当于印度的 85%；阿根廷还拥有丰富的资源，其中稀有金属铍的储藏量居世界第二，铀矿资源储藏量名列拉美之首，石油和天然气等资源也较丰富；阿根廷拥有 5000 多千米长的海岸线，众多的海湾和温和的气候为阿根廷提供了许多不冻港；阿根廷人总的来说受教育程度较高，劳动力素质也较好。19 世纪 80 年代以前，具有的自然资源使畜牧业成为阿根廷的经济支柱，牛皮和牛肉是主要出口产品，形成了所谓“牛皮文明”。此后，阿根廷吸收了大量外国移民，对潘帕斯草原进行开发，使种植业成为国民经济的支柱。畜牧业和种植业都使阿根廷成功地发挥了本国的比较优势，获得了外汇收入。

20 世纪 30 年代大萧条以后，阿根廷开始重视工业建设。至 40 年代初，工业在国民经济中的重要性已超过农业。但在 50 年代以前，阿根廷的工业基本上是以食品加工业和简单的装配业为主，50 年代以后，政府才开始重视重工业、化学工业和机械工业的发展。这使得阿根廷在“二战”以前失去了一次工业化机会，“二战”期间又失去了一次工业化机会。阿根廷在工业化道路上慢了一步。

20 世纪 70 年代末，国有企业在阿根廷国内总投资中的比重高达 20%。

应该说，国有企业在阿根廷经济发展进程中发挥了重要作用，为社会稳定和推动工业化做出了贡献。然而，阿根廷的国有企业长期面临一系列问题，其中最突出的是经济效益普遍低下，许多企业长期严重亏损。其中最主要的根源是：企业管理人员缺乏现代化企业所需的经营管理经验和技巧；政府给予的种种保护和优惠削弱了企业的活力；企业得不到政府的财政补贴就难以为自身的技术革新筹措足够的资金，而企业的产品和服务却被人为地压低定价。此外，庞大的政府部门办事效率低下，官僚作风盛行，也是政府干预经济的能力得不到提高的主要原因之一。

针对种种弊端，政府开始实施大刀阔斧的经济改革，一方面，政府降低了贸易壁垒，使国内市场进一步开放；另一方面，政府对国有企业实行大规模的私有化。私有化使政府获得大量收入。这样，政府既可以继续大手大脚花钱，又可以继续向政府官员支付高薪，还可以继续提供优厚的社会福利。

20 世纪阿根廷经济的兴衰与文化因素也有一定的关系，包括阿根廷在内的许多南美洲国家弘扬伊比利亚天主教文化，这种文化的特点之一是鼓励消费，因此绝大多数拉美国家的储蓄率很低，只得依赖外资。阿根廷人的超前消费意识是很强烈的，因此其储蓄率难以提高。以 1998 年为例，阿根廷的储蓄率为 17. 4%，既低于拉美 19%的平均水平，又低于 22. 4%的墨西哥，更低于 33. 8%的韩国。由于国内储蓄率低，阿根廷只得靠外资来扩大再生产。这使得阿根廷的经济结构是第三世界国家的经济结构，但其社会福利却是欧洲式的。

2002 年 1 月中旬，在美国佛罗里达国际大学召开的一次学术会议上，不少与会者甚至在讨论这样一个问题：阿根廷是否已成为一个“垮掉的国家”（Failed State）。政府不能行使其基本职能（如不能有效地征税，不能维系社会秩序等），而阿根廷的人均收入却高达 8000 多美元，阿根廷人的受教育水平在第三世界国家中也是名列前茅的。但事实表明，在不到 100 年的时间内，阿根廷从一个世界经济大国演变为世界上最大的倒账国，其教训是十分深刻的。从阿根廷经济的兴衰中我们发现：政府干预是必要的，但必须适度和有效；在发挥农业比较优势的同时，要大力发展工业；外向发展优于内向发展，尽管外向发展并非十全十美；政局稳定是经济发展的必要条件；只有提高国内储蓄率，才能减少对外资的依赖。

然而，2002 年，阿根廷社会动荡，政局不稳，成了世界上有史以来最大的倒账国，陷入深重的危机。

（1）阿根廷以偏激的方式实施新自由主义发展模式，是酿成此次全面危机的深层原因。阿根廷这个因在90年代按照所谓“华盛顿共识”进行了规模巨大、程度深远的经济改革被称为“市场导向”经济改革失败的典型。阿根廷于90年代初开始采取国际货币基金组织倡导的新自由主义发展战略这个“外来处方”以医治停滞不前的本国经济。阿根廷以最积极、最认真的态度实施新自由主义模式，取代延续了近半个世纪的进口替代工业化发展模式，以实现跻身发达国家行列的目标。然而，阿根廷在实施以贸易自由化、经济市场化、国企私有化、政治分权化、发展外向化为主要内容的新模式时，则采取了极端偏激的方式。其一，实行贸易自由化，增加出口，扩大对外经济联系，加重了国民经济对国际市场的进一步依赖。其二，奉行经济市场化，大大削弱了政府的干预职能，使国民经济完全由“看不见的手”主导。其三，推行国企私有化，提高了企业效率，为经济发展筹措了必要的资金，但几乎将所有的国有企业都卖给私人，主要是卖给外国投资者，甚至连石油、电信、银行、能源、国防等部分战略部门也对外资开放，造成“私人垄断”取代“国家垄断”，从而使国家丧失了管理与控制经济的重要手段。其四，实行政治分权化，扩大了地方自治权，使地方政府获得更多的税收权、举债权和财政权，但却没能让地方政府承担相应的职责。其五，推行发展外向化，大开国门，使外资近乎不受任何限制地涌入，阿根廷几乎成了一个“不设防的国度”。随着新自由主义模式功能的耗竭，其弊端不断显露，奉行“极端的”新自由主义的阿根廷难逃厄运。

（2）政府宏观调控政策的措施不当是引发阿根廷危机的直接的重要原因。阿根廷政府宏观调控政策的不当主要表现在三个方面：

第一是死守固定汇率，并以法律形式固定汇率。这种做法在当今世界极为罕见。阿根廷的固定汇率制既是“有功之臣”，又是“害群之马”。针对80年代债务危机引发的恶性通货膨胀，梅内姆政府于1991年推出固定汇率制，严格以中央银行的美元储备作为发行比索的前提，实行比索与美元按1∶1等值兑换。这一举措有效地遏制了恶性通胀，使经济出现了多年罕见的稳定局面。固定汇率制逐渐成为阿根廷经济运行规则的支柱与经济稳定的“定海神针”。

然而，固定汇率以充裕的外汇储备为前提条件，以国内生产成本上升为代价。随着经济持续衰退，生产成本上升，出口不断下降，外汇储备减少，实行固定汇率的前提条件逐渐消失。与此同时，恪守固定汇率意味着中央银行自动放弃货币发行权，意味着政府不能运用货币杠杆作为刺激生产的手段。面对日益逼近的还债压力，阿根廷政府除紧缩开支和续借外债外，别无选择。紧缩开支进一步加剧衰退，续借外债又告贷无门，不得不消耗现有的外汇储备，外汇储备从 2000 年的 251 亿美元减至 2001 年的 145 亿美元。[①]这样，用于流通的货币只得相应减少，只有必要水平的一半，经济出现严重的“贫血”现象。因此，固定汇率从治理通胀和稳定经济的有效举措演化成制约经济发展的羁绊。而且，汇率修改涉及法律修改等复杂问题，阿根廷政府一直“不敢越雷池一步”，迟迟下不了变动汇率制的决心，直到 2002 年 1 月中旬在强大的社会压力下最终被迫放弃维持 11 年之久的固定汇率。

第二是政府采取不恰当的财政政策，错失产业结构调整与升级的有利时机。90 年代初，政府利用大笔私有化收入和充盈的外资，实行扩张性财政政策，但却没有利用当时的有利时机进行国内产业结构调整与升级，忽视增加高附加值产品的生产，结果使本国企业很快被进口商品挤垮，失业率上升，财政赤字不断扩大，经济发展缺乏增长源。当 1998 年阿根廷步入衰退、通货紧缩时，政府理应实行扩张性财政和金融政策，以推动投资，促进经济增长。但在国际货币基金组织的高压下，阿根廷政府却实行财政紧缩政策，优先偿还到期债务，结果使经济雪上加霜。经济衰退加剧，又进一步导致生产下降，市场萎缩，税收减少，其结果使财政赤字进一步扩大，政府完全丧失偿还债务的能力。2001 年 12 月，政府不得不采取限制取款与外汇流出的强制措施。这些措施虽然暂时制止了资本外流，但却激化了社会矛盾，终于引发了一场空前的社会骚乱。

第三是长期奉行负债发展战略，导致外债越积越多。阿根廷长期奉行举债发展战略，尽管 80 年代债务危机给阿根廷人上了深刻的一课，但是举债发展是一条发展捷径。90 年代中期，阿根廷政局稳定，经济繁荣，外资大量涌入。阿根廷政府在创造高速经济增长记录的同时，也使公共债务翻了一番。20 世纪 90 年代后期，阿根廷公共外债几乎以每年 100 亿美元的速度递增。到 2001 年外债总额已攀至 1455 亿美元，占 GDP 的 50%以

① The Economist Intelligence unit. Country Report: Argentina [R]. June 2002, p.5.

上。[①] 为保持经济稳定，维持储备水平，阿根廷不得不借新债还旧债，陷入“旧债未还，又添新债”的怪圈之中。

（3）金融体系的过度开放是引发金融危机的另一个重要原因。20 世纪 90 年代的新自由主义经济政策使阿根廷国门打开，其中金融体系的开放相对过度。表现在经济美元化，国家政策允许比索与美元自由兑换，可以以美元结算银行存款和缔结债务，可以按照美元通货膨胀率调整服务业的价格。其结果是，全国银行 2/3 的存款、2/3 的债务是以美元结算，而实际上大部分并非是美元存款和美元债务，于是造成了数百亿的“假美元”存款和债务现象。在经济全球化的大环境中，为了尽早建立美洲自由贸易区，美国敦促美洲南方共同市场各成员国对外开放、吸引外资。南方共同市场成员国如巴西等在对外开放市场、吸引外资、外贸自由方面都保持较为慎重的态度，国民经济体系相对独立完整，而阿根廷自梅内姆政府开始就制定了新的外资法，提高外资的优惠条件，以扩大引进外资，外资可以自由进出。由于金融市场的过度开放，使阿根廷经济过分依赖外国资本，国民经济体系缺乏独立性。当发达国家的资本大举进入后，除了索取利润外，它们还会为下一步竞争创造有利态势，形成“胜者通吃”，影响到本国的经济安全和金融安全。一旦国内经济出现风吹草动，外国资本就会迅疾撤离，使本国经济陷于瘫痪状态。经济学家詹姆斯·米德研究了开放经济条件下如何同时实现经济体系的内外平衡问题，他指出经济体系要想保持固定汇率制，就必须实施资本管制和汇率管制，尤其要控制短期资本的自由流动。也就是说固定汇率制度和资本的自由流动之间存在一个“二元冲突”，即用一种政策同时实现内外两种平衡的“米德难题”。阿根廷实行货币局制度的固定汇率制，又过分开放金融体系，根据米德的理论，这种二元政策要想避免金融危机的发生几乎是不可能的。[②]

（4）阿根廷危机是多种国际因素共同作用的结果。其一是美国的“见死不救”加快了阿根廷危机的爆发。美国输出的经济模式由国际货币基金组织强制执行，这一模式建议发展中国家向外国资本开放市场，将国有企业出售给出价最高的外国人，用来平衡预算、限制政府的作用等。阿根廷比任何一个国家都忠实地遵循国际货币基金组织的模式，这种“市场原教

① The Economist Intelligence Unit [R]. Country Report: Argentina, June 2002: p.5.

② 刘桂荣. 阿根廷金融危机的成因及启示 [J]. 上海经济研究，2002 (8).

旨主义”最终成为阿根廷经济崩溃的根源。美国布什政府对2001年出现危机征兆的阿根廷不加理睬，当阿根廷爆发金融动荡、急需国际货币基金组织救援时，布什总统亲自干预，阻止国际货币基金组织向阿根廷提供紧急拨款，并表示今后对发展中国家不会再有“一揽子”计划。“9·11”事件后，美国全力进行反恐战争，对阿根廷危机无暇顾及。美国“见死不救”和“釜底抽薪”，导致国际社会对阿根廷经济信心彻底崩溃。其二是受美国的影响，国际货币基金组织对阿根廷态度冷淡、援救不力，也是阿根廷危机加重并难以结束的原因。国际货币基金组织不像援救1995年的墨西哥金融危机和1999年的巴西金融动荡时那样慷慨解囊，而是竭力从维护国际债权人的利益出发，以提供紧急贷款为高压手段，坚决要求阿根廷实施“以优先还债为中心”的“零财政赤字计划”，并不断提高援助阿根廷的要价，致使阿根廷财政更加困难，金融形势愈加严峻，既不可能避免危机，更难以走出危机的阴影。其三是近年来南方共同市场的变化，这也是引发阿根廷危机的另一个诱因。阿根廷、巴西、巴拉圭和乌拉圭同为南方共同市场成员，巴西是阿根廷最重要的贸易伙伴，阿根廷对巴西的贸易额占其1/3左右。然而，1999年金融危机后，巴西采取浮动汇率，雷亚尔大幅贬值，阿根廷向巴西出口商品的竞争力显著削弱，出口收入明显下降，两国贸易摩擦不断，从而延缓了阿根廷对固定汇率的调整。

另外，全球化带来的负面影响也对阿根廷的金融危机产生了推波助澜的作用。全球化为世界经济的发展和人民生活水平的提高创造了有利条件，参与全球化的国家通过国际间的资源配置发挥自己的比较优势，获得比较利益。阿根廷从全球化中获得过比较利益，比如，粮食和牛肉的出口曾经占据世界出口贸易榜首。但全球化后，人们很容易找到替代国家和替代商品，国家之间经贸关系的维系相对松散。可惜阿根廷没有看到兴盛背后的危机，反而实行了与美元挂钩的货币政策，当美元汇率坚挺时，不但抑制了本国的出口，而且导致外债增加，同时庞大的财政赤字，也导致国内利率居高不下，阻碍了投资和经济的发展。①

当新自由主义私有化、不适当的金融政策、财政政策以及其他因素的合力发生作用时，阿根廷的金融市场动荡不可避免地发生了。

① 刘桂荣. 阿根廷金融危机的成因及启示［J］. 上海经济研究，2002（8）.

第三节 / 历史启示

阿根廷的危机并非单纯的金融危机，而是经济、社会和政治三重危机的总爆发。这与 1994 年墨西哥金融危机、1997 年东亚金融危机和 1999 年巴西金融动荡主要是金融层面的“单向危机”不同，这次阿根廷危机则是一场复合型危机。从 2001 年 11 月中旬起，阿根廷先是陷入金融危机，被称作“破产的国家”；尔后，因政府放弃固定汇率，造成比索大幅贬值，通货膨胀率上升，社会财富急剧缩水，造成失业和贫困，引起了局部骚乱，并演化成全国性社会骚乱，上升为了社会危机。面对社会的混乱、无序和失控，激烈的党派纷争使政府软弱无能，总统几度易人，最终演化为政治危机。因此，这是一场由金融危机引发的社会骚乱和政治地震的全面危机。

阿根廷危机的另一个特点是，危机的根源在于内因，是长期经济发展不健康累积酿成的大祸。1995 年墨西哥金融危机、1997 年东亚金融危机和 1999 年巴西金融动荡均发生于经济急剧膨胀的“泡沫阶段”，且因脆弱的金融体制无法抵御国际游资攻击而引发金融动荡。与此相反，阿根廷危机则是长期经济衰退的产物，是不断积淀的经济与社会双重压力的总爆发。阿根廷 GDP 连续四年衰退、三年负增长，经济增长乏力，发展前景暗淡，国际投资者纷纷撤资，致使阿根廷周转资金捉襟见肘，危机压力阀渐趋临界点，社会不安，政局趋紧，最终演化为严重的国内骚乱。阿根廷危机还有一个特点是持续时间长。阿根廷危机始于 2001 年 11 月中旬开始的金融动荡，直到 2003 年才开始复苏，其间发生了众多社会骚乱与政局动荡。阿根廷危机给予了其他一些新兴市场国家深刻的启示。

第一，阿根廷过分迷信国际货币基金组织开出的新自由主义“处方”，丧失了国民经济的自立性和发展的自主性。在十多年的经济改革中，阿根廷最积极、最忠实地实行新自由主义发展模式，不仅进行了彻底的私有化，而且十分相信市场和国际资本的作用，造成对国外依存度的不断增大。在新自由主义理论的影响下，梅内姆政府对国有企业进行了大规模的私有化，以至于“整个国家都被卖了”。大规模的私有化一度使阿根廷走在90年代拉美经济改革的前列，使阿根廷政府获得了大量收入，这笔巨大的收入可以使政府继续大手大脚地花钱，可以继续给政府部门的官员支付高薪和优厚的社会保障福利。然而，90年代后期，在私有化过去之后，政府收入不断减少，而政府开支并没有得到控制。可见，私有化不仅没有使阿根廷幸免于难，而且还对其财政状况留下了“后遗症”。私有化不是抵御经济危机的“防火墙”。

而且，阿根廷盲目听从国际货币基金组织的“指导”，完全丧失了经济自主权，其结果陷入危机之中，为了摆脱危机，阿根廷又不得不想方设法满足国际货币基金组织不断提高的“要价”，结果危机迟迟得不到缓解。因此，发展中国家在进行现代化的进程中，应从国情出发，根据自身的优势，创建具有本国特色的发展模式，决不能生搬硬套地借用发达国家的模式，不能盲目相信“外来处方”，而应该对症下药，否则往往会事与愿违，欲速则不达。

第二，在全球化时代，一国选择合适的汇率制度，实施恰当的汇率政策，已成为经济开放条件下决策的关键。同1994年的墨西哥金融危机和1997年的东亚金融危机的汇率变动诱发危机相似，阿根廷危机的原因之一也与货币局汇率制度有关。因此，采用一种适合本国国情、有利于提高本国竞争力的汇率制度是非常有必要的。

在实施某一种汇率制度的过程中，要采取一些相应的配套措施，以便使这种汇率制度在有利的环境中运转。在阿根廷，不仅企业效益增长缓慢，而且劳动力市场也具有很强的刚性。此外，经验表明，为了使货币局制度顺利地运转，国内经济应该有较多的活力，金融体系健全，财政纪律严格，而且它所钉住的货币必须是其主要贸易伙伴的货币。

汇率制度应该因时因势进行灵活调节，不应该始终恪守不变，否则，可能成为引发经济混乱的导火索。为遏制80年代的恶性通胀，阿根廷用法律形式固定了汇率，但由于越来越缺乏充裕的外汇储备，由此套牢政府财政，资金匮乏，使政府无法利用货币手段刺激经济增长，而且，固定汇率造成比索币值高估，进而削弱了阿根廷商品的国际竞争力。因此，不及时调整固定汇率不能不说是阿根廷政府的一个重大决策失误。因此，对于新兴工业化国家应采用一种适合本国国情，有利于提高本国竞争力的汇率制度。

第三，必须注意利用外债的规模。阿根廷历史上曾遇到过两次较大规模的债务危机。第一次是在19世纪末，第二次是在20世纪80年代。遗憾的是，阿根廷没有从过去的危机中吸取教训，而是在90年代初实现经济复苏后再次举借了大量外债。阿根廷公共债务额相当于出口的比重高达5倍，而且，阿根廷的债务结构不合理。还本付息集中在2001~2004年，大多数债务采用固定利率，一般都在10%以上，从而使还本付息负担进一步加重。阿根廷没有考虑到举借外债发展经济必须要使外债的规模与本国的偿付能力相适应。更为不利的是，相当多的一部分外债不是投入生产部门，而是被公共部门用于非生产性目的。

新兴工业化国家在工业化初期举借外债，在经济金融全球化的时代，积极利用外债是发展中国家的一个明智选择。但是，外债的结构和规模必须和本国的偿债能力相适应，外债的结构包括利率结构、期限结构和债权人结构，外债规模指的是外债总余额，可用外债余额占GDP的比重衡量外债规模的适度性。合理利用外债要适当控制外债的期限结构、利率结构、债权人结构和外债规模。国际通行的外债安全警戒线是外债余额占GDP的比重不超过40%。更为重要的是，相当多的一部分外债不是投入生产部门，而是被公共部门用于非生产目的，外债的使用效率不高，偿债能力大受影响。

第四，提高财政部门的稳健度也是维系经济安全的必要条件之一。阿根廷危机表明，庞大的财政赤字具有很大的危害性。从1996年起，私有化结束后政府收入大幅度减少，而政府开支却得不到控制，其结果是财政赤字不断扩大。曾经担任阿根廷经济部长的洛佩斯说过，在90年代，阿根廷的政府开支增长了150%，而经济仅增长了50%。阿根廷财政收支严重失衡的根源在于财政开支负担过重，而财政开支得不到控制的原因与庞大的公务员队伍密切相关。例如，阿根廷的总人口为3600万，而公务员人数则多达200万。这一比率不仅在拉美，而且在世界上也是比较高的。阿根廷的公务员不仅领取高薪，而且还可享受非常优厚的福利。因此，庞大的公务员队伍占用了国家的大量资金。以国会图书馆为例，在它的3000万美元的预算中，98%的经费被用来支付其964位雇员的工资。此外，阿根廷的财政失衡还与中央政府与地方政府之间复杂的财政关系密切相关。由于在90年代后期的财政改革中，中央政府的财政权有所缩小，地方政府的财政权则显著强化，财政开支也大幅度增加，中央政府没有采取有效的措施来监督或约束地方政府的财政开支。90年代后期，在阿根廷公共开支的大幅度增长中，约 1/3 与地方政府有关。总之，不当的财政政策、沉重的债务负担和僵硬的汇率制度三者结合在一起，必然会导致危机。

第五，政治稳定是经济增长的基础。1999 年，阿根廷国民经济出现衰退后，经济问题政治化趋向愈益严重。政府的任何经济政策的出台或付诸实施，都受到党派之争的影响。经济问题政治化甚至还与同一政党内的分歧与不和联系在一起。例如，总统杜阿尔德与前总统梅内姆均属正义党，杜阿尔德曾经在梅内姆当政期间任副总统。正如人们所指出的，阿根廷的政治制度中有一种党内相互残杀的传统，梅内姆批评杜阿尔德的经济政策是极其坏的，要使自己在 2003 年的大选中处于一种有利的地位。不仅如此，在许多问题上，政府内阁也经常不能达成共识。由于得不到广泛的支持，政府在 2000 年和 2001 年实施的近十个经济计划接二连三地失败或半途而废。其结果是，国内外投资者对政府的信心危机也越来越明显，他们被迫停止投资或将资金转移到国外。

第六，在针对经济危机的措施上，政府与公众应该达成最大限度的共识。从 1997 年东亚金融危机看，泰国和韩国等国的民众踊跃向国家捐献金银珠宝，尽管也有人竭力反对政府的紧缩政策，民众对反危机政策的理解和支持无疑是非常必要的。针对阿根廷危机，阿政府根据国际货币基金组织的“药方”，推出了一系列紧缩性措施，其中包括降低工资和削减养老金支出等。但这些措施不仅引起了低收入者的反对，而且还遭到了中产阶级的抵制，从而使政府与公众的对立不断强化。就政府而言，每一项政策或措施的出台都应该考虑到民众的忍受程度，否则会事与愿违。德拉鲁阿政府的紧缩性措施如此严厉，产生了如此大的不良影响。

第七，一国只有提升产业结构来扩大出口，提升自身的国际竞争力才能持久发展。90 年代后期以来，阿根廷的许多出口产品确实在世界市场上失去了优势，阿根廷缺少的是一个能够使阿根廷经济走出衰退的出口部门。阿根廷的出口收入相当于国内生产总值的比重只有 10%，这一比重在新兴工业化国家中来说是比较低的。

第八，加强金融监管至关重要。阿根廷的金融危机为我们提供了一个很好的警示，即在金融全球化的时代里，新兴工业化国家必须加强对本国金融体系的监管，减少市场开放后国民经济各部门可能会遇到的过渡性波动，以确保金融安全和经济安全。阿根廷全面开放本国的金融市场，会暴露出本国金融体系的弱点。资本项目的开放使本国经济更容易受到短期金融资本的影响，短期资本进来的越多，隐含的风险就越大。如果没有一个独立的金融监管体系，资本和自由流动就会带来潜在的巨大风险。阿根廷的金融监管体系并不健全，没有及时发出金融危机的预警信号，在出现资本外逃趋势之后，也没有采取必要的危机处理措施，反而采取了一些简单的行政手段，例如限制居民提取银行存款，拒绝归还外债，大幅度削减工资和养老金等，丧失了化解危机的有利时机，使危机愈演愈烈，一发而不可收。大量事实证明，只有当本国建立起一个相对完善的金融监管体系，并能发挥实际作用时，才谈得上金融的全面开放。

第九，健全和完善国际金融体系。阿根廷的金融危机也透出国际金融体系的内在缺陷，国际货币基金组织被认为是国际金融体系的护卫者，对国际金融体系的安全及有效运转起着协调和规范的作用。然而，在阿根廷金融危机中，国际货币基金组织的最大缺点是，反应太慢，效率太低，对阿根廷的援助措施不力，对接受援助的国家提出严格的前提条件。

布雷顿森林体系解体以来，国际汇率的安排实际上处于一种无安排的状态，大多数国家都选择了浮动汇率制，一部分国家选择了货币局汇率制度。到底一个什么样的国际金融体系，才能防范和化解金融危机，避免类似阿根廷金融危机的再次发生？这使得人们重新去思考货币局制度、美元化问题以及全球的汇率安排。阿根廷金融危机的爆发，迫使我们重新去思考，在现行的国际金融体系下，实行货币局制度或实行美元化的国家如何避免与阿根廷类似的金融危机。

本章主要参考文献：

［1］葛华勇主编，陈敏强执笔. 世界经济金融回顾与展望（2001~2002年）［M］. 北京：中国金融出版社，2002.

［2］［巴］费尔南多·恩里克·卡多佐，恩佐·法勒托. 拉美的依附性及发展［M］. 单楚译. 北京：世界知识出版社，2002.

［3］郁方. 金融癌症：全球金融风险与秩序重整［M］. 广州：广东人民出版社，2002.

［4］张德远. 金融危机的理论与对策［M］. 北京：中国农业出版社，2001.

［5］江时学. 阿根廷危机的教训与启示［J］. 中国改革，2002（10）.

［6］安佳. 阿根廷危机和米德难题［J］. 经济学动态，2002（2）.

[7] 金洪飞. 阿根廷的货币危机：过去和未来 [J]. 当代财经，2002 (1).

[8] 李明德，江时学. 现代化——拉美和东亚的发展模式 [M]. 北京：社会科学文献出版社，2000.

[9] 赵雪梅. 阿根廷的金融开放与经济危机 [J]. 对外经济贸易大学学报，2002 (3).

[10] 刘桂荣. 阿根廷金融危机的成因及启示 [J]. 上海经济研究，2002 (8).

[11] 张铁强. 阿根廷债务危机的根源及其启示 [J]. 南方金融，2002 (3).

[12] 王维东. 阿根廷主权债务危机分析及风险防范措施 [J]. 企业研究，2014 (18).

[13] 叶书宏. 阿根廷"探戈危机"重现? [J]. 环球财经，2014 (6).

[14] 高严军. 阿根廷危机：政治和社会问题的两难选择 [J]. 中国改革，2002 (2).

第九章

2008 年的次贷危机

次贷危机是美国因次级抵押贷款机构破产、投资基金被迫关闭、股市剧烈震荡引起的金融风暴。美国的住房抵押贷款分为三类：优级贷款市场、次优级贷款市场和次级贷款市场。优级贷款市场面向信用额度等级较高、收入稳定可靠的优质客户，而次级贷款市场是面向收入证明缺失、负债较重的客户，因信用要求程度不高，其贷款利率通常比一般抵押贷款高出 2%~3%。抵押贷款在美国是传统的、占主导地位的信贷方式。在美国各家商业银行主要贷款中，抵押贷款占 1/4，其中住房抵押贷款占 90%左右。所谓次级抵押贷款，是相对于优质抵押贷款而言的。

从 2007 年 3 月开始美国爆发了次贷危机，2007 年 8 月次贷危机席卷美国、欧盟和日本等世界主要金融市场，至 2008 年 9 月演变为世界性的金融海啸。美国的次贷危机至今仍然令人心有余悸，它在金融市场掀起了一场罕见的风波，影响之大，范围之广，愈演愈烈，触目惊心，除了在金融领域引起了震荡外，全世界的实体经济也深受影响。如前美联储主席格林斯潘所说，美国正陷于“百年一遇”的金融危机中，这场危机将持续成为一股“腐蚀性”力量，直至美国房地产价格稳定下来；危机还将诱发全球一系列经济动荡。美国摩根大通公司发布分析报告说，次贷危机对市场行为的影响将持续至少十年。

第一节 / 危机过程与影响

“冰冻三尺非一日之寒”，美国次贷危机的发生是在复杂的大背景下形成的。20 世纪 80 年代以来，美国房地产市场发展的同时，金融创新工具也在迅猛发展，加上 90 年代以来货币政策的变化起伏，以及美国长期以来的“双赤字”及信贷消费文化等因素，都为次贷危机创造了条件。而且，随着经济全球化步伐的加快，网络把世界经济金融紧密地捆绑起来，在全球各地的资源优势有效配置的同时，也把一个国家的金融风险或危机非常迅速地传导到其他国家，也可以使别国的虚拟经济风险转移到其他国家的实体经济上，这使得美国次贷危机通过“蝴蝶效应”，殃及全球。

从美国国内情况看，20 世纪 90 年代以来，美国在信息技术革命的推动下，经济发展经历了高速增长，美国资本市场更是空前繁荣。2001 年，互联网泡沫的破灭使美国经济出现了衰退，为了刺激经济，美联储的货币政策采取了扩张性的政策，开始了从加息转变为减息的周期，在 2000 年 5 月至 2003 年 6 月期间，美联储连续 13 次降息，使美国联邦利率从 6.5%的高点降至 1%，达到了美国 45 年来的最低水平。直到 2004 年 6 月，在经历了将近一年的历史最低利率水平之后，金融市场的资金流动性已经十分宽裕。出于通货膨胀的担忧，美联储不得不提高利率，格林斯潘启动了一轮紧缩的货币政策，借以压抑通货膨胀。直到 2006 年 6 月，先后加息了 17 次，此时的利率水平又达了 5.25%的高峰（见图 9-1）。货币政策的“一松一紧”可以说是引起当前这场金融风暴的本源。

此货币政策反映在房地产市场上，就是房贷利率同期下降与同期上涨。在利率下降阶段，房地产市场上，有很多蕴含高风险的金融创新产品有了可以扩张的机会。比如，浮动利率贷款和支付利息贷款发放比例迅速上升。美国次级抵押贷款市场也通常采用固定利率和浮动利率相结合的还款方式，购房者在购房后头几年以固定利率偿还贷款，其后以浮动利率偿还贷款。与固定利率相比，这些创新形式的金融贷款只要求购房者每月担负较低的、灵活的还款额度。这样，从表面上减轻了购房者的压力，因此利率的持续下降，成为带动了 21 世纪以来的美国房产持续繁荣、次级房

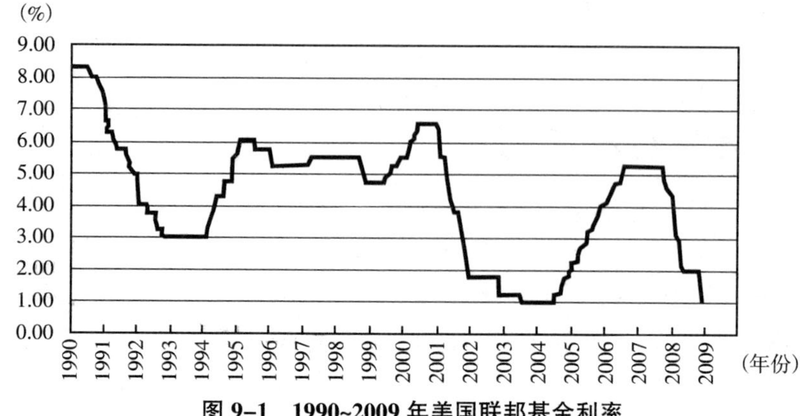

图 9-1　1990~2009 年美国联邦基金利率

贷市场泡沫的重要因素。随着这张“大饼”越做越大，富人们因为手里拥有越来越多的纸面资产而放肆地挥霍，而穷人们看到了自己房子每天都在升值，也开始加大了购买其他商品的力度。

美国房地产价格从 1995 年开始逐年上涨，上涨速度也逐步加快。在 2003 年下半年到 2005 年中期低利率政策刺激下，房屋价格上涨速度急剧提高，同比增长最高曾超过 15%。在 2006 年之前的 5 年里，由于美国住房市场持续繁荣，加上前几年美国利率水平较低，美国的次级抵押贷款市场迅速发展。从 2005 年第四季度起，房价的上涨速度开始明显下降，到 2007 年 3 月房价停止上涨，随后明显下跌。随着美国住房市场的降温尤其是短期利率的提高，次级抵押贷款的还款利率也大幅上升，购房者的还贷负担大为加重。到 2009 年上半年，美国房价一直位于下降通道中，如图 9-2 所示。

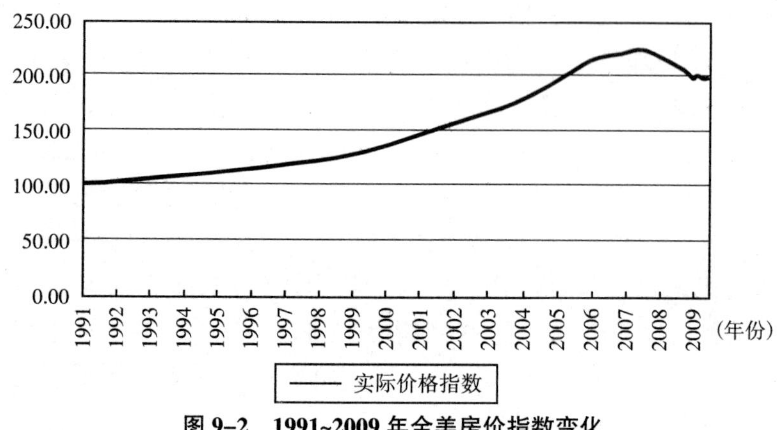

图 9-2　1991~2009 年全美房价指数变化

由于联邦利率的回升，房贷利率也相应升高。那些本来就缺钱的穷人就变得还不起贷款了，这导致次贷市场还贷拖欠比例迅速上升。至此，美国经济一下坠入货币流动性很低的状态，面临的是堆积如山的次级贷款债务。

美国经济发展的主要支柱是消费，政府鼓励国民信贷消费。由此，美国也建立起了消费文化，为了推动经济的增长，自 20 世纪 90 年代以来，随着抵押贷款准入门槛的降低，利率的大幅度下降，资产证券化和金融衍生产品创新速度的不断加快，全社会的消费文化使得美国家庭的负债总额加速上升。尤其是从 2001 年开始，美国家庭负债总额在美国 GDP 中的比重急剧升高，2001 年美国次贷支持的证券占房地产贷款总额的 50.4%，到 2006 年，这一比例急升为 80.5%，图 9-3 展示了 1961~2006 年美国家庭负债总额与 GDP 之比的变化情况。

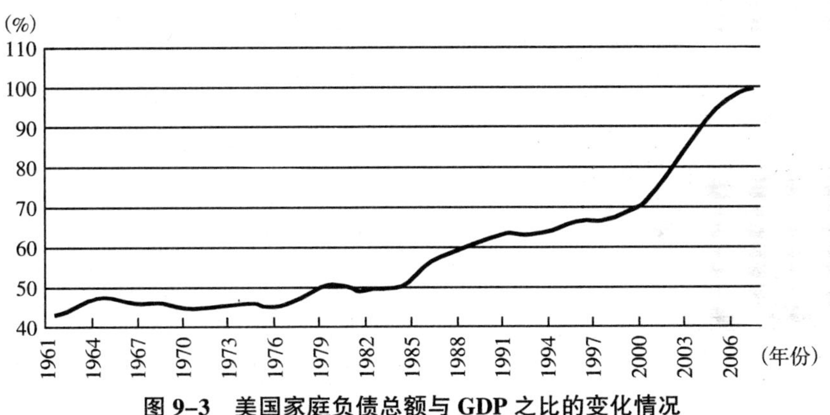

图 9-3　美国家庭负债总额与 GDP 之比的变化情况

资料来源：国信证券发展研究总部公布的研究报告：何诚颖等. 独立投行模式：运作绩效、危机处理与发展路向选择［R］. 2008.

然而，这些债务的主体绝大部分是那些还款能力低、信用风险高的次级抵押贷款者。在 2003 年，美国次级房贷推出时，曾被认为是一项了不起的金融创新，因为它实现了没有充分财力置业且信用欠佳的人的购房梦想。2001 年以前，次级抵押贷款在美国增长缓慢，此后规模迅速扩大，2003~2005 年间增长格外迅猛。2001 年，美国次贷市场规模为 1900 亿美元，在全部房屋抵押贷款中占比不到 2%；2003 年，市场规模翻倍增长到 4000 亿美元，到 2004 年突破 1 万亿美元，2005 年更是一跃增长到 1.4 万亿美元，在全部抵押贷款市场中占比将近 12%，直至 2006 年底，次级房屋贷款占全部房屋抵押贷款的比例达到了近 15%。在美国信贷消费文化下次级住房抵押贷款规模的发展速度非常之快。

一、危机发生的过程

美国自 2000 年经济不景气时起，布什政府利用房地产业拉动经济，用低利率与配合减税措施鼓励人们购房，带动了一波房地产大涨，比如，洛杉矶房价走高了 70%以上。在政府鼓励住房自有的政策下，加上利率水平较低，促使美国的次级抵押贷款市场迅速发展。这使得金融机构和投资者信心膨胀，涉足次级贷款及其债券市场的抵押贷款发放机构、个人和机构投资者被赚取高额利润吸引，原本最不被人看好的次级贷款业务反而成为金融机构竞相追捧的对象。2001~2003 年，新增次级贷款占新增个人住房抵押贷款的比重维持在 8.0%~8.6%，2004 年该占比一跃达到 18.5%，2005 年和 2006 年都超过 20.0%，到了 2007 年 3 月，美国次级贷款约 650 万笔，总额 1.3 万亿美元，占个人住房抵押贷款总额的 12.5%。在住房市场高度繁荣的情况下，很多金融机构大力扩张住房贷款，并推出购房者无须提供首付的贷款，前几年甚至可以只付息而不用偿还本金，而且放宽对借款人的信用审查标准，对低收入者大量放贷。政策带来的后果是：一旦住房市场降温，房价下跌，利率上升，次级房贷者无法按期偿还借款，使金融机构陷入严重的财务危机，甚至破产。因此，随着 2006 年开始美国住房市场的降温和短期利率的提高，次级抵押贷款的还款利率也大幅上升，直接导致大批次级抵押贷款的借款人不能按期偿还贷款，大批次级贷款借款人违约，最终导致美国次级抵押贷款市场危机全面爆发。美国次贷危机从 2006 年春季开始逐步显现到 2007 年爆发，总共经历了四次大的冲击。

（1）大批与次级住房贷款有关的金融机构开始破产倒闭。这一冲击开始于 2007 年 8 月。2007 年 2 月 13 日，作为美国第二大次级抵押贷款公司，美国新世纪金融公司（New Century Finance）发出 2006 年第四季度盈利预警，汇丰控股宣布业绩，并额外增加在美国次级房屋信贷的准备金额达 70 亿美元，合共 105.73 亿美元，消息一出，导致当日股市大跌，其中恒生指数下跌 777 点，跌幅 4%。4 月 2 日，新世纪金融公司面对来自华尔街 174 亿美元债务，宣布申请破产保护、裁减 54%的员工。4 月 27 日，纽约证券交易所对新世纪金融公司股票实行摘牌处理。

2007 年 8 月，德国工业银行宣布估计出现了 82 亿欧元的亏损，因为旗下的一个规模为 127 亿欧元的“莱茵兰基金”以及银行本身少量地参与了美国房地产次级抵押贷款市场业务而遭到巨大损失。德国央行召集全国银行同业商讨拯救德国工业银行的“一揽子”计划。

2007 年 8 月 6 日，作为美国第十大抵押贷款机构的美国住房抵押贷款投资公司正式向法院申请破产保护，成为继新世纪金融公司之后美国又一家申请破产的大型抵押贷款机构。8 日，美国第五大投行贝尔斯登宣布旗下两只基金由于次贷而倒闭。8 月 9 日，法国巴黎银行宣布暂停旗下三只涉足美国房贷业务的基金交易，此举导致欧洲股市重挫，次贷危机开始波及美国以外的西方市场。8 月 13 日，日本第二大银行瑞穗银行的母公司瑞穗集团宣布与美国次贷相关损失为 6 亿日元。据瑞银证券日本公司的估计，日本九大银行持有美国次级房贷担保证券已超过一万亿日元。此外，五家韩国银行也总计投资了 5.65 亿美元的担保债权凭证（CDO）。

2007 年 8 月 15 日，纽约股市三大股指大幅下挫，标准普尔 500 指数回吐了 2007 年以来的全部涨幅，而道琼斯指数跌破了 13000 点整数关口。至此，此次美国次贷危机已经造成全球性的影响。8 月 9~30 日，美联储已累计向金融系统注资 1472.5 亿美元，以防次贷危机的恶化。9 月 18 日，为应对愈演愈烈的次贷危机，美联储决定降息 0.5 个百分点，0.5 个百分点的降幅大大超过了此前市场 0.25%的降幅预期。从此，美国联邦储备委员会被迫进入“降息周期”。

（2）花旗、美林、瑞银等全球著名金融机构因次级贷款出现巨额亏损，市场流动性压力骤增。这一冲击始于 2007 年底至 2008 年初。2007 年 9 月 21 日，英国诺森洛克银行发生了挤兑风波。10 月 13 日，美国财政部帮助各大金融机构成立一只价值为 1000 亿美元的超级基金，用以购买陷入困境的抵押证券。10 月 24 日，受次贷危机的影响，全球顶级券商美林公司公布 2007 年第三季度的亏损为 79 亿美元。10 月 30 日，美林证券公司首席执行官斯坦·奥尼尔成为华尔街第一位直接受次贷危机影响而丢掉饭碗的 CEO。同日，欧洲资产规模最大的瑞士银行宣布，因次级贷款相关资产的亏损，第三季度出现近五年来首次季度亏损达到 8.3 亿瑞士法郎。

美联储和一些西方国家银行被迫采取措施联手干预。2007 年 11 月 9 日，美国银行、花旗银行和摩根士丹利三大行达成一致，同意拿出至少 750 亿美元帮助市场走出次贷危机。11 月 26 日，美国银行开始带领花旗、摩根大通为超级基金筹资 800 亿美元。

随着美国楼市全面恶化，美国成屋销售连续下滑，房屋库存增加。2007年12月12日，美国、加拿大、欧洲、英国和瑞士五大央行宣布联手救市，包括短期标售、互换外汇等。12月17日，欧洲央行保证以固定利率向欧元区金融机构提供资金。12月18日，美联储提交针对次贷风暴的“一揽子”改革措施。欧洲央行宣布额外向欧元区银行体系提供5000亿美元左右的两周贷款。12月19日，美联储定期招标工具向市场注入28天期200亿美元资金。

一系列举措使得危机在2007年底稍有缓解，但在随后的2008年又以更强的势头袭来。随着金融机构2007年第四季度财务报表的公布，越来越多的次级贷款损失被披露出来，根据美国财政部的数据，美国金融机构宣布的资产损失冲减金额累计超过1500亿美元，次贷危机还波及债券保险公司。受次贷危机影响，信用卡违约率上升。2008年1月4日，美国银行业协会数据表明，消费者信贷违约现象加剧，逾期还款率上升至2001年以来的最高值。次贷危机影响的人群已经不限于低收入群体，正在向正常甚至高收入人群蔓延。2008年1月22日，美联储紧急降息75个基点，两日后的1月24日，美国纽约保险监管层力图为债券保险商提供150亿美元的资金援助。1月30日美联储再次降息50个基点。2月12日，美国六大抵押贷款银行为防范止赎的发生，宣布“救生索”计划，以帮助那些还不起放贷而即将失去房屋的房主。2月20日德国宣布州立银行陷入次贷危机。次日的2月21日，英国议会批准国有化诺森洛克银行。

（3）美国第五大投资银行贝尔斯登濒临破产，向摩根大通和纽约联储寻求紧急融资，联储紧急向其注资，并大幅降息75个基本点，市场对美国银行业健康程度的担忧加深。这一波冲击发生于2008年3月、3月17日，美联储以外宣布调低窗口贴现率25个基点，至3.25%，摩根大通同意以2.4亿美元左右收购贝尔斯登。3月19日，美联储宣布再次降息75个基点，并暗示将继续降息；3月27日，欧洲货币市场流动性再度告急，英国首相和法国总统会晤，讨论如何提高金融市场透明度和敦促国际主要金融机构改革。4月8日，国际货币基金组织称全球次贷亏损一万亿美元。4月10日，高盛再次宣布裁员。4月17日，美林公司第一季度净亏损达19.6亿美元，为连续第三季度亏损，并将再裁员3000人，预期未来数月的形势将“更加艰难”。4月18日，花旗集团宣布，在冲减逾130亿美元损失后，一季度净亏损51.1亿美元。4月28日，著名投资人巴菲特声称，美国经济正在衰退中，并且程度将比大多数人所预期的更加严重。5 月 20 日，美国参议院银行委员会通过一项立法，将创建一个新的政府支持抵押贷款救援计划。5 月 21 日，投资大师索罗斯表示，英国经济将无法避免衰退。6 月 9 日，雷曼兄弟预期季度亏损 28 亿并宣布筹资 60 亿美元。6 月 22 日，花旗集团计划裁减旗下投资银行部门约 6500 名员工，许多高级管理人员将离职。

（4）美国联邦国民抵押贷款协会（房利美）和美国联邦住宅抵押贷款公司（房地美）被曝出因巨额亏损陷入困境。这两家最大的房贷机构属于由私人投资者控股但受到美国政府支持的特殊金融机构，主要业务是住房抵押贷款，2008 年 7 月，如果这两个企业不能获得及时的资本注入，那么也将面临倒闭或者被政府接管的风险。如果这两家公司破产，美国住房抵押贷款市场很可能在短期内完全停滞，不仅将使美国住房市场复苏无望，还会危及美国整体经济增长。2008 年 12 月 1 日，美国国民经济研究局宣布，美国经济从 2007 年 12 月开始正式进入衰退。12 月 4 日和 9 日，欧洲统计局和日本经济内阁公布修正后的数据显示，第三季度欧元区和日本 GDP 环比分别下降 0.2%和 0.5%，均为连续两个季度负增长。次贷危机对实体经济的冲击显著，全球三大经济体开始了“二战”以来最为严重的同步经济衰退。

二、次贷危机的影响

（一）美国金融市场受重挫

美国金融市场的广度和深度是美国金融霸权的基础之一，其金融市场深度决定了美国金融市场强大的融资能力和良好的流动性。次贷危机造成了美国股票和债券市场的融资功能受到了严重的冲击。不少著名的金融企业账面巨额亏损，在 2008 年 5 月，花旗银行、摩根士丹利、美国银行等大型金融企业已报亏，出现了资金困难。次贷危机的发生更使得美国大批与次级住房抵押贷款有关的金融机构纷纷倒闭。首当其冲的是美国的一家住房抵押贷款公司新世纪金融公司，紧接着美国第五大投资银行贝尔斯登被收购，房利美和房地美被政府接管。2008 年 9 月之后，危机愈演愈烈，9 月 15 日，美国的第四大投行雷曼兄弟宣告破产，而美国的第三大投行美林公司则被美国银行收购。9 月 21 日，美联储宣布仅剩的两大投行高盛和摩根士丹利也变成了银行控股公司。全美最大的储蓄贷款银行华盛顿互助银行宣布破产，美国大批中小商业银行以及保险公司纷纷陷入岌岌可危的境地。今天回首，美国的五大投行已成历史，次贷危机改写了美国的投行史。在次贷危机中伴演第三方角色的担保机构、评级机构、监管机构等也声名受损，从而带来了美国金融行业及相关机构的一次大洗牌。自 2008 年初到 2009 年 8 月底，美国破产银行总数达至 109 家。[①]

（二）美国的实体经济受到严重拖累

次贷危机通过金融信贷渠道将危机传递到实体经济，对实体经济产生了影响：

首先，次贷危机引发的信贷危机导致美国消费缩减。美国是典型的消费导向型经济，消费率一直保持在较高的水平，个人消费支出占 GDP 的 70%以上，消费不仅在 GDP 总量中占据首屈一指的比重，还对 GDP 增长做出了不容忽视的贡献。次贷危机对美国消费的影响是决定美国经济周期走向的核心要素。

次贷危机对美国消费者现金流产生了负面影响。次贷危机演变成了信贷危机，就金融体系而言，导致银行借贷、股市、公司债和货币市场等均出现问题，资本市场的财富效应消失，反作用于实体经济，次贷危机给美国诸多企业造成了巨额亏损，企业正常资本流转需求得不到满足，业绩下滑并诱发股票等资产价格进一步下挫。

次贷危机对美国消费者财富水平产生了负面影响。美国哈佛大学联合房地产市场研究中心在 2008 年 6 月 23 日发表的年度报告中指出，目前美国房地产市场正在出现半个世纪以来最严重的衰退，由于消费能力取决于消费者一生中的永久收入和财富水平，美国的房价下跌使得美国消费者的财产价值缩水，消费能力减弱。

次贷危机对美国消费者预期也产生了负面影响。消费者对未来经济状况、收入水平、市场风险等因素的预期水平将影响消费和储蓄的跨期选择。次贷危机给美国 GDP 增长、就业、物价、企业盈利等宏观、微观各层次造成了易于察觉的冲击，这给消费者信心带来了负面影响。美国劳工部 2009 年 3 月 6 日公布的数据显示，2009 年 2 月美国新增失业人数达到了 65.1 万，自经济陷入衰退以来失业人数已达到 440 万人，失业率攀升至 8.1%，创造了自 1983 年 12 月以来的最高水平。次贷危机发生后，美国消

① 数据来源：http://www.bofcom.gov.cn/bofcom/441945400249679872/20090923/241674.html.

费者对消费现状和消费环境满意度下降，人们对未来经济走势和个人收入充满担忧。预期下降将增强储蓄倾向，减弱消费者消费意愿，给现期消费带来负面影响。

其次，工业生产持续下滑，危及制造业和矿业等实体经济。美国工业产值自 2008 年 7 月以来陷入停滞和负增长，工业产值 7~9 月分别环比增长 0%、-1%和-2.8%，远低于 1920 年至今的 0.29%的月平均增长率。在产量下降的同时，美国企业还在减少生产能力的使用，美国设备利用率大大降低。次贷危机也造成了美国制造业的萎缩。2008 年 9 月，美国制造业活动指数只有 43.5，创下最低纪录。工业生产等指数的下滑表明美国制造业发生了萎缩。汽车销量也以两位数的速度下滑，一直被视为美国经济“晴雨表”的通用电气的股价 2008 年以来已经下挫了 1/3，次贷危机病毒正在侵入以制造业和矿业为代表的实体经济心脏。

最后，住房市场遭受沉重打击，尚未见底。在次贷危机发生之前，美国房地产业已陷入衰退，次贷危机使美国房地产衰退雪上加霜。大量新型贷款产品在度过了最初几年优惠期后，美国利率开始上升，次级贷款借款人的还款负担骤然上升，房价下跌又导致借款人无法按原先方式重新融资，结果是次级贷款违约率迅速上升。金融市场的动荡和房地产市场的低迷对其他经济活动的影响也开始显现。次贷危机从供给和需求两方面加大房价下跌压力，一方面，贷款人将处置更多抵押的房屋，二手房投放量会增加；另一方面，银行为控制信贷风险而提高贷款利率和贷款标准，从而压缩信贷规模，这都对住房市场产生负面影响。随着抵押住房重新推向市场，进一步加剧了房价下跌。次贷危机发生之后，房价已从 2006 年的高点下跌了 20%以上。住房市场泡沫破裂引发的负资产家庭数平均每 6 名业主就有 1 人断供甚至破产，还有潜在的断供和破产潮可能随时爆发。越来越多的美国家庭由于资产缩水和对经济前景的担忧，将会减少消费而增加储蓄。当时美国经济已经出现了次贷危机、房市衰退和下滑预期相互影响、相互恶化的局面。

（三）次贷危机对国际经济的冲击

首先，次贷扰乱了欧盟货币市场的运行。次贷危机打断了欧央行紧缩货币政策的进程。欧央行在 2007 年度内继续提高利率以紧缩前期过于宽松的货币政策，防范中长期通货膨胀。但次贷危机爆发后，货币市场出现流动性短缺，欧央行加息势必加剧这种短缺，且欧盟经济走势因次贷冲击而不确定性加大，为稳定经济形势，欧央行在此情况下只得选择保持当时利率水平不变。但欧央行的这一决定对其遏制通货膨胀的努力具有负面作用。

其次，次贷危机导致金融市场震荡。在次贷危机背景下，全球的金融行业开始进入了一个“多事之秋”。从 2006 年 11 月至 2007 年 8 月中旬，全美 80 多家次贷机构停业，其中 11 家破产，损失高达 1000 亿美元。英国、德国、法国、瑞士、荷兰、日本、澳大利亚等国家的 50 多家银行、对冲基金等受到波及。西方主要金融机构亏损严重，债务大幅上升。全球银行业损失 3000 亿~4000 亿美元。危机还导致美林、花旗、美国银行、贝尔斯登资产管理公司、英格兰银行和瑞士银行等美欧金融机构的董事长或总裁辞职。

投资者风险意识提高，纷纷转向低风险的政府债券和主权债券，导致这些债券的利率降低。另外由于担心偿付风险，公司债和一些新兴市场债券利率水平大升，结果导致这些债券与政府债券的利差急剧上升，企业融资成本因此大幅增加。次贷危机爆发还使股票市场出现大幅波动，一些银行股暴跌拉动大盘指数下行。金融市场上的信用紧缩非常严重，由于银行亏损，众多银行纷纷收紧银根，提高融资条件，减少了信贷规模，这使得流动性出现紧缩，同时融资成本增加，企业融资变得困难起来。同时，由于金融市场的动荡和投资风险的增加，国际投资者的热情受到一定抑制，投资交易量低且交易缓慢。次贷危机引起的信贷紧缩则可能较长时间地影响经济。

大量房贷机构特别是与美国次贷市场相关的基金陷入困境或破产。据不完全统计，国际金融市场的各领域都出现剧烈动荡，股市、债市、汇市、商品市场均无一幸免，并造成了西方信贷市场一定程度的紧缩。据估计，2007 年 10 月以来，全球股市出现暴跌，全球股票市值损失达 7.7 万亿美元。时至 2008 年 10 月 7 日，标准普尔 500 指数自 2003 年以来首次突破 1000 点，而道琼斯工业指数则创下 1937 年以来最大的年度跌幅。同时，三大股指的下跌速度也都达到了最高纪录。

最后，次贷危机影响了经济增长。随着次贷危机演变成全球性的金融危机，西欧和先进亚洲经济体则受到全球贸易崩溃以及其自身金融问题增加和一些国家房市调整的沉重打击，这种损害是通过金融和贸易渠道造成的，严重依赖制造业出口的东亚国家和依靠资本大量流入推动经济增长的新兴欧洲和独联体经济体受到的损害尤其大。自2007年次贷危机爆发以来，全球GDP的增长率直线下滑，到2008年中期达到了近五年以来的最低水平。

（四）次贷危机对中国的影响

次贷危机对中国金融体系产生了影响。2007年中国银行的海外扩张步伐已经开始加快，中国工商银行、中国建设银行、中国银行等在内的多家中资银行纷纷以参股、并购或在境外设立分支机构等方式，进军海外市场。随着次贷危机逐步深入，中资银行的海外投资损失逐渐凸显出来，中资银行的直接投资遭受了风险。2007年7月，国家开发银行以每股720便士价格斥资约15亿英镑购入巴克莱银行2.014亿股，持股比例为3.1%，成为巴克莱银行的最大股东之一。2007年下半年以来，巴克莱银行股价连续下挫，一度跌至10年来的最低点293便士。在这种情况下，2008年，巴克莱宣布增发15.76亿新股以募集约45亿英镑现金。国开行拟增持1.36亿英镑。增持前，国开行的投资已浮亏过半。截至2008年12月18日，巴克莱股价继续下挫，跌至1.4英镑，按2.82英镑/股的配售价算，国开行增持部分亏损近50%，总投资亏损近80%。同时，次贷危机导致了跨国金融企业业务受到冲击，中资银行海外机构的经营活动受到了影响。因为次贷危机使得消费者对金融机构的信心受到了打击，从而影响了整个银行业的经营环境。

次贷危机对中国股市也有影响。有关研究表明，2003年以后中国大陆股市与世界股市关联度已经达到60%左右，尤其与美国股市的关联度极高。2007年，中国股票市场一路走高，1月末上证指数只有2786点，到8月23日，在为期半年的时间里，上证指数就突破5000点大关，10月15日又站到了6000点的历史高位，10月16日达到6124点，再创新高。但此后，从2007年11月底开始，受美国次级贷款问题及市场过度扩容影响，中国股市开始下挫，股指一路走低，2008年9月5日，中国股市一举向下突破2245点，从本轮行情最高点下跌超过63%，创下当时全球股市最深跌幅。在这次股市回调中，与美国次贷危机、世界经济不确定性的直接或间接影响相关。

次贷危机对中国外汇储备的影响。外汇储备是货币当局所持有的，没有流通障碍的国外可自由兑换货币，是一个国家经济实力的重要组成部分，具有调节国际收支，稳定本币汇率的作用。外汇资产管理要符合流动性、盈利性和安全性的目标，一国外汇储备资产可存放在国外银行的活期存款账户中，以备不时之需，这种做法流动性很好，但活期存款账户一般不付息或付息很少，所以盈利性比较差；一国外汇储备资产也可以投资于收益较高的证券和金融衍生品，但这样流动性和安全性比较差。因此，在外汇储备存量一定时，要权衡考虑安全性、流动性和盈利性等方面因素，对储备资产进行合理的组合和运用。我国在 2006 年 12 月末，公布外汇储备突破 1 万亿美元；2007 年 12 月末，为 1.5 万亿美元；至 2008 年 9 月底，已达 1.9 万亿美元，超过七大西方工业国外汇储备规模的总和。我国外汇储备规模赶超日本，成为世界第一的外汇储备国。在我国的外汇储备中，大量以美国国债尤其是以中短期国债为主。外汇激增使我国外汇储备管理的思路与政策上出现了重大转变，由过去追求安全性与流动性的保守管理转向追求收益性的积极管理，而美国次贷危机的发生又对该“积极管理”造成了巨大的冲击。

次贷危机几乎对全球股市、债市、商品、能源等各个市场都构成了严重冲击，外汇市场自然不能幸免于难。自美国次级房屋贷款危机爆发以来，各界一直关注中国的官方外汇储备在次级债市场的投资情况。在次贷危机的冲击下，美元持续贬值，人民币对美元汇率的升值压力增大。2007 年年初以来，人民币对美元的汇率持续升值，而人民币对美元的大幅度升值意味着我国不得不承担部分金融危机造成的损失：我国美元外汇储备大幅度贬值和美元金融资产出现大幅度贬值。2007 年 8 月前，市场还是波澜不惊，每天的波动最多只有百分之零点几。但是自从次贷危机爆发后，外汇市场一天的波动就能达到 2%~3%。世界各国都受到了一定的影响，我国同时也受到了危机的冲击，特别是外汇储备作为衡量国与国之间经济交往的重要指标。由于美国央行为克服次贷的影响连续八次降低利率，使得美国的联邦基金利率从 2007 年 8 月的 5.75%降至 2008 年 4 月的 2.00%。美联储降息以后，美国短期债券收益率一路走低。美国国债收益率的全面下跌，使我国外汇储备资产的收益大大下降。我国为了抑制由于外汇占款所导致的通货膨胀，2007 年连续六次加息，已经让国内利率水平从 2.52%上升到 4.14%，中美利率出现倒挂。为了冲销由于外汇占款所导致的流动性过剩，中央银行不得不连续发行央行票据进行公开市场操作，其票面利率已经超过了美国国债的利率。因此，我国外汇储备资产的收益率已经远远低于由于这些储备资产所带来的调控成本。

次贷危机发生后，有外汇管理局官员表示中国官方外汇储备没有持有美国次级住房抵押贷款债券，这也意味着中国外汇储备未在美国次级住房抵押贷款债券风波中遭受直接的损失。全球金融危机所造成的国际金融市场急剧动荡，我国在海外的金融机构风险加大，收益减少，有的甚至出现了亏损，由于用外汇储备进行海外投资，中国政府承受的风险比商业银行大得多，所以在全球金融危机下，我国外汇储备在海外的投资遭受了巨大损失。在全球金融危机中我国外汇储备遭受损失的原因，主要是外汇储备资产单一化。主要表现在我国外汇储备过于集中于美元资产，其中又以美国国债与以美元计价的机构债占绝大部分比重。美国次贷危机爆发，美国的整体经济下滑、美元贬值、金融资产价格大跌，导致了以美元资产为主的中国外汇储备损失惨重。因此，从长期来看，在外汇储备中逐步减少美元的资产，优化外汇储备资产的配置十分重要，应实现美元资产向其他币种资产的转化，将以国债与机构债为主的资产结构转变为多元化的资产结构。

次贷危机对中国就业产生影响。次贷危机引起美国经济及全球经济增长的放缓，对中国经济的影响不容忽视，而这其中最主要的是对出口的影响。从 2007 年开始，由于美国和欧洲的进口需求疲软，我国出口增长率开始下降。到 2008 年下半年，全球经济陷入衰退的局面下，我国的出口产品受到严重影响，沿海地带的制造业也受到空前的打击，大量的工厂倒闭，失业人口急剧上升，社会压力更加繁重，从而整个实体经济增长步伐显著放慢。美国次贷危机造成我国出口增长下降。此外，全球金融危机的全面爆发使世界各国经济形势普遍恶化，导致了劳动力市场就业需求的萎缩，一些国家为了保护本国劳动力的就业机会从而限制国外劳动力的就业，一些国际劳务承包工程也受到了影响，这些都导致了海外就业的劳动力回流增加，加重中国国内的就业压力。

第二节 / 危机的原因

与东南亚金融危机等相比，这次在世界最大的经济体和金融中心的次贷危机表现出与以往的金融危机显著不同的特征：

首先，危机发生在全球最核心的金融市场，危机具有全球性，引发了世界性的金融动荡，而不是局限于个别国家或地区。以往发生在其他国家的金融危机的影响力和扩散能力都具有局部性，例如1997年发生在泰国的金融危机，虽然对东亚以及巴西等国带来影响，但是其影响是有限的，没有对欧美等国家金融市场和金融机构构成威胁。但次贷危机不同，次贷危机发生在美国，美国的金融实力首屈一指，其市场规模、市场结构、市场自由度、信用工具创新、货币政策传导等方面都较其他国家更为成熟和完善，因而美国金融市场成为世界上最发达的金融市场。美国大型金融机构都是全球化经营，向全球投资者提供了大量的金融产品，它们的行为对全球金融体系都有一定影响。可以说美国金融市场一旦发生危机，会迅速波及其他国家金融市场。次贷危机带来的美元汇率贬值，也直接刺激了石油价格、粮食价格、黄金价格和大宗基础原材料产品价格的快速上涨，给全球造成通货膨胀、石油危机和粮食危机。

其次，次贷危机在一定程度上改写了美国的金融体系。危机使最具创新力的投资银行等金融机构率先溃败，次贷危机对美国大型投资银行的打击是致命的，前五大投资银行中有三家破产或被收购，两家面临经营转型，美国最大的保险公司AIG摇摇欲坠，花旗等大型商业银行巨额亏损，还有多家中小银行倒闭。包括核心金融机构在内的众多金融机构的亏损和倒闭，表明了美国次贷危机的严重性，也给市场信心带来极大打击。

最后，次贷危机与房地产市场联系紧密。次级抵押贷款源于对于信用程度较低的购房人提供的贷款，金融机构对这种贷款打包后，以此为抵押发行债券，而次贷危机的基本原因也是由于购房人违约，无法还款，住房价格下跌，拍卖作为抵押物的住房也无法收回贷款。只要房地产价格不断下跌，就会不断有新的违约者出现，从而给金融资产价格和金融市场尤其是债券市场带来打击，使更多投资者亏损。房地产的运行周期较长，一旦进入价格下跌的通道，将会持续较长时间，况且美国房地产市场的泡沫巨大，需要较长时间来释放风险。这样就使次贷危机的持续时间与房地产价格变化密切相关，只要房地产价格没有跌到底，次贷危机就有可能继续延续。①

---

① 吴晓鹏，郑博宏. 美国优质贷款违约率倍增规模9倍于次级贷款［N］. 21世纪经济报道，2008-08-06.

总之，次级贷款抵押产品迅速蔓延到非抵押产品领域，并冲击了整个金融市场。次级抵押贷款债券作为一个金融产品，其在抵押贷款债券中所占比重很小，风险高的次级抵押贷款占美国全部住房抵押贷款的比重不超过4%。因此，由于房地产抵押借款人违约带来的直接损失是很小的，而通过金融机构对次级抵押贷款的多次打包和混合，导致风险向外扩散，最终投资者不知道自己持有的资产到底包含多少不良资产，所以，为规避风险不得不抛售持有的债券，造成债券市场和金融市场的振荡，债券价格持续下跌，给相关金融机构和投资者带来远远大于次级抵押贷款者违约造成的损失。[①]

具体看次贷危机发生的原因有：

（1）房地产泡沫破灭、住房价格持续下跌，是引爆次贷危机的直接原因。

20世纪80年代末期、90年代初期以来，美国房地产持续了十几年的繁荣，住房销售价格不断创下新的纪录，房价也以每年增幅超过10%的速度攀升，从1995年到2006年美国房价翻了一番。2000~2006年，美国房价指数上涨了130%，房地产市场积聚了大量泡沫，一方面是美国房市如火如荼，泡沫不断累积；另一方面是美国宏观经济形势也在发生变化，伴随经济增长，美国通胀压力加大，美联储从2004年下半年开始提高联邦基准利率。受房地产价格上升态势的影响，美国次贷规模不断扩大。刚开始利率的提高虽然增加了抵押贷款申请人的利息成本，但这却远远比不上贷款投资房地产所带来的收益的增加，如果这种境况一直维持下去，贷款投资需求也将继续强劲，泡沫不会破裂。然而，利率上升仍在继续，2006年，利率已由原来的1%调到了5.25%，随着联邦基金利率从1%提高至5.25%，2006年房地产价格停止上涨并且开始逐渐回落，一年之内房价下跌了3.5%，是自30年代大萧条以来的最大跌幅。这时贷款投资成本上涨终于开始赶上并超过房地产价格的上涨，也就是超过投资回报率的上涨，膨胀的投机需求开始减退，汹涌攀升的房价锋芒渐弱，与投资资金成本的上涨幅度形成越来越大的差距，房价走低预期逐渐生成，投机需求争相退出市场，购房需求随之恢复到真实面目，住房价格无可避免地从高位运行

① 马宇，韩存，申亮. 美国次级债危机影响为何如此之大——基于风险分担视角的解释［J］. 经济家，2008（3）：92-98.

跌到了万丈深渊，房产泡沫再也支撑不住，终于轰然破灭。

由于房价不断下跌，当跌破住房抵押贷款的偿还余额时，抵押贷款特别是次级抵押贷款的放款机构便进入了理性违约期，因为次级抵押贷款的放款对象一般是那些信用级别低，收入证明缺失的客户，他们的还款来源一开始就不是出自自身的还款能力，而是建立在房价不断上涨的脆弱假设上，其违约的可能性本来就高，由于次级抵押贷款的设计理念是基于房地产价格不断上扬和市场利率保持较低水平的前提假设之上，一旦市场利率上升和房价下跌，其本身蕴含的高风险就会爆发。一方面，高利率大大加重了还贷者的负担；另一方面，房价已开始下跌，借款者难以用房产作抵押借新还旧或出售房地产来规避可能的违约。违约开始频频发生，导致次级债不得不向其真实价值回归，甚至跌至真实价值以下，而以次级抵押贷款为基础资产的次级抵押债券及 CDO（债务抵押债券）随后出现大幅缩水，次级抵押贷款风险迅速向持有这些债券的投资者扩散，引发一系列机构投资者受损事件，这时次贷危机便全面爆发了。

（2）消费经济、政府开支、贸易逆差，这些都导致了美国内部经济失衡。美国经济是以消费为主导的经济，消费是美国经济强劲增长的主动力，几年来，美国居民消费占整个 GDP 的比重一直维持在 70%以上。但是美国的消费是建立在借债基础上的。美国人崇尚超前消费，为维持高消费水平，最典型、最普遍的消费形式就是银行贷款消费。大到买房子贷款、小到买台微波炉都要贷款。而且信用卡消费也很普遍，人们利用银行信用卡的 30 天免还期透支消费，然后用新贷还旧贷，结果背上一身卡债。可以说在美国贷款消费无处不在，没有使用过贷款消费的美国人很少。借贷消费增长占消费增长的 65%，而其中增长的 60%又与住房再融资有关。随着房价的快速上扬，以及在 2002~2006 年间加速上涨，过度消费的结果就是居民负债过度。与此同时，美国国内居民储蓄却不断下降，以 1994~2004 年末为例，居民净储蓄率从 14%下降至 1.6%。这些都导致了美国家庭债务总额年年上升，至 2006 年底已经占到美国 GDP 的 90%。随着房产泡沫的破裂，美国家庭财产价值逐渐蒸发，住房贷款的违约率也在飙升。个人破产案飙升，消费者逃贷现象严重。

美国政府开支不断上升，而美国国内税收却在下降。伊拉克战争、阿富汗战争和海湾战争这 3 场战争，使美国军事开支直线上升。自 2003 年以来，这类战后补偿费用总额已超过 500 亿美元。如美国遗产税，2002 年

1 月 1 日起美国开始大幅度削减遗产税，从 2002 年到 2009 年，美国遗产税的税前综合扣除额将逐步增加：2001 年为 67.5 万美元，2002 年增加到 100 万美元，2004 年增加到 150 万美元，2006 年增加到 200 万美元，2009 年增加到 350 万美元。美国政府借债度日使得美国财政预算赤字年年递增。美国财政在危机发生前的近 20 年来基本上都是赤字，只有 1997~2001 年这几年有盈余。美国政府的过度消费以及国家整体的过度消费严重扭曲了经济的正常发展，危机的爆发在所难免，“次贷危机”的爆发只是经济在严重失衡状况下自我调整的一种形式。

美国经济失衡还表现在对外贸易的巨额逆差。美国过低的国民储蓄率和消费导向的经济发展模式导致大量的贸易赤字和财政赤字。20 世纪 70 年代以来，经济全球化使国际分工逐步深化。但随着科学技术的快速发展，世界范围内的生产组织方式发生了明显变化，国际分工从产业间分工向产业内分工甚至产品内分工转变。大量制造业从最发达国家转移到中等发达国家，再进一步转移到新兴发展中国家。发达国家从事技术创新和产品设计需要进行高技术的生产，而发展中国家进行一般的低技术的生产。这种国际分工的深化，美国的产业结构发生了很大变化，美国的制造业总体萎缩，在 GDP 中所占的比例越来越小，远远低于新兴市场经济国家，即产业“工业空洞化”。在宏观上表现为大规模的进口，引起了美国巨额贸易下经常项目赤字，必须通过外部借债来平衡，美国成为世界上最大的债务国。这种失衡格局，为次贷危机埋下了伏笔。

（3）过于宽松的货币和汇率政策助长了房地产泡沫。格林斯潘担任美联储主席的时期，美国发生了互联网泡沫危机，纳斯达克指数从 1997 年开始上升到 2001 年 4 月的低点，走完了一个泡沫经济的正常历程。从 1999 年 10 月到 2000 年 4 月期间，仅仅 5 个月，纳斯达克指数从 2700 点左右（1999 年 10 月）上升到 5048 点（2000 年 3 月 10 日），将近翻了一番。但过了仅 37 天，就下跌到 3321 点，下跌 34%。虽然以格林斯潘为首的美联储做出种种努力，但是到 2001 年 3 月 12 日，纳斯达克指数跌破 2000 点大关，并于 4 月 14 日创下最低点 1638 点。至此，纳斯达克指数已从其最高点（5048 点）以不到一年时间损失了近 68%，加上传统股票道琼斯指数近两成的下挫，股价下跌使美国社会财富损失 5 万亿美元，相当于美国国民生产总值的一半。2001 年美国网络泡沫破灭，美国经济出现衰退。当时美国在 2001 年 IT 泡沫破灭之后，转而寻求以美元贬值、降低利率的货币汇率政策刺激宏观经济的复苏。房地产市场的泡沫则可以说是过度宽松货币汇率政策下的产物，IT 泡沫的破灭迫使美联储采取紧急的办法。美国过去一直实施宽松的货币政策，使住房贷款利率持续下降，人们的购房热情不断提高。一些银行和金融机构纷纷降低贷款信用门槛，住房贷款首付率出现了逐年下降的趋势，从历史上标准的 20%一度降到了零，甚至出现了负首付，大大减轻了购房者的压力。自 2000 年美国经济不景气时起，布什政府用低利率再配合减税措施，鼓励人们购房，导致连续多年的房贷市场繁荣，从而逐步带动了一波以房价为主的持续上涨的资产市场。2000~2006 年，全美房价上涨了 80%，涨幅为历史之最。从 2001 年开始的持续的利率下降，联邦基准利率从 2000 年的 6.5%下调至了 2003 年 7 月的 1%，且一直维持至 2004 年 6 月，使很多高风险金融创新产品在房地产市场上产生并开始扩张，这些创新产品只要求购房者每月负担较低和灵活还款额。然而，从 2004 年 6 月起，为了抑制通货膨胀，美联储的低利率政策开始逆转，开始了一个连续 17 次的加息周期。到 2006 年 8 月，联邦基金利率从 2003 年 6 月的 1% 提高到 5.25%。连续升息的过程在提高了房屋借贷成本的同时，也促发了房价的迅速下跌，但从 2006 年开始，美国房地产市场逐步出现降温迹象，房屋价格开始持续走低，房价的下跌也促发了抵押违约风险的大量增加，成为次贷危机的一根“导火线”。在房地产价格不断攀升的时候，放贷机构和借款人以为，如果出现还贷困难，借款人只需出售房屋或进行抵押再融资就可以了。这样，虽然减轻了购房者的压力，促进了美国房产的繁荣，进而推动了房贷需求及房价上涨，而房价上涨导致的风险低估又刺激了房贷需求，但也埋下了次级房贷市场泡沫的祸根。在宽松的货币政策下，货币发行过量，金融机构又开发了次贷。次贷的迅速发展进一步提升了购房需求及房地产价格，如此滚雪球地发展，造就了“房市泡沫”。

随着通胀加速，美联储不得不缓慢地加息，每次提高 25 个基点，经过多次加息至 2006 年，利率升至 5.25%，而房贷利率也大幅提高，结果致使中低收入者无钱还贷，美联储由松变紧的货币政策改变，直接导致了次贷危机的出现。利率大幅攀升加重了购房者的还贷负担，连续升息提高了房屋借贷的成本，开始发挥抑制需求和降温市场的作用，促发了房价下跌以及按揭违约风险的大量增加。由于房屋等固定资产价格的下降，使最终损失承受者的总损失规模倍增，而金融工具的复杂性使市场参与者难以准确评估损失，金融机构介入的多元化也使损失的承受边界难以控制，房地产泡沫终于破裂，次级债券大幅贬值，次贷危机发生不可避免。

（4）过度推行金融自由化与金融创新，政府监管缺失。虚拟经济脱离实体经济且过分膨胀，积累了巨大的金融泡沫和风险，是导致严重金融危机的根本原因。过度地推行金融的自由化，监管缺失导致金融创新以及虚拟经济过度发展是次贷危机演变为剧烈金融动荡的重要原因。

2002年美国网络股泡沫破灭以后，在异常宽松的金融环境下，美国经济形势开始好转，金融自由化改革开始进入高潮，房产市场产生了大量蕴含着高风险的金融创新产品，这些“创新”的金融贷款只要求购房者每月担负较低的和灵活的还款额度，刺激了美国住房拥有率的提高。然而次级抵押贷款中存在的巨大风险被良好的经济发展形势所掩盖，也使得次贷产品在投资回报方面有了更高的增长空间。以次级贷为基础的高杠杆、高风险的金融衍生品吸引了美国之外的大量来自欧洲、亚洲等其他国家和地区的投资者，这种创新已经完全脱离了生产和供需基本面，积聚了巨大泡沫，使在美国经济掩盖下的“次贷风险”隐埋在世界金融体系中。

推崇金融自由化使金融体系丧失了对风险的警惕，在放松金融市场管制的同时，对金融企业的有效监管并没有实现。缺少了市场监管，过早撤除了资本市场和银行体系之间的防火墙，从而使得美国金融体系原本相对独立的“金融市场”和“银行机构”两条腿，在金融自由化的推动下又演变成“一条腿”。在市场管制放松而功能管制尚未跟进的情况下，金融企业的业务活动大为扩展，各种新的金融产品层出不穷，尤其是证券化和结构性投资工具发展迅猛。金融创新是一把“双刃剑”，如果片面强调产品创新而忽视制度建设，将导致金融市场对风险定价核心功能的失效。“衍生工具”的高杠杆效应使次贷债券放大了十倍至数十倍，形成了巨大泡沫。在房地产市场繁荣时期，为提高资金周转率，在投资银行的帮助下，许多金融机构将持有的大量房地产抵押贷款进行证券化，将一部分住房抵押贷款债权从自己的资产负债表中剥离出来，以这部分债权为基础发行住房抵押贷款支持证券（MBS）。为了让MBS容易出售，投资银行还对其进行信用评级和信用增级，以中间级MBS为基础发行抵押债务债券（CDO），经过层层包装，向社会出售，利用房贷证券化将风险转移给投资者。债券市场是金融创新最冒进的领域，最终也成为风险聚集最大的市场。监管部门对这类由高风险基础产品派生出的“衍生品”也缺乏监管力度，使得整个市场的系统风险大大增加。随着货币政策逆转，出现偿贷危机时，房贷证券化产品价格大幅下跌，大量的投资者特别是投资银行纷纷陷入经营困境。由于监管的放松，使得金融机构的竞争过于激烈，杠杆率大幅提高(通常达到了25倍)，风险也进一步放大。

第三节 / 历史启示

由美国次贷引发的这场全球金融危机，给全球金融体系带来了巨大冲击，这是20世纪30年代以来最严重的一次金融危机，这次金融危机对中国经济的发展及现代金融体系提出了警示。

一、风险控制对于金融机构至关重要

次贷危机是在全球流动性充裕环境下，金融机构风险意识弱化加上监管缺失的结果。因此，金融机构的风险控制是至关重要的。金融风险最主要的还是信用风险，如果放弃了对客户的信用审查，那么信用风险的闸门就打开了。次贷危机的滋生主要是源于为高风险客户提供了信贷，而投资银行又在此基础上创造了大量基于这些贷款的高风险衍生证券，次贷危机的惨痛代价告诫我们任何时候都不能忽视风险的存在。即使是美国这样的市场机制相对发达的国家，其发生金融危机的可能性依然存在，金融机构永远要将风险控制放在第一位。

对于我国的金融机构来说，有必要吸取美国、欧洲等国金融机构在此次危机中遭受损失的教训。以银行为例，我国的商业银行纷纷完成了股份制改造，为了保障各家银行的利润，加大信贷投入必不可少，但是信用资产的标准轻易不能降低。随着资本账户逐步开放，在有管理的浮动汇率制度下，我国金融体系的不稳定性加大，银行经营面临的不仅是信用风险，还包括汇率风险和利率风险，这些风险不加以防范就极有可能引发金融危机。因此，金融机构应强化稳健经营意识，在充分认识到金融风险的潜在威胁基础上，加强风险意识和风险管理。既要进行金融业务创新，又要控制好风险，以取得业务创新与风险防范之间的平衡。

二、依据国情实际进行金融创新，金融监管应跟上创新步伐

金融创新是把“双刃剑”，既会给金融业盘活资金，带来新的利润，也会带来新的风险。美国金融机构类似衍生产品的创新确实存在着事前不为人知的巨大杀伤力。从次贷危机中我们看到，通过房屋抵押贷款证券化的方式，一方面次级债在很大程度上的确满足了美国中低收入家庭的住房要求；另一方面则在很大程度上解决了银行的资金流动性问题和信贷违约问题，同时抵押贷款证券化的方式可以给投资者带来更高的回报。但是风险也在回报中越聚越广，风险在更广大的群体中进行了分散，降低了单个金融机构的风险水平，但是金融创新背后所隐藏的各种风险也是不容忽视的。一方面，创新产品的复杂性很可能掩盖产品自身的风险，导致风险的不断积累；另一方面，资产证券化将各类金融机构以流动性为基础联系在一起，一旦某一个环节出现问题，就会引起连锁反应，将基础资产市场的信用风险扩散到衍生产品市场，从而影响到借款人、贷款机构、投资者和监管部门等相关机构。次贷风险就是美国将金融创新方式成功地输向全球，也将收益风险转嫁给全球资本市场的投资者，由全球资本市场来共同承担次贷危机的风险。

对于中国的金融创新，应当从中国实际出发，在我国金融市场特征、投资者收入水平和承受风险能力的基础上进行金融创新，不能脱离国情。目前，中国的资本市场已经形成气候并逐步走向成熟，随着股票和基金市场的不断扩大和规范，以及老百姓对这个新兴市场认知的不断加深，传统的银行业务面临着越来越严峻的挑战，银行主要依靠存贷款利差过日子的局面将难以维持利润的增长。随着投资者队伍的壮大，如何满足不同风险偏好投资者的需求是摆在金融机构面前的一个十分艰巨的任务，也是实现其业务转型、全面提升市场竞争力的必然选择，这些都离不开金融创新。适应这样的一种新变化，是摆在金融机构面前的一个既紧迫又艰巨的任务。

在金融创新的同时，政府应当加强金融监管。首先，要加强对金融创新产品的监管。市场不是万能的，市场的有序发展离不开政府的监管。在次贷危机中，美国金融体系中的多个环节都存在监管缺失，对衍生金融工具的监管失控也是造成美国次贷危机的重要原因。这对中国的金融监管来说是个重要警示。随着金融衍生工具品种日益丰富，交易规模迅速扩张，衍生金融工具已经成为现有金融市场上不可或缺的重要组成部分。只有加

强金融监管力度，使之跟上金融创新的步伐，才能保证金融业的稳定发展。要加强对复杂金融产品的风险监管，特别是对信用衍生品等的监管要进行改进，要强化资产支持证券发行机构对基本债务人的债务履约能力的监督责任。在金融创新过程中要搞好相关政策法规的配套，加强对金融创新产品尤其是金融衍生产品的监管，使金融监管跟上金融创新的步伐。中国的金融衍生品市场起步较晚，品种比较单一，市场规模不大。但是，监管不是放慢速度，而是要紧跟金融形势。对于金融衍生品，不仅要在审批时认真审查，而且要一直密切关注其发展过程。监管部门在发展过程中应合理评估创新产品风险，加强创新业务合规审查，实行事前沟通、事中审核到事后监督的业务创新全流程持续跟踪监管。根据金融全球化、自由化新情况，制定共同的监管标准、共同的监管框架和共同的风险处置方法，通过国际合作来防范一国出现的金融问题和危机扩散到其他的国家的危险。监管机构必须要站在市场一边。

其次，加强对金融产品信息披露和评级机构的监管。次贷危机的一个很重要的原因就是信息不透明，信息不对称。金融机构设计了按揭贷款，然后把它包装成按揭证券，之后又再次包装或多次包装成各种金融产品。在这个过程中，投资者对所投资的资产池中的原始资产信用情况毫不知情，而仅仅依靠评级机构的评级报告来进行投资决策。这种信息不对称使许多投资者失去了及时处置或采取措施规避风险的时机，所以一定要加强对信息披露及评级机构的监管。对于一项新的金融产品，金融监管机构有责任要求有关金融机构必须要将其具体情况向客户说明其风险，不能欺瞒客户，更不能在客户不了解产品条款的情况下劝说其签订金融产品协议。评级机构有其专业知识和市场经验，对于金融产品可以得出相对真实的评级结果，但要防止评级机构与金融机构合谋故意抬高某种金融衍生品的评级结果，这些都需要政府做好监管。

最后，要加强金融监管体制改革。改革开放以来，我国实行分业经营、分业管理的体制，有中国人民银行、银监会、证监会、保监会和国家外汇管理局五个金融监督管理机构。进行金融专业化监管在防范和化解金融风险中发挥了积极作用。美国的次贷危机涉及银行、证券、保险等各个方面，需要的是对金融业的综合监管。随着我国金融业综合经营的推进，银行、证券、保险、信托等业务之间的界限越来越模糊，尤其是对跨行业经营的金融控股公司和跨市场金融创新业务的监管职责界定不清晰，协调监管难度大，存在监管重复和监管真空。因此，进一步推进金融监管体制改革，确定中央银行在金融体系中的核心地位，全面考虑货币政策与金融监管、银行监管、证券监管和保险监管之间的关系，理顺中国人民银行与其他金融监管机构的分工协作关系，成立一个综合的监管部门，对现有的政府机构进行精简、整合，构建一个协调配合的新型金融监管框架。

三、对中国房贷市场发展具有启示意义

中国经济受美国次贷风波的直接影响是有限的。但对于中国房地产投机气氛的楼市来说，随着中国房地产价格的飙升，中国住房抵押贷款的风险也在不断聚积，次贷危机的经验教训值得我们思考。

中国的房地产经过了一个快速上升的周期，房价的快速上涨导致房地产行业利润增长飞速，称为“暴利行业”。商业性房地产贷款占金融机构人民币贷款的比重不断上升，房地产信贷资产已成为房地产开发资金的主要来源，房地产市场的波动无疑将增大银行信贷损失的风险概率。商业银行大量资金流入房地产行业。如果房价出现大幅度下跌，银行持有的房地产抵押价值下降，冲销减值准备金，银行自有资本下降。银行相应会减少对房地产行业的信贷投放，这将推动房地产价格更大幅度的下降。2014 年房价同比有所下降，这已经导致了个别地区房地产商资金断裂，甚至房产商跑路的局面，若市场信心一旦丧失，房价迅速下跌，必将殃及整个金融资本市场。美国次级抵押贷款危机提醒我们，越是在市场繁荣的时期，我们越应当加强风险控制和监管。中国的抵押贷款市场也存在着风险，美国发生的住房金融危机应该让中国保持警惕，防患未然。只有保持清醒的头脑，从预防经济周期波动和外部冲击的角度出发充分估计风险，实现自身的稳健经营和持续发展。

总之，中国金融改革不能因为避免危机而因噎废食，因此，金融改革步伐不会停滞不前，金融创新的步伐会迈得更大。美国次贷危机中存在着由于信息不对称而导致的市场失灵，美国次级住房抵押债券市场存在着严重的信息不对称。有关次级房贷的大量真实信息存于贷款公司和经纪公司，资产证券化以后，风险转移给了市场，但信息并没有很好地传递给投资者。投资者完全依靠评级公司来定价，而事实上评级公司的评级却出了很大问题。因此，在吸收次贷危机教训的基础上，对于资产证券化这种金融创新必须谨慎开展。

本章主要参考文献：

［1］次贷危机研究课题组. 次贷危机正在改变世界［M］. 北京：中国金融出版社，2009.

［2］［美］理查德·比特纳. 贪婪、欺诈和无知——美国次贷危机真相［M］. 覃扬眉，丁颖颖译. 北京：中信出版社，2008.

［3］吕江林等. 美国次贷危机：原因、对我国的影响及应对［M］. 北京：北京大学出版社，2011.

［4］张德远. 金融危机的理论与对策［M］. 北京：中国农业出版社，2001.

［5］母泽洪，李海海，周陈曦. 美国次贷危机研究［M］. 成都：电子科技大学出版社，2009.

［6］徐明威等. 美国次贷危机传染与金融可持续发展研究［M］. 北京：中国金融出版社，2011.

［7］屈燕林. 美国次贷危机与中国经济的稳定增长［M］. 北京：人民出版社，2014.

［8］何泽荣. 美国次贷危机研究［M］. 成都：西南财经大学出版社，2012.

［9］吴嘉恩. 从次贷危机看贷款证券化的教训［J］. 当代经济，2014（2）.

［10］任雪风，王永健. 美国次贷危机的传导机制研究［J］. 中国外资，2014（6）.

［11］尹哲，张晓艳. 次贷危机后美国、英国和欧盟金融监管体制改革研究［J］. 南方金融，2014（6）.

［12］党卫. 透过次贷危机看基础设施领域的资产证券化问题［J］. 国际金融，2015（2）.

［13］吴晓鹏，郑博宏. 美国优质贷款违约率倍增规模 9 倍于次级贷款［N］. 21 世纪经济报道，2008-08-06.

［14］马宇，韩存，申亮. 美国次级债危机影响为何如此之大——基于风险分担视角的解释［J］. 经济家，2008（3）.

［15］崔文芳，马宇. 欧洲主权债务危机的特点与成因［J］. 长春金融高等专科学校学报，2011（1）.

第十章

2009年以来的欧债危机

欧债危机是在2008年金融危机发生后，一国以自己的主权为担保向国际货币基金组织、世界银行以及其他国家借债。希腊等欧盟国家所发生的债务危机即欧元区主权债务危机，其爆发、恶化与次贷危机息息相关。

第一节 / 欧债危机过程和影响

一、危机过程

2006 年与 2007 年，欧洲处于一个经济增长强劲的阶段。根据欧盟公布的统计资料显示，2007 年，欧盟经济增长率为 2.8%，欧元区为 2.6%，连续两年高于潜在的增长率。并且超过美国 2.2%和日本 2.0%的年增长率，使 21 世纪以来欧盟经济增长率连续两年高于美、日。欧盟人均国内生产总值增长率达 2.5%，欧元区为 2.1%，超过美国的 1.2%和日本的 2.0%。德国的经济表现更是令人瞩目，2007 年，德国的出口增长强劲，增幅达到 8.5%，而失业率降至 14 年来的最低点，仅为 8.1%。①

次贷危机爆发并蔓延以后，欧洲受到了重创。欧洲是次贷危机的重灾区，欧洲的金融机构巨亏，如冰岛的三大银行的负债总额超过了冰岛国内生产总值的 12 倍。2007 年 9 月，发展最快、经营理念最为大胆的北岩银行出现了英国近 140 年以来的首次“挤兑现象”。该银行直接持有的与美国次级债券相关的金融产品尚不到总资产的 1%，但是，由于其资产负债在结构上存在着期限不相匹配的问题，当美国次贷危机波及欧洲短期资金市场时，北岩银行出现流动性紧缺，出现融资上的困难，引发了挤兑现象。英国央行随即为其提供了 250 亿英镑的援助，而且英国政府也出面为其储蓄做了担保。2008 年 2 月 21 日，英国议会通过了将北岩银行国有化的方案，授权该国政府将北岩银行所有股份暂时归入其名下，并由独立的审计机构来计算股东的收益。这也成为自 20 世纪 70 年代以来英国的首起企业国有化案例。

2009 年 6 月，欧洲央行公布的数据显示，2008 年，欧元区综合性银行大集团的资产减少了 1050 亿欧元。随着债务期限的陆续临近，各大银行在债务市场上面临着转仓困难。银行对美元的需求激增导致美元缺口高达 2

① 周弘，沈雁南. 欧洲发展报告（2008~2009）[M]. 北京：社会科学文献出版社，2009.

万亿美元。英国、瑞士和德国的银行各存在 3000 亿美元的缺口，而荷兰银行业则有 1500 亿美元的缺口。这不仅推动美元升值，又进一步加剧了欧洲银行资本金短缺的压力。

在欧债危机爆发以后，对欧洲美元的巨额需求巧妙地配合了美元的扩张，推动了美元升值。2012 年 6 月 19 日，摩根士丹利估计，目前的海外美元缺口是 2008 年金融危机时期的 5 倍，因为欧洲债务危机和全球增长展望的忧虑正在推高对美元的避险需求。由于欧洲美元数量很快封顶，对美元汇率的压力开始显现，因为投资者必须确保美元资金来满足其持有的美元计价资产下跌引发的追加保证金要求。

次贷危机发生后，美国政府遮掩了次贷危机的真相，如美国前总统小布什更是在多次讲话中强调，美国经济基础仍非常稳固、健康，目前所面临的只是短期的不确定因素。2007 年 9 月，美国第二大按揭融资公司房地美强调，楼市下滑不会导致美国经济衰退，该公司甚至认为市场的调整将为投资者带来机遇。因此，许多人认为危机会很快过去，而这也正是导致许多资金（包括主权财富基金）蜂拥进入美国“抄底”的根本原因。但其实，这些资金最终抄到的“底”，其实都处于“顶部”，被套牢了，损失非常惨烈。大批的资金涌入到美国。对美国来说，资金的流入则可以延缓虚拟经济泡沫破灭的时间，为其实体经济抗御金融危机争取更多的时间。截至 2007 年年底，为挽救次贷危机，仅欧洲各国就注入了 1 万多亿美元。其中，仅 2007 年 8 月 9 日和 10 日这两天，世界各地央行就注资超过 3262 亿美元救市。在这个过程中，美国自己拿出的真金白银却少得可怜。由于欧洲各国向美国输送了巨额的资金，等到欧洲各国意识到次贷危机的巨大杀伤力越来越大的时候，已经晚了。当次贷危机的影响蔓延到欧洲，欧洲各国真正开始慌了，而这又导致欧洲犯了另一个错误：欧洲为了拯救自己，向市场中注入了大量流动性支持。

当危机爆发以后，各国央行和欧洲央行首先迅速向金融市场和金融机构注入大量流动性支持。2008 年 10 月，欧洲相关国家推出的救市规模就高达 2 万亿欧元。

法国政府拿出 3600 亿欧元用于金融救助，其中 3200 亿欧元用来担保银行借贷，400 亿欧元用来向银行提供资金。

英国政府宣布向苏格兰皇家银行、哈利法克斯银行和莱斯银行注资 370 亿元英镑。随后又紧急公布了“一揽子”银行救助计划，向英国各大商业银行提供高达 500 亿英镑资金，以增强市场的流动性。

德国政府也逐渐拿出最多 5000 亿欧元用于救市，其中 4000 亿欧元用来为商业银行同业拆借提供担保；1000 亿欧元用于政府注资金融机构，这其中又有最多 800 亿欧元用于直接注资银行。

西班牙政府当天通过总额最高 1000 亿欧元的金融援助计划，用于在 2008 年底前为西班牙金融机构提供信贷担保。

荷兰政府将总共出资 2000 亿欧元用于为银行同业拆借提供担保。

奥地利政府宣布总共出资 850 亿欧元为银行同业拆借提供担保，并拨出 150 亿欧元用于银行资本重组。①

到 2009 年 4 月，欧洲发达经济体中央银行资金注入规模为其 2008 年 GDP 的 2.5%，财政部资产和信贷回购规模占 GDP 的 3.7%，由央行和财政部共同的流动性支持为 GDP 的 2.1%。另一组数据显示，欧盟各国金融救市资金总额累积接近了 3.5 万亿欧元，其中，2700 亿欧元用于注资，3.2 万亿欧元用于提供担保以扩大银行资金，缓解信贷紧缩的局面。同时，各国迅速放松货币政策。英格兰银行五次下调基准利率 350 个基点至 1%，欧洲央行下调 325 个基点至 2009 年 5 月的 1%，为欧洲央行最低利率水平。除了传统的流动性支持和宽松的货币政策之外，各国央行和欧洲央行还采取了金融机构存款和债务担保、再融资、机构救援和资本市场救助等措施，注资和国有化成为危机救援的重要路径。经过近 10 年的经济高速增长，受金融危机影响，从 2008 年 10 月开始，欧洲新兴经济体的经济急剧下滑。捷克、乌克兰、匈牙利等欧洲五个新兴国家向国际货币基金组织寻求财政支持，援助总额为 554 亿美元。

在次贷危机爆发以后，欧洲为了拯救美国，向美国大量“输血”，造成了自己的“贫血”，从而给欧洲经济发展造成了“釜底抽薪”般的重创。

从欧债危机过程看，2008 年金融危机结束后，伴随着全球经济的迅速复苏，欧元从 2009 年初至 2009 年 11 月展开了一波大幅上涨。然而欧元的这种上涨并没有保持下去，从 2009 年底直到 2013 年底，欧元走出了宽幅震荡态势。第一阶段是 2009 年 12 月至 2010 年 6 月，欧元从高点 1.5144 下跌至 1.1877，下跌幅度达到 21.6%。第二阶段是 2010 年 6 月至 2011 年 5 月，欧元从低点 1.1877 上涨至 1.4940，涨幅达 25.8%。第三阶段是 2011

① 本报记者. 欧洲 2 万亿欧元救市措施一览［N］. 证券时报，2008-10-15.

年5月至2012年7月，欧元从1.4940的高点下跌至1.2041的低点，下跌幅度达到19.4%。第四阶段从2012年7月至2013年底，欧元从1.2041上涨至最高达到1.3832，涨幅达14.9%。这样一种宽幅震荡的走势和欧元区部分国家的主权债务危机间歇性发作有直接的关系。

2009年10月，刚上台的希腊社会党政府宣布2009年希腊财政赤字水平将达到国内生产总值的12.7%，是上届政府预估的两倍以上，且远高于欧盟规定的3%的上限，对此外界一片哗然，希腊政府债务危机由此拉开序幕。2009年12月8日，国际著名评级机构惠誉宣布，将希腊主权信用评级由“A-”降为“BBB+”，同时将希腊公共财政状况前景展望确定为“负面”。这是希腊主权信用级别在过去10年中首次跌落到A级以下。同一天，另一家著名评级机构标准普尔也把希腊列入负面观察名单，并表示假如当地政府还未能削减日益庞大的赤字，便有可能把该国的信贷评级调低。希腊主权信用评级遭下调再度引发市场对政府财政赤字管理和风险控制的担忧。2009年12月11日，希腊政府表示国家负债高达3000亿欧元，创下历史新高。随后标普、穆迪均对希腊政府主权债务评级进行了下调。希腊股市也有不小的反应，从2009年10月23日至2010年6月11日，希腊ASE综合指数共下跌47.56%。

在希腊的债务危机刚刚爆发时，欧洲央行和其他欧盟领导机构都表示希腊财务状况紧张，但并未着手制订详细的救助计划，这也促使希腊危机愈演愈烈。希腊政府起初希望凭借自身力量摆脱危机。2009年12月23日，希腊政府通过了2010年度危机预算案。2010年1月，希腊政府承诺将2010财年赤字减少145亿美元。然而，削减开支的计划受到了民众的激烈反对，大批市民罢工游行，进一步恶化了希腊本国的经济活动。希腊的赤字问题迅速蔓延，直到2010年3月，欧洲各机构也没有就解决希腊问题形成方案，市场对希腊问题得到解决较为悲观。

同时葡萄牙政府表示，2009年财政赤字占GDP的比例从原来的5.9%上调至8%。2010年1月西班牙政府表示2009年财政赤字达到GDP的11.4%，同时预计2010年赤字也将超预期。同年3月惠誉又将葡萄牙的主权信用评级调降一级，这进一步加剧了欧元的下跌。

希腊和葡萄牙的10年期国债收益率逐步攀高。同时发生的还有各评级机构不断调降希腊的信用评级，2010年4月27日标普将希腊评级降至垃圾级。接着希腊国债收益率飙升，希腊已经丧失步入市场融资的能力。

2010年5月，欧元区成员国财政部长召开特别会议，决定启动希腊救助机制，和国际货币基金组织一道在未来三年内为希腊提供总额为1100亿欧元的贷款。随着对希腊的援助协议逐步达成，欧元区第一波危机暂时告一段落。

欧洲其他国家也陆续出现危机，比如爱尔兰。2010年11月28日欧盟成员国财政部长决定与国际货币基金组织一道向爱尔兰提供850亿欧元资金支持，以遏制债务危机蔓延。随着欧债危机的蔓延，欧盟各方面也在不断探讨未来解决债务危机的改革方案和应对危机的长期机制，这在一定程度上也缓解了市场对欧元的紧张情绪，尤其是欧洲金融稳定基金（EFSF）的批准使得救助方案的实施空间大幅增加。2011年4月21日，葡萄牙政府宣布与国际货币基金组织、欧盟和欧洲央行三方达成援助协议，葡萄牙未来三年将获得780亿欧元的资金援助。

希腊债务危机的爆发引起了欧洲各国的重视，欧洲国家和法国等国纷纷出台了缩减财政的政策，财政政策的紧缩直接影响到了各国的经济发展。然而祸不单行，随着第一波希腊债务危机结束，欧洲经济有所好转，大宗商品的价格也不断上涨，欧元区通胀重新抬头。2011年4月，欧洲央行不得不宣布加息25个基点，货币政策的收紧进一步阻碍了欧元区经济的增长。

欧洲主权债务危机至此还远未解决，主要原因是2011年欧洲国家偿债压力较大。意大利将有3000多亿欧元的债务到期，西班牙将有1433亿欧元的债务到期，希腊也将有400亿欧元债务到期。能否以一个较低的成本进入市场融资成为决定主权债务是否违约的关键。希腊、葡萄牙和爱尔兰的国债收益率依然居高不下，尤其是希腊急需第二轮救助，然而欧元区各方面难以就援助达成一致。

2011年5月开始，欧元区开始讨论对希腊的第二轮援助，但是欧元区各国和欧盟等无法形成统一意见。对希腊的援助不是简单地开几次会议就能够形成方案的，制定援助条款需要修改法案，这就需要援助国和受援助国能够说服民众和议会通过法案。援助国中德国的付出最多，因此德国对援助方案的态度会在很大程度上左右施救的进度。另外，自2011年开始，欧洲各国纷纷进入大选年，许多党派把欧债危机当成是谈判和拉拢人心的筹码，这使得欧债危机解决的前景错综复杂。

2011年7月，欧洲央行再次加息，两次加息使得欧洲经济增速回落。

经济增速的回落直接造成政府收入的减少，市场担忧意大利和西班牙这两个大经济体出现债务问题。意大利国债收益率在 2011 年底一度冲上 7%。

与此同时，对希腊的第二轮援助尚未进行，希腊的债务问题再度升级。2011 年 10 月，如果希腊接受进一步的财政紧缩措施及债务重组协议，欧元区将向希腊发放总量为 1300 亿欧元的第二笔贷款。但是令人吃惊的是，希腊总理潘帕德里欧打算 2011 年 12 月将这一救助计划进行公投，这一态度受到了持有希腊即将到期的债务的国家的强烈谴责。2011 年 11 月 10 日，潘帕德里欧辞职，新上任的总理帕帕季莫斯推进这一救助计划的施行。这些救助措施帮助希腊降低了赤字，但是同样使得希腊经济进一步衰退。

2012 年 2 月，欧元区向希腊发放了 1300 亿欧元的第二轮援助款，同时附带债券持有人自愿减计 53.5%面值的条款。这使得 2012 年 3 月希腊负担的债务从 3500 亿欧元降至 2400 亿欧元。2012 年 5 月，希腊在选举后难以产生新政府，同时反紧缩的党派可能胜利，这使得市场认为希腊可能不久后会离开欧元区。但是在 6 月 17 日，希腊新民主党取得了选举的胜利，保障了希腊留在欧元区内。同时，2012 年 7 月，西班牙中央政府面临其本国银行业危机，因此向欧盟求救。同时，西班牙一些地方政府偿债困难，也向中央政府求助。

最终结束市场担忧的还是欧洲央行。欧洲央行于 9 月份抛出了 OMT 计划（货币交易计划），称将直接购买欧元区财政困难国家的债券，尽管 OMT 计划还没有经过欧元区各国尤其是德国的通过。但是 OMT 计划立即安抚了市场情绪，西班牙、意大利等国的国债收益率应声回落，使得这两个国家得以顺利地从市场上继续融资。

由希腊最先引发的欧债危机，把欧元国家一步步推向危险的悬崖。在欧债危机的过程中，在欧洲周边地带，动荡不断，危机不断。从冰岛危机、迪拜危机层层深入，从突尼斯动荡到利比亚战争，从叙利亚内战到伊朗剑拔弩张，欧元所赖以生存的外部环境一天天恶化着。破坏性如此巨大的危机，绝非仅仅是外因所能主导的，其更与欧元体系及支撑这一体系的制度缺陷有着密切关系。下面将会就欧债危机的影响以及内因进行详细的分析，透过这些分析，从而把欧债危机的根源逐一呈现出来。

二、欧债危机的影响

欧洲主权债务问题从冰岛发端，接着，希腊、爱尔兰、葡萄牙、西班牙等经济体遭遇了严重的债务危机，欧债危机以一个普遍性的问题出现在全球的眼前，已经对国际金融市场和全球经济复苏造成了实质性的冲击，对欧元区未来的发展也造成了深刻的影响。欧元区作为一个统一的货币区，具有统一的货币政策，但是财政政策的主权分属于各个成员国，最后造成了财政政策和货币政策的二元结构矛盾，这也是此次欧债危机的制度性根源。危机的爆发明显会改变欧元区未来的发展趋势，欧元区可能会更加关注欧元区成员国资格的动态管理机制，建立健全欧元区成员国的吸纳和退出机制，也会更加关注欧元区内部的平衡发展，特别是要素流动、竞争力平衡以及整体的经济增长。更重要的是，欧元区将尝试进行财政货币统一化方面的考虑并出台相应的改革措施。

欧债危机的冲击是多层次的全面性冲击。除了欧元区和欧盟内部的冲击以及对全球经济复苏的不利之外，欧债危机给国际货币体系的稳定性带来了冲击，改变了国际资本流动的状态，国际短期资本流动更加紊乱而复杂，国际金融市场也会受到实质性的冲击，比如国际大宗商品市场的波动性将大幅提高，更重要的是，银行业面临了潜在的资产负债危机，而这正是需要重点防范的地方。

（一）欧债危机的整体影响

希腊、西班牙、葡萄牙等国家的债务问题，已经不是一个国家的问题，而是整个欧洲的问题，甚至是全球性的问题。主权债务问题已经是全球的关注重点。

2010 年以前，欧洲债务问题很大程度上是美国金融危机深化的结果，除希腊之外，其他欧盟会员国 GDP 都相对较大，德国、法国等欧盟主导国家财政状况仍然相对较好，因此，欧盟有较为充足的资源和能力应对债务问题。但是，自 2010 年以来，欧洲债务问题日益深化，欧洲债务问题逐步演化为主权债务危机，欧洲债务问题将深刻影响金融市场、市场预期和经济复苏，会对未来全球经济产生不确定性。

第一，全球金融市场的动荡加剧。欧元区主权债务和银行风险相互交织。欧元区银行持有大量问题国家的国债，风险敞口大，市场信心受到损害，融资成本增加。欧洲银行业的困境，反过来又加深了市场的恐慌，因为欧元区的部分国家本来已经债台高筑，但需要其救助的银行却越来越多。这个恶性循环导致欧洲银行业系统风险偏高，而且一旦风险链条断裂，购买了大量欧元区国债的美国金融行业也在劫难逃。而且，欧洲银行业资金从全球范围大量回流对世界经济产生不利影响。欧债危机迟迟未能解决导致国际资本大量逃离欧元区，为稳定欧洲金融业，欧盟要求各大银行提高资本充足率，已是欧债危机重灾区的欧洲银行业被迫从全球回流资金。这会造成高度依赖欧洲银行业资金的部分国家货币泛滥，金融动荡，经济发展遭受打击。

第二，欧元区国债投资者面临债务减计和资产大幅缩水风险。比如，在 2011 年 6 月底，英国在整个欧元区的投资额超过 5600 亿美元，其中大部分又集中在希腊等重债国身上，在希腊债务减计的过程中，英国已经遭受了巨大损失，这对本已举步维艰的英国经济来说是雪上加霜。因此，英国银行业面临欧元区投资资产大幅缩水的风险，自身违约风险正在加大，对作为全球金融坐标的英国银行业的担忧导致了英国的风险就是全球金融的风险。

第三，由于投资者对希腊的违约担忧情绪加剧，导致外债融资成本的上升，不断推高希腊政府的融资成本。2010 年 4 月欧盟统计局公布各成员国财政债务状况数据后，希腊 10 年期国债收益率大涨到 8.84%水平，创历史新高；之后，4 月 27 日希腊和葡萄牙主权评级遭下调后，当天“欧洲五国”5 年期主权债 CDS 都大涨；次日，希腊和葡萄牙 10 年期国债收益率分别攀升至 9.96%和 5.79%的历史新高。国债成本的上升，使得“欧洲五国”尤其是希腊通过借新债还旧债的难度加大，违约风险上升。希腊政府宣布财政债务状况恶化后，希腊股市一路下行，全球主要股市也受债务危机的影响而下挫。

第四，债务危机使国际贸易受挫。欧债危机不仅通过金融途径影响全球金融稳定，而且还通过国际贸易途径影响世界经济复苏进程。随着全球经济一体化进程的深入，国际贸易已成为世界各国实现经济增长的重要途径。欧盟是世界上举足轻重的贸易联盟，是世界经济发展的重要引擎，是美、中等贸易大国的第一大贸易伙伴，欧盟的贸易政策关乎全球贸易的稳定与发展。事实上，欧债危机已经明显影响了欧盟的内外贸易，并通过国际贸易渠道影响相关贸易国家的进出口，从而影响整个世界经济的复苏进程。为应对欧债危机带来的需求减少，经济衰退，失业增加，社会危机加重，欧盟加大了贸易保护主义倾向，增加出口，减少进口，给世界相关国家增加了负担。在对外贸易方面，美、中等欧盟主要贸易伙伴对欧出口大幅下降。2012年7月美国对欧盟出口锐减11.7%，导致其贸易逆差扩大至420亿美元。欧盟已在2012年把中国第一大出口市场的地位让与美国。2013年1月10日公布的海关数据显示，2012年，中欧双边贸易总值5460.4亿美元，下降3.7%，占中国外贸总值的14.1%。其中，中国对欧盟出口3339.9亿美元，下降6.2%；自欧盟进口2120.5亿美元，增长0.4%。欧盟经济的低迷状态，使得世界各国对欧贸易形势不容乐观。但从长远来看，欧债危机的出现恰恰为欧盟经济货币联盟和欧洲一体化的改革前行提供了契机和动力。

第五，国际资本流动更加紊乱。之前，为了提高投资收益率，国际资本加大对发展中国家资本市场的投资，更大规模的热钱流入造成了发展中国家股市繁荣和资产价格膨胀。但由于欧洲债务问题的爆发，美国国债长期收益率不断走低，国际资本寻求避险重回美国的迹象十分明显。资本流动的群体“理性”行为却导致全球资本市场流动性的困境，全球信贷市场难度将增加。资本流动的紊乱加剧了全球金融体系的波动。2011年中期以来，国际资本从欧洲和新兴经济体回流至美国，欧元和新兴经济体货币开始出现贬值。2012年以来，资本流动再度发生变化，比如2012年第三季度开始，国际资本开始涌入中国香港。2012年10月，中国香港金融管理局不断干预外汇市场。

随着全球经济复苏脚步的放慢，欧洲面临政策的两难，都对金融机构和经济复苏产生不利冲击。

（二）欧债危机对欧元区经济产生影响

欧元区作为高水平经济一体化组织，各成员国之间有着密切的联系。随着欧债危机的不断升级，外部经济形势的持续恶化，经济增长速度放缓，2011年第四季度进入衰退。2012年6月以来，欧盟各国纷纷以凯恩斯主义的扩张性财政政策为转变，经济开始出现复苏迹象。

从欧债危机对“欧洲五国”经济的影响看，对于希腊经济，希腊主权信贷评级被降为垃圾级，融资更加困难，同时在金融危机中发行了大量短期浮动利率债券，财政负担加重。希腊经济不断恶化，欧元区再施援手出台第二轮救助计划。2011年5月是希腊接受第一轮救助一周年，一年来希腊利用1100亿欧元的巨资偿还了到期的债务，从而避免了破产的命运，然而 GDP 一直下降，毫无回升迹象。政府出台一系列紧缩政策，仍无法达到预期目标。1100 亿欧元贷款将于 2012 年到期，但希腊最早于 2014 年才能回到市场募款，截至 2013 年底又有 1350 亿美元的债务到期。市场不信任也导致国债利率持续上升，国际三大评级机构一再调低信用评级。迫于压力，希腊政府在 6 月修订了紧缩方案，目标在 5 年内削减 280 亿欧元的财政支出，2015 年将预算赤字降至 0.9%。此外，通过私有化计划筹集 500 亿欧元以抵消公共债务，并为新债务提供担保，这样第二轮的救助方案得以顺利通过。新救助方案的核心是在自愿基础上把已到期利息计入本金，以低于市场的利率提供期限更长的新贷款，替换债务。2011 年 7 月，标普把希腊信用评级进一步降低，成为了全球信用最低的国家，它指出欧盟"以旧换新"的方法使希腊"选择性违约"。希腊经济状况比预想的要糟糕。

希腊经济萎缩主要是因为国内需求下降。希腊第一次申请救助时附加条件十分严苛，随之而来的就是公共消费和私人消费大幅下降。比如，2010 年第四季度公共消费同比下降 14.9%，2011 年第一季度下降 5.8%，第二季度增长 3.8%。私人消费 2010 年第四季度同比下降 8.0%。与上年相比，2011 年第一季度下降 7.8%，第二季度下降 5.1%。而且，劳动成本下降趋势明显，失业率居高不下。商业信心低迷，银行贷款政策紧缩等原因导致投资进一步下降。

尽管债务危机爆发后，欧盟、欧洲中央银行和国际货币基金组织同意向该国提供两轮共计 2400 亿欧元的救助贷款，希腊则承诺实施以减薪、裁员、增税和私有化为主的一系列紧缩和改革措施。经过 4 年多努力，希腊财政状况有所好转，2014 年第三季度经济同比增长了 1.7%，全年有望增长 0.6%，可能结束连续六年的经济衰退。

对于葡萄牙经济，受债务危机影响，葡萄牙的借债成本上升，2011 年 4 月 10 年期的国债利率已达到了 8. 5%。葡萄牙向欧盟和国际货币基金组织申请了救助，三方达成协议，救助金额为 780 亿欧元。据葡萄牙统计局公布数据，2011 年实际 GDP 增长为负增长 1. 5%，经济下行加速。2012 年，葡萄牙经济持续衰退，由于葡萄牙经济持续衰退，总固定资本投资收缩，家庭消费不足。政府采取增税政策，家庭消费在近几年内都会疲软。

对于爱尔兰经济，受到危机影响，经济衰退使爱尔兰成为了欧元区第一个提前大选的国家。2010 年爱尔兰全年 GDP 下降 0. 4%，2008~2010 年间，实际 GDP 累计下降为 12. 6%，形势严峻。2011 年下降趋势有所好转，出口形势明显好转。但是，爱尔兰进口依旧低迷，个人消费和公共支出也不尽如人意，爱尔兰内需状况欠佳。爱尔兰拥有相对高技能的劳动力、较低的公司所得税税率和公司经营成本下降等因素，使得吸引外资方面表现突出，2010 年外商投资吸引力位居世界第二位。由于经济萎靡，2010 年爱尔兰失业率不断攀升，很多刚毕业的大学生不得不选择到海外求职。尽管政府出台了四年内增加 10 万个就业岗位的计划，但不改变经济颓势，很难从根本上解决失业问题。

对于西班牙经济，自 2010 年下半年起，西班牙经济有所复苏，但到 2011 年又呈现下滑趋势。2010 年第三季度和第四季度 GDP 分别增长 0.2% 和 0.6%，2011 年上半年基本保持增长态势，第一季度为 0.8%，第二季度为 0.7%。随着欧债危机的不断扩大，政府财政紧缩政策和经济改革政策成效甚微，2011 年下半年经济开始下滑。2011 年第一季度西班牙产业发展情况略有好转，工业生产增长 3.9%，农业生产增长 0. 3%，建筑业很不景气，为负增长 5.4%，服务业增长 1.2%。失业率仍居高不下，2010 年 5 月为 20.2%，到了 2011 年 5 月为 20.9%。

对于意大利经济，同样受到危机的影响，其经济增长速度放缓。意大利政府不得不出台了一系列财政紧缩、削减公共债务的方案以应对危机，这会阻碍意大利政府推进结构性经济改革，经济增长不容乐观。

法国作为欧元区第二大经济体和欧盟的核心成员，在 2010 年经济开始复苏之后，2011 年初一度实现高速增长，但是受到欧债危机的影响，再一次陷入了停滞状态，再加上政府的高债务形势十分严峻，虽然出台了紧缩措施、制定了减赤目标，但实施并不容易。2009 年第二季度开始，法国经济恢复增长，2010 年平均增长 1.5 个百分点，增长的主要动力来自家庭消费和投资。2011 年第一季度增长达到一定的高值，其中制造业产值更是 30 年来最高，然而在第二季度，由于政府取消购车补贴抑制了消费，受欧债危机影响，投资增速大幅度下滑，法国经济环比出现零增长。法国几大商业银行都持有大量陷入债务危机的欧洲国家的债务，投资者对法国市场的信心动摇，由于投资是拉动法国经济增长的第二大因素，使法国经济增长严重受阻。

2010 年，法国债务占 GDP 比重高达 81.7%，远高于欧盟规定的 60%。是欧元区 3A 评级国家中债务水平最高的，同时，预算赤字占 GDP 的比重为 7%，在欧元区 3A 国家中也排第一。法国在欧元区具有举足轻重的地位，肩负着救助已陷入债务危机的各国的责任，因此，不可避免的赤字将进一步攀升。三大评级公司也不断调整其信誉度，这意味着政府要节省政开支。由于大选，政府所能使用的手段少而又少，法国经济复苏受阻，要想改善现状政府必须采取更多的措施。

作为欧盟领头羊的德国，2010 年德国经济增长率为 3.6%，表现强劲，德国出口的增长、国内需求的增长使其经济保持增长。2011 年第二季度开始，GDP 环比增长仅为 0.1%，其中原因不仅在于德国退出核能计划，电能的出口减少进口增加，使得能源价格升高，还在于消费者信心的下降。德国身处欧债危机之中，尽管其一直在尽力避免欧债危机对其经济的影响，但是德国经济已现停滞迹象。

（三）欧债危机对非欧元区经济的影响

在经济全球化日益密切的今天，一个国家或地区经济领域中的任何一种危机，都会对其他国家乃至整个世界经济产生影响。这一影响的大小取决于危机的力度及持续时间的长度。在贸易领域，经济不景气使得欧盟内需和外需被极大地削弱，从而遏制了国际贸易的扩大。欧债危机制约了欧盟经济的发展，欧盟经济不景气打击了世界经济的复苏，而世界经济疲软也损害了欧盟经济的活力，陷入了一种恶性循环。

短期而言，欧债危机对美国经济增长有利。对美元的霸权地位最具挑战的是欧元，在非危机时美元霸权地位巩固，美元通过走低可以激投资、扩大出口、增加就业，促进美国经济增长，并利用外汇储备货币的优势使各国对美国债权缩水。2008 年爆发的次贷危机尽管对美元有一定的影响，但 2009 年开始爆发的欧债危机使欧元的地位大幅度削弱，美元仍然处于霸权地位。在危机时美元走强，美元成为紧缺货币，这给投资者一种心理预期，使美元成为避险需要，以确保美元强势地位。随着欧债危机的深化与国际资本回流，美元兑欧元大幅度升值使美国消费者实质购买力上升。

尽管受到了次贷危机影响，然而事实说明影响美国金融机构在全球的地位是有限的。根据《巴塞尔协议Ⅲ》，一级资本是银行的核心指标。2011 年 7 月英国 《银行家》杂志按照一级资本排名公布的排序显示，美国银行居世界第一，一级资本为 1636 亿美元；JP 摩根大通为第二，一级资本为 1425 亿美元；花旗集团位居第四，一级资本为 1262 亿美元；富国银行排名第七，一级资本为 1094 亿美元，这足以说明美国金融业仍然牢牢掌控世界金融机构。

欧洲债务危机对以贸易立国的日本来说，也意味着全球市场的萎缩，成为日本经济的巨大风险因素。欧洲债务危机影响了投资者的信心，导致全球股市暴跌，日本股市也不例外。2012年6月，东证股价指数创下了近28年来的新低。欧洲债务危机导致了汇市动荡，投资者把日元作为避风港，纷纷抛售欧元，购买日元，使日本大幅升值。日元升值对日本出口企业是沉重的打击，日元对欧元每升值1日元，丰田损失50亿日元，马自达损失12亿日元，三菱汽车损失10亿日元，索尼损失60亿日元，松下损失20亿日元，日立损失11亿日元等。总之，日本所有的出口企业都会因日元升值受到巨大的影响。

欧债危机还对亚洲其他新兴经济体产生影响。印度和中国是亚洲新兴经济体的重要力量，随着欧债危机影响的扩散，欧洲债务国家的需求减少，欧元持续贬值，出口商的利润也大大减少。欧债危机使得投资人逃离新兴市场，随着投资人对欧债危机解决的希望不断破灭，投资者对其他地方的投资也开始存在担忧，导致很多资金相继撤离亚洲新兴市场的情况。比如印度卢比贬值，韩元贬值，大量热钱撤离中国，不断深化的欧债危机继续促使投资者逃离新兴市场资产，同时买进相对安全的美元。除了避险因素，来自欧洲方面的卖盘亦对新兴市场资产造成打压。现金拮据的欧洲各家银行正日益寻求出售所持大量新兴市场债券和其他资产，以筹集急需的资金。

第二节 / 危机的原因

欧洲债务危机主要呈现出这样几个特点：

1. 外债存量庞大、爆发时间集中

2008年10月，冰岛主权债务问题浮出水面，其后是中东欧国家，由于救助及时并未酿成较大的国际金融动荡。但仅仅一年时间，到2009年12月，全球三大评级公司标普、穆迪和惠誉就分别下调希腊的主权债务评级，此后欧洲多个国家也开始陷入危机，“欧洲五国”（葡萄牙、意大利、爱尔兰、希腊、西班牙）的信用评级被调低，经济下滑，债台高筑，整个欧洲面临严峻考验。

2. 蔓延迅速，欧元区国家成为重灾区

自迪拜债务危机后，全球新兴经济体的 CDs（信贷违约掉期）担保成本也大幅飙升，中东地区的沙特 CDs 价格从 18 上升至 108，巴林 CDs 由 22 上升至 217。此外，一些债务较高的经济体，如巴西、俄罗斯等，其 CDs 价格也大幅上涨。与以往的债务危机不同，欧美核心发达国家成为本次债务危机的主角，欧盟国家更是本次债务危机的重灾区。按欧盟制定的《稳定与增长公约》，欧元区成员国必须把赤字控制在 GDP 的 3%的“警戒线”内，但 2003~2008 年，“欧洲五国”中除爱尔兰财政赤字在 3%以下外，希腊、葡萄牙和意大利的财政赤字占 GDP 始终超过 3%，且基本呈现逐年走高的态势；西班牙在 2007 年前均实现较高的财政盈余，2008 年出现较大逆转，财政赤字占 GDP 比重迅速上升到 6.96%。到 2009 年，希腊赤字占 GDP 比例高达 13.6%，爱尔兰约为 10.75%，西班牙也超过了 10%。从 2010 年政府预算赤字情况看，法国将占 GDP 的 8.2%，德国将占 GDP 的 5.5%，欧元区平均赤字水平超过 GDP 的 7%，欧盟 27 个成员国中有 20 国赤字“超标”，欧元区国家无一例外赤字水平占 GDP 水平均超过 3%。[①]

3. 债务国集中在欧美核心发达国家

欧洲主权债务危机的危机国主要集中在欧美核心发达经济体。在 2009 年第三季度结束时，按照国际货币基金组织的“特别数据公布标准”注册的 60 个国家，其政府与货币当局的外债共为 13.02 万亿美元。其中，经济合作与发展组织 28 个成员国（除冰岛和新西兰外）债务共 12.39 万亿美元，占比 95.16%；其中美国债务为 3.9 万亿美元，占比 29.95%。债务危机主要是欧美国家发达经济体的债务危机。

4. 债务国债务负担过重，偿债能力减弱

2001 年以来，欧洲和拉美等国家为了加快经济发展。普遍采用了举借外债、引入外资等方式，外债负担日益沉重，致使主权债务风险急剧加大。但是希腊等国在债务负担加快提高的同时，偿债能力却日益走低，形成了较高的债务风险。2003~2008 年，希腊、爱尔兰、意大利、西班牙、葡萄牙的债务率逐步走高，2009 年这些国家外债风险均达近年来最高水平。债务率一般保持在 100%以内较好，但上述国家的债务率远远超过了 100%，比如，2008 年葡萄牙的债务率高达 568.27%。与此同时，国民生产

① 数据来源：eurostat，交行金研中心。

总值却出现了较大幅度的下降，甚至出现了负值。比如，希腊从 2003 年的 4.66%，快速下滑至 2008 年的-0.51%，2009 年上半年降至-1.7%，直接加大了债务风险化解的难度。按照国际惯例，只有外汇储备才能最终全部地支撑外债，是一国偿付能力的最有效保证。从外汇储备余额与各国的外债存量的变化来看，2004~2008 年，希腊、葡萄牙、爱尔兰和西班牙的外债清偿能力都严重不足，且均处于下降通道之中，化解债务风险能力较弱。[①]

5. 债务重点为公共部门债务，短期负债增加

欧元区许多国家公共债务都超过欧盟《稳定与增长公约》规定的占 GDP60%的警戒线，爱尔兰的公共债务占 GDP 的比例在 2010 年更是高达 113.4%。根据世界银行的分类，按三年平均值计算债务偿还现值占 GDP 之比超过 80%之上的为严重债务国。按照这一标准，从 2009 年到 2010 年间，希腊、意大利两国属于严重债务国。爱尔兰、葡萄牙、德国、法国、荷兰、奥地利等均属于中等负债国行列。次贷危机后，希腊、爱尔兰、葡萄牙、西班牙的公共债务占 GDP 比率大幅提高，国际信用评级机构已向数个欧盟国家发出预警。多次下调了希腊、葡萄牙、西班牙的主权信用评级，国际信用评级机构还警告，即使像法国、德国等这些主权信用长期获 AAA 评级的国家，若不能解决赤字问题，也有爆发财政危机的危险。[②]

欧债危机的形成有以下原因：

1. 最普遍地认为，赤字是造成危机的主要原因

欧盟《稳定与增长公约》规定，各成员国赤字不得超过其国内生产总值的 3%，公共债务不得超过国内生产总值的 60%。但根据欧盟发布的数据，2009 年和 2010 年，其 27 个成员国中只有瑞典和爱沙尼亚达标。[③]其他国家均超过了上述两个指标。

以希腊为例，2008 年希腊的财政赤字还仅仅是 GDP 的 7.7%，但 2009 年这一数字已飙升至 12.7%。与庞大的财政赤字相对应的是其对外负债。2008 年希腊债务余额为 GDP 的 99%；至 2009 年，该数据上升至 113.4%。2010 年 8 月以前，希腊债务的绝对额为 2800 亿欧元，但其国民生产总值

① 数据来源：www.indexmundi.com.
② 崔文芳，马宇. 欧洲主权债务危机的特点与成因［J］. 长春金融高等专科学校学报，2011（1）.
③ 余永定. 欧洲主权债务危机的起源与演进［J］. 浙江金融，2010（8）.

只有 2400 亿欧元。从数据上来看，希腊实际已经濒临破产。受希腊的影响，欧洲其他的国家也开始相继陷入危机。包括比利时这些外界认为较稳健的国家以及欧元区内经济实力较强的西班牙，都预期在未来几年内预算财政赤字将居高不下。自此，希腊主权债务危机的影响逐步扩大，整个欧盟都相继受到债务危机困扰。① 是赤字这种债务累积的结果，最终引爆了债务危机。

2. 欧元区财政和货币政策的矛盾最终引发了欧债危机

欧元区单一货币计划的核心一直存在着一个根本上的矛盾：利率和货币的供给由欧洲央行控制着，但是各个主权政府税收和开支决策决定了各国的财政盈余或赤字。在这种矛盾之下，欧元区的货币政策是由欧洲央行统一制定，而财政政策则受共同体财政纪律的规则制约，由各成员国分散自主地加以定制，但同时，各国的财政状况又受《马斯特里赫特条约》和《稳定与增长公约》规定的约束。从这里就可以看出货币政策的统一性和财政政策的分散性之间存在的矛盾。

由于存在着统一的货币政策要求，当一国经济受到冲击时，只能采用财政政策进行调节。但若过分地依赖财政工具，又会反过来动摇统一的货币政策基础，这样就会陷入两难的境地。例如在出现严重的财政赤字状况时，希腊无法采取传统的货币政策手段，可采取的财政手段也是很有限的，希腊只能依靠发行国债来弥补赤字。但当市场对希腊失去信心时，依靠发行国债弥补赤字的财政手段就收效甚微了。

英国前首相梅杰也指出，我们认为，未建立财政欧盟的货币联盟具有很大风险；强大的北部经济体不太可能与南部经济体“趋同”，我们预见到欧元区的结构性缺陷，因此，没有让英国加入欧元区。按理来说，南部国家可通过本币贬值获得竞争力，但它们现在却不能这样做，这些国家必须降低民众的生活水平，并实施改革以提高生产效率。但这并非一朝一夕之事。与此同时，工资水平必须下调，失业率将会上升，社会动荡将会加剧。这是一副猛药，施行自由民主制的国家恐怕承受不住。②

3. 储蓄率过低造成政策目标无法实现导致了欧债危机

欧债危机与东南亚金融危机在本质上都是由储蓄率不足与政策目标之

---

① 谈璐. 试论欧洲债务危机对我国的启示［J］. 中国外资，2010（18）.

② ［英］约翰·梅杰. 英国为什么拒绝欧元［N］. 金融时报，2011-10-31.

间不匹配所造成的，即过低的储蓄率无法实现政策目标。东南亚国家是要维持过高的经济增速，希腊等欧元区边缘国家则是要维持过高的福利水平，为实现目标则不得不依靠外部融资。当举借外债过多并且外部环境经常恶化时，将导致债务不可持续。东南亚国家采取本币贬值的方法实现外贸部门盈余，希腊通过财政紧缩和债务重组，目的都是使得储蓄率回升，从而化解债务危机。

这种理论认为，希腊债务危机的出路本质上在于政府缩减福利支出。欧元区边缘国家出现债务危机的本质是本国储蓄严重不足，而导致储蓄不足的主要原因是政府为维持高福利制度的过度消费。从储蓄率的角度看，导致希腊债务危机的本质是储蓄率不足的现实与维持高福利的目标之间的矛盾。

比如希腊，国民透支消费，导致储蓄快速下降，希腊国民总储蓄从 2003 年开始快速下降，尤其是 2004 年后，进入更快速的下降趋势。到 2009 年，希腊的国民总储蓄率为 6.91%，处于很低的水平。2004 年，希腊国民总储蓄占投资的比例为 75.24%，而到了 2008 年，希腊国民总储蓄占投资的比例已经降为 30%。如果国内储蓄不能为投资提供足够的资金，那么资金的来源就会转向其他债务形式。事实也正是如此，由于国内储蓄不足，希腊政府不得不在国际金融市场上进行融资，导致国际主权债务数量上升，进一步加大了主权债务风险。

对于希腊政府层面，2000~2010 年，希腊政府每年的财政支出都大于财政收入，这种情况在 2009 年尤其明显。这也意味着，希腊政府的债务规模越来越大。希腊政府的外债率从 2003 年的 90%上升到 2010 年的 175%以上。希腊政府一直在透支支出，而不重视财富积累，希腊政府手中留存的财富非常有限，这导致希腊广义政府总债务率和净资产率相等，使得希腊政府的净债务率位居全球第一。一般情况下，国家的净债务率要显著低于总债务率，总债务率和净债务率之间的差值，实际上是一国政府偿还债务的缓冲垫，而希腊政府显然没有这样一块缓冲垫的保护。

在国内储蓄持续下降、储蓄不足、无力提供足够的资金维持原有投资的情况下，政府应该减少投资、降低福利待遇，而不是靠举债维持高福利和原有的投资规模。如果采取了相反的做法，必然导致外部债务的迅速扩大、累积。希腊不仅不削减投资和福利，反而越走越远，在储蓄不足的情况下，靠举债维持原有的福利水平和投资规模，必然引发严重问题。

4. 评级机构的行为进一步促进了欧债危机的爆发

十多年前，美国的高盛公司曾经帮助希腊政府掩盖真实债务问题而加入欧元区。2002 年起，又诱使希腊购买其大量 CDs 等金融衍生产品，导致当前债务危机。危机后国际游资大肆沽空投机欧元，在金融衍生品的助长下，希腊贷款成本飙升，危机被放大蔓延至整个欧元区。2009 年 12 月，惠誉、标准普尔、穆迪相继下调希腊主权评级，开启了欧债危机之门。[①] 从这一视角看，欧债危机爆发与评级机构紧密相连，对评级机构的抨击一直没有停过。

美国指使和操纵了评级机构的行为。在身份认可上，美国政府对三大信用评级机构打开绿灯；在法律面前，立法机构也对这三大机构网开一面；在市场拓展方面，监管层又助其一臂之力。美国政府对三大评级机构的呵护，是出于维护自身强国地位的需要。在日益信用化的全球经济中，信用资本已成为参与全球经济与资源配置的重要条件之一，拥有强大的信用资本及其话语权，正在成为强国不可缺少的重要标志。从这个意义上而言，这三大信用评级机构代表了美国的国家利益，并成为体现美国政府和经济强权的隐形工具。[②] 信用评级机构在欧债危机恶化过程中，的确扮演了推手的角色。

5. 欧元本身导致了欧债危机

美国普林斯顿大学诺贝尔经济学奖获得者保罗·克鲁格曼指出：希腊并非灾难源头，这应该归咎于欧元，欧元体系缺陷明显。十多年前，希腊尽管不是天堂，失业率居高不下，但也并未到灾难性地步而陷入危机之中。希腊通过出口、旅游和海运等收入可以支付进口的费用，来维持在世界市场上的偿付能力。希腊加入了欧元区以后，人们认为它是安全的投资之地，所以，外国资本大量涌入希腊，其中一部分为政府赤字埋单，通胀上升，希腊变得日益缺乏竞争力。当泡沫破灭时，当时整个欧元体系的根本性缺陷变得一目了然。

6. 缺乏创新的生产性导致了欧债危机的发生

美国的著名经济史学家金德尔伯格指出：一个国家的经济最重要的就是要有生产性。这种生产性指的是创新，只有经济有了持续增长的源头，

---

① 覃发艳. 欧洲主权债务危机的发展历程及影响分析 [J]. 武汉金融，2010 (7).

② 张锐. 国际信用评级机构的罪与罚 [J]. 决策与信息，2010 (8).

才能实现经济的可持续性发展。历史上的经济霸权大多经历了生产性到非生产性的转变，从而无法逃脱由盛到衰的宿命。欧债危机的根源，就在于经济的可持续增长性下降，经济增长点缺乏，导致支撑高福利支出的基础动摇，以至于政府不得不大肆举债，从而导致债务快速累积，最终成为欧洲的难以承受之重，引发延续至今的债务危机。①

经济增长代表的是一国潜在的 GDP 或国民产出的增加。与此密切相关的一个概念是人均产出增长率，它决定一国生活水平提高的速度。国家主要关注的是人均产出的增长，因为它将来带来平均收入的提高。以美国为例，美国的实际人均国内生产总值以 1985 年美元来衡量，从 1879 年的 2244 美元上升到 1990 年的 18258 美元，增长了 7.1 倍。这一实际人均 GDP 的增长对应于每年的 1.75%的增长率。这一成绩使得美国 1990 年拥有世界最高水平的实际人均 GDP。

经济增长分为实现经济增长与潜在经济增长。资源的增加，其中包括自然资源、劳动力和资本，资源使用效率的提高，通过技术进步、改进劳动技能、改善组织结构等途径有助于潜在经济增长的提高。如果潜在增长率大于现实增长率，多余的能力就会增加，失业也就会增加，潜在产出与现实产出之间的差距就会不断拉大。为了消除这个差距，现实增长率就要在很短的时间内超过潜在增长率。而且，一个国家的经济增长是波动的、有周期性的，关键在于能否平安度过经济衰退期，只要能够度过，一国的经济就能保持长期的可持续的稳定的增长。

欧洲在 19 世纪的快速发展，是一种可持续的稳定的增长。生产性持续是非常重要的，欧洲在经历过欣欣向荣的增长阶段后，突然陷入欧债危机，并且日渐恶化，是因为经济的增长性受到了阻断。美国斯坦福大学高级研究员约瑟夫在《在世界舞台上欧盟只是龙套》一文中指出，欧盟在经济和战略上的自我限制，已使其沦为世界舞台上的龙套。因为，从生产效率增长方面看，从 1995 年以来欧洲的生产率增长就缓慢趋平，约 1.3%至 1.7%，远远落后于美国 6%的生产增长。欧盟委员指出，由于给新企业的空间过小，允许的竞争不足，同时在内部市场上还存在过多的障碍，导致欧盟部分国家普遍出现创新不足且产业结构落后的现象。因此，一旦生产率下降，那么创造的财富跟不上现有的福利体系，跟不上一些国家盲目投

① 时寒冰. 欧债真相警示中国［M］. 北京：机械工业出版社，2012.

资。经济的增长性一旦中断，一切问题就会爆发出来。这就是欧债危机的根源。

现在以希腊为例分析经济增长性中断所引发的严重后果。希腊曾经是世界上经济增速最快的国家之一，并且在世界50个富裕国家中，排名39位。1980年到2008年，希腊人均国内生产总值按当前价格和汇率计算，从8500美元增长到30200美元，年均增长4.6%。希腊经济的长期增长率在欧洲乃至世界范围内都是很高的。20世纪80年代初以来希腊经济的快速增长，一方面得益于此前的70年代中希腊政治从过去的不稳定局面和军政体制转变到现代类型的民主政体，另一方面也归功于希腊与欧洲发达经济体之间的联系进一步增强。①

希腊经济增长主要依靠三大支柱：农业、船运业和旅游业。由于农业进一步发展的空间有限，因此，希腊的经济能否保持强劲增长，主要是看其船运业和旅游业。从旅游业看，旅游业在希腊国民经济中是名副其实的支柱产业，由于希腊是世界文明古国，历史文化积淀十分深厚，旅游业具有比较优势，希腊的旅游收入相当于GDP的10%左右，占就业总人口的9%以上。从船运业看，1999~2003年，海运业的净收入占希腊服务贸易顺差的40%以上，而且希腊船运业的收入比较稳定，如果按船舶载重吨位计算，希腊是世界上第一航运大国，占世界总吨位的19%，占欧洲总吨位的55%。海运业成为希腊最具国际竞争力的支柱产业。

在2008年以前，由于希腊旅游业保持稳定的增长，船运业快速增长，其经济增长速度快而稳定，因此，希腊金融部门资产负债表水平处于较为安全的范围。但是，一旦经济增长停滞，政府与金融部门的资产负债表结构有可能迅速发生变化，从而导致债务问题再被充分放大后暴露出来。

如果一国的经济保持长期可持续增长的态势，潜在产出就必须增加。也就是说，该国的生产能力必须增加，就是说可利用的资源数量和这些资源的生产率要有所提高。但是事实上，在2007年以后，希腊闲置生产能力被严重透支，导致希腊经济可持续性增长的基础遭到破坏。希腊政府对希腊的经济做了太多的干预，导致资源错配，扭曲了经济增长的原有轨迹。希腊在2001年加入欧元区之后，利用欧元区实行的低利率政策之便，实行扩张性财政政策，拼命举债搞投资，刺激经济发展。从2001年到债

① 贺力平. 希腊债务危机的国际影响和借鉴［J］. 经济学动态，2010（7）.

务危机爆发前的近8年间，希腊经济增长的70%以上是靠借贷拉动的，这种疯狂的干预行为导致经济规律发生紊乱。希腊人滥用廉价资本带来的便利，拼命举债的结果是对生产要素的过度透支，一旦遭到外来的冲击，经济增长将很快出现停止，抗风险能力极差。而且，希腊进入工业化的时间并不长，经济结构单一，单一的收入结构导致希腊经济脆弱，极容易受到外部冲击。

在美国次贷危机爆发之后，希腊旅游业和船运业首当其冲受到摧毁性的影响，其农产品出口也显著下降。根据希腊酒店协会的统计，2009年夏季在希腊旅游的外国游客同比2008年减少了12.2%，这相当于希腊游客的绝对数减少了172万，由此损失了16.1亿欧元。游客的减少还意味着当地有4.7万人因此失业，占每年夏季旅游旺季就业人口数的10%，一些酒店不得不打折促销。[①]这意味着，希腊经济的增长性中断了，再接着就是政府不能再通过经济增长创造的财富来支撑高投资、高福利导致的债务负担，导致了债务危机的爆发。

当债务日渐积累到一定程度，又碰巧遭遇外部冲击导致的经济增长性中断时，债务危机就爆发了。欧元区其他陷入债务危机的国家大多有着类似的情况。因此，经济的增长性能否保持，是抵御、解决债务危机冲击的关键。比如德国，德国的实体经济基础非常坚实，技术含量高，竞争优势强，外部冲击难以撼动它，德国的经济增长性也能够较好地保持，很好地抵御了债务危机的发生。

第三节 / 历史启示

从冰岛、希腊、爱尔兰、葡萄牙再到欧洲整体，欧债危机具有普遍性和严重性。尽管从外部因素来说，某种程度上，欧债危机是美国金融危机的持续深化的结果，各国政府为应对金融危机大规模增加政府支出，这在欧洲造成了重大的财政问题。从内部原因来说，相关经济体自身具有缺陷，而且也实施了非审慎的经济刺激政策。政府赤字过高，希腊、爱尔兰

① 郝倩. 平静的希腊，缩水的旅游业 [N]. 第一财经日报，2010-5-18.

等国财政赤字占 GDP 的比例超过 10%，西班牙、葡萄牙超过 9%，欧盟 27 国平均财政赤字占 GDP 的比例为 7%左右，已经远远超过《稳定与增长公约》3%的约束。而且希腊、葡萄牙、意大利等国家的债务问题一直存在，希腊在 20 世纪末以来财政状况一直处于较差的状态。为了能加入欧元区，希腊提供了虚假的财政数据，1998 年财政赤字占 GDP 的比例为 4.1%，而报告仅为 2.5%；1999 年赤字占 GDP 的比例是 3.4%，而报告仅为 1.8%。欧盟经济制度的错配，欧元区各成员国实行统一货币制度，具有统一的货币政策，但欧盟却没有统一的财政政策。各个国家在应对金融危机的时候所处的经济周期、经济结构和发展阶段都是大相径庭的，所以欧盟难以实行统一的财政政策来应对危机，这样的差异化政策又进一步恶化了与统一货币政策的矛盾性。缺乏统一的货币政策基础是欧元区长期存在的根本性制约因素。随着债务问题的发展，欧盟的整体性都受到了一定的冲击，欧债危机使得我们开始重新思考国际金融体系的构建。

国际金融体系是对国际货币金融关系进行调节的各种规则、安排、惯例和组织形式，包括国际汇率制度、国际收支调节体系、国际流动性的创造和分配、国际资本流动的管理、国际货币金融政策的合作框架，以及国际金融机构在促进全球金融稳定方面的各种机制。一个理想的国际金融体系能够促进国际金融运行的协调和稳定，促进国际贸易和国际资本流动的顺利发展，并使各国公平合理地享受国际经济交往的利益；反之，则成为国际经济发展的阻碍因素。

欧债危机充分暴露了现有国际金融体系的种种弊端。其第一个不合理之处在于，美国的国际信用评级机构对主权信用评级行业的统治。虽然评级机构不是造成此次欧债危机的根本原因，只是促进了欧债危机的发生，美国政府通过操纵本国国际信用评级机构调降别国的主权信用评级，就能改变其他国家的金融与经济走势，这蕴藏着极大的道德风险。

第二个不合理之处在于，现有的国际货币体系以美元为主体，而美元不再与黄金挂钩，但各国货币依旧与美元挂钩。这导致美国长期享有铸币税的好处，可以滥发货币来实现本国利益，这将推高世界金融体系的脆弱性。自布雷顿森林体系建立以后，借助美国强大的经济和政治力量，美元便建立了全球性金融霸权地位，现在美国实体经济在全球中的比重已大幅度下降，美元在国际支付和储备资产体系中的份额有所下降，但目前仍然高达 60%左右，国际金融市场上大部分金融工具也是用美元来定价和结算的，美元依然占据着在国际货币体系中的垄断和霸权地位。同时，在布雷顿森林体系解体后，美元不再与黄金挂钩，美元的发行不再需要黄金储备，美国几乎可以毫无限制地发行美元。美元的这种地位使得美国可以通过发行美元来支持消费，美国不用储蓄就能向全球购买，造成美国的高消费低储蓄，造成美国债务的不断积累。在这种美元本位制下，国际储备货币的供应主要依赖于美国的货币政策。尽管，美元与黄金不再挂钩，美元作为国际储备货币的地位并没有变。国际货币和金融体系以美元为核心，由美联储肩负美元货币发行和货币监管等职责，美国的货币政策不再受约束。一旦发生危机，特别是当美国发生危机，美联储却由于监管失误而让全世界承担责任，美国也不需要向世界各国拥有的资产发生的巨大损失予以“补偿”。

第三个不合理之处在于，国际金融组织体系缺乏独立性和权威性。国际货币金融组织体系主要由国际货币基金组织（IMF）、世界银行（The World Bank）等国际金融机构改革构成，而国际货币基金组织和世界银行在 20 世纪 40 年代中期正式运行所采取的国际金融制度与货币政策就存在缺陷，当时是以美国和英国两个方案为核心，反映发达国家的利益，忽视了发展中国家的利益。

第四个不合理之处在于，现行国际金融监管体系不完善。在监管理念上过分依赖市场的力量，过分相信市场，认为“最少的监管就是最好的监管”。经济金融活动的全球化与金融监管的国别化矛盾日益突出。随着金融全球化的深化，金融机构的跨境活动日益频繁，国际资本流动加快，金融市场的联动性明显增强，但金融监管却是区域化的，监管当局只能在一国或一个地区内行使监管职能。由于不同国家或地区的监管标准、监管规则和制度、监管框架以及风险处置方法存在差异，为监管套利创造了空间。金融监管国际协调与合作的机制不健全，相关国际组织以及金融监管当局之间缺乏有效协调。由于缺乏统一的监管标准和信息交换的平台与机制，监管者对国际性金融机构的跨境活动，尤其是国际资本流动缺乏了解。国际金融组织监管职能不完善，监管功能割裂，政策讨论分散于多个论坛，监管机构决策缺少必要的独立性和权威性。各个国际组织之间、国际组织与主权监管当局之间以及主权监管当局之间在跨境企业的监控、打击非法金融活动以及信息交换等方面缺乏协调和合作机制，金融监管机构协调不够，监管体制上存在漏洞。虽然很多国家实现多投的金融监管模式，看起来监管模式比较健全，但由于各监管机构的监管目标和标准都不一样，造成监管体系缺乏统一性和权威性，不仅导致监管功能的重叠，同时更出现了监管的盲区。

一、欧债危机对国际金融业的启示

欧债危机的发生需要我们重新审视国际金融体系及其功能。第一，金融体系的设计应该为促进世界经济金融繁荣服务，有利于全球经济平衡和稳定发展，有利于扩大国家和地区间的经贸交流合作，促进发达国家和发展中国家的经济合作和优势互补。

第二，国际金融体系要为维护国际经济金融稳定和提升危机应对能力服务。加强国际监管能力，构筑稳定的国际汇率体系，抑制投机，防范国际资本无序流动引发系统风险，保障国际金融发展的稳定性。欧债危机的爆发再一次凸显了当前的国际金融监管远远落后于金融领域发展速度的现状。2009 年 6 月，欧盟的《欧盟金融监管体系改革》就提出了一系列加强欧洲金融监管的措施。其重要内容包括：要建立欧盟系统风险委员会以监控系统性风险；设立欧洲金融监管系统和指导委员会以促进银行、证券和保险行业的监管和协作；对公允值会计准则进行修改，以便在经济繁荣时期为经济衰退时期做好准备；成立欧盟银行监管委员会以加强对银行的监管；将信用评级机构和对冲基金纳入监管范围；成立跨国金融稳定小组、促进跨国金融监管合作等内容。可以说，这个欧洲金融监管改革方案比较全面，对一些现存的缺乏系统性宏观审慎监管、缺乏各国和各系统的协调监管、过于“顺周期”的监管、信用评级机构和对冲基金缺乏监管等问题都给出了相对应的解决方案。然而，欧债危机的发生证明了这些措施作用有限，原因在于欧洲金融监管体系的框架并没有得到确立，欧盟各国对新监管方案的实施细则并未达成共识，影响了其可操作性。因此，未来欧洲加强监管的改革方向应该是探索出一个完善而稳定的金融监管框架，并明确各个改革方案的实施细则，进而将加强金融监管落到实处。此外，在完善世界范围内的金融监管体系方面，还要进一步完善和加强对对冲基金、金融衍生品和金融业高管人员的监管。

第三，进一步推动国际货币体系改革，坚持国际储备货币的多元化，健全储备货币调控发行机制，保持主要储备货币汇率相对稳定，改造提升特别提款权（Special Drawing Right，SDR）的地位和影响力，扩大 SDR 的规模使用范围，积极研究把新兴经济体的货币纳入 SDR 的“一揽子”货币。

第四，构建主权债务危机防范机制、预警机制和救助机制。此次欧洲主权债务危机还暴露出各国针对债务危机的防范机制、预警机制和救助机制的不健全。世界各国仍侧重于建立金融危机的防范机制和预警机制，但对于金融危机的特殊表现形式，即对债务危机的防范机制和预警机制重视和研究则相对不够。无论是欧元区、欧盟还是冰岛、希腊等政府都缺乏一套行之有效的主权债务危机救助机制，这个机制的缺失在欧元区和欧盟尤甚。回顾欧债危机的演进过程可以发现，救助机制的缺失导致在希腊主权债务危机爆发的初期，欧元区和欧盟没有及时出台相应的救助政策以遏制危机的恶化，最终其错失了救助的最佳时期，导致了主权债务危机的进一步蔓延。因此，各国应高度重视并完善主权债务危机的防范机制、预警机制和救助机制。欧元区和欧盟更应该修改相关条例以支持成员国之间、欧洲央行和欧盟在危机时期对危机国施以及时的救助，以达到各国当局能够在日常的经济管理中加强对主权债务危机的防范，在债务危机孕育时期及时预警，在债务危机爆发阶段进行有效救助的目的。这样才能最终降低债务危机发生的可能性，并最大限度地减少主权债务危机的负面影响。

反思欧债危机，我们也看到各国的经济实力应该与其福利水平相匹配。各危机国当局最重要的失职之一就是盲目地采取大大超过其财政能力的福利政策，进而导致多年的财政赤字，在出口创汇受阻时诱发了债务危机。索罗斯在接受《财经》杂志采访时也曾经提出，希腊等危机国家要走出欧债危机应该制定符合本国实际情况的福利政策，而不是一味地学习德国等欧洲强国。因此，欧债危机再一次警示世人，那就是各国当局在制定本国的福利政策时要量入为出，根据自身的经济实力水平来确定本国的福利水平。强国的福利水平有着自身雄厚的经济实力作为支撑，不会爆发债务危机。弱国如果照搬照抄过高的福利政策就会导致债务的不可持续性，进而引发主权债务危机。

二、欧债危机对中国的启示

尽管中国远离欧债危机现场，也不可能发生主权债务危机，但是财政赤字等债务问题应该引起我们足够的重视和警惕。

1. 积极防范外部风险，确保国内经济平稳发展

欧债危机带来外部风险的不确定性，其负面影响迫使中国政府调整经

济增长政策，积极开拓内部需求来替代外部需求。拉动中国经济的“三驾马车”是投资、消费和出口，欧债危机的外部风险使得中国的出口受到了影响，而消费又一直是拉动中国经济的弱项，那么依靠投资仍然是今后中国经济发展的关键。在投资方面，需要仔细甄别，提高投资效率，注重弥补经济发展短板。投资需要向技术创新、产业升级及基础设施领域进行外，还应在环境治理、推进城镇化进程中起到长远的作用。在私人投资方面，由于制造业、房地产行业会面临产能过剩，形势不容乐观。因此，政府主导的投资仍然是经济平稳发展的主要动力。

2. 促进产业升级和高科技制造业的发展

欧债危机的受灾国大多为欧元区的南欧国家，在这些国家中支撑国民经济的主要是旅游、服装设计、房地产等行业，不是技术密集型的信息产业和资金密集型的先进工业，制造业占比逐年降低。欧债危机对立足于装备制造业的德国、法国并没有构成严重的威胁，而是对产业结构以第三产业为主的南欧国家经济形成了严重的挑战，这充分说明片面发展第三产业而忽视实体经济发展的弊端。这使我们有所启示：中国在进行产业结构优化升级，促进高技术制造业发展方面应该作为我国经济发展战略。中国的制造业在经历了从无到有、从小到大、从低到高的演进历程，高科技制造业已有所发展，但与美、欧、日等发达国家相比，中国制造业的发展水平整体还很低，始终难以突破产业的高技术门槛。只有掌握产业核心技术，优化制造业结构，大力发展新能源、新材料、精密仪器、汽车、信息技术等产业，才能提高本国的核心竞争力，具有经济危机的抵抗力。

3. 福利制度应该防止“寅吃卯粮”

财政是一个国家宏观经济二次分配的“蓄水池”，对于经济与社会的平稳运行起到重要的作用。适度的短期财政赤字是一个国家经济平稳运行的自然需求与表现形式，但是长期、大规模的财政赤字往往会导致一个国家政府声誉的降低与未来融资成本的持续升高。欧债危机发生的一个重要原因就是以财政的连续赤字保障社会福利的持续。由于欧洲的人口老龄化严重与退休年龄不断提前，在欧债危机前希腊人甚至可以在 45 岁便申请退休。制造业的萎缩导致年轻劳动力大量失业，再加上国民经济的整体衰弱与国民福利的大幅度提高，使得政府债务难以翻身。欧债危机也给处于人口老龄化阶段边缘的我国提前敲响了警钟。中国正在步入老龄化阶段，人口红利对于经济高速发展的支撑效应已经愈发减弱，人均寿命的增加和老年人口比例的上升是未来我国经济进一步发展所要面对的问题。当前的中国正面临着“未富先老”的尴尬局面，养老压力使养老金缺口出现的时间窗口不断提前，而且随着更多的人口步入退休年龄，养老金的金字塔模型必然会因老年人数量的增加和计划生育所产生的基底人口的减少而出现财政压力。未雨绸缪，只有国家财政提供持续充沛的可支配资源才能为养老提供保障。

4. 防范化解地方债务潜在的风险

面对欧洲债务危机所产生的政府违约风险在欧元区内部出现的“多米诺骨牌”效应，以及为避免日后再度出现成员国扩张性财政的道德风险，欧盟两种搭配的方案值得我国研究。一方面，国际货币基金组织、欧洲央行和私人银行采用债务减记；另一方面，坚持要求欧元区债务国在动态发展中实现财政平衡的“动态偿还策略”。欧债危机产生的严重影响客观上对我国地方政府有所警示，应对地方债务信用风险进行合理规避。近年来，地方政府“土地财政”的结果是我国的地方债务风险将会增大。一旦地方财政无法从更多的土地出让得到输血，那么势必会面临信贷违约的风险。审计署曾经两次组织全国审计机关对地方债进行全面审计，至2013年6月底，全国省、市、县、乡四级政府地方债余额17.89万亿元。目前，政府已经意识到地方债务的潜在危机，2014年9月国务院发布了《关于加强地方政府债务管理的意见》，切实防范化解财政金融风险，促进国民经济持续健康发展。应建立地方政府性债务风险预警机制和建立债务风险应急处置机制，最大限度地消除地方债务产生与积累的体制机制性因素，以避免因地方政府债务恶化问题带来的金融系统性震荡。

本章主要参考文献：

[1] 丁一凡. 欧债危机启示录［M］. 北京：新华出版社，2014（4）.

[2] 周弘，沈雁南. 欧洲发展报告（2008~2009）［M］. 北京：社会科学文献出版社，2009.

[3] 李奇泽. 欧债危机与中国经济［M］. 北京：人民出版社，2014.

[4] 陈元，谢平，钱颖一主编. 欧债的救赎［M］. 北京：中国经济出版社，2012.

[5] 周茂华. 欧债危机的现状、根源、演变趋势及其对发展中国家的影响［J］. 经济学动态，2014（3）.

[6] 丁纯，高弘. 欧元启动以来欧元区国家私人债务的发展、与欧债危机的关系及前景 [J]. 世界经济与政治论坛，2014 (5).

[7] 施祖麟，刘盾，潘锡辉. 再论欧债危机的根源、治理与启示：基于对欧美国家工资政策的比较研究 [J]. 经济社会体制比较，2014 (6).

[8] 黄凌波. 探析我国经济因欧债危机冲击而产生的影响 [J]. 现代经济信息，2014 (19).

[9] 王江昊. 欧债危机系统性风险缓解的启示 [J]. 宏观经济管理，2014 (8).

[10] 孙丽娟，石桐灵. 后欧债危机与全球金融风险治理 [J]. 中国经济报告，2015 (2).

[11] 韩秀云. 欧债危机的进展及启示 [J]. 国际经济合作，2013(7).

[12] 陈晔. 欧债危机金融传染受美国次贷危机的影响分析 [J]. 现代管理科学，2013 (11).

[13] 袁佳. 欧债危机中欧央行的救助措施与救助成本研究 [J]. 西部金融，2015 (2).

[14] 余永定. 欧洲主权债务危机的起源与演进 [J]. 浙江金融，2010 (8).

[15] 谈璐. 试论欧洲债务危机对我国的启示 [J]. 中国外资，2010 (18).

[16] [英] 约翰·梅杰. 英国为什么拒绝欧元 [N]. 金融时报，2011-10-31.

[17] 覃发艳. 欧洲主权债务危机的发展历程及影响分析 [J]. 武汉金融，2010 (7).

[18] 张锐. 国际信用评级机构的罪与罚 [J]. 决策与信息，2010 (8).

[19] 时寒冰. 欧债真相警示中国 [M]. 北京：机械工业出版社，2012.

[20] 贺力平. 希腊债务危机的国际影响和借鉴 [J]. 经济学动态，2010 (7).

[21] 郝倩. 平静的希腊，缩水的旅游业 [N]. 第一财经日报，2010-05-18.

第十一章

后危机时代的中国金融发展

金融危机发生后，各种措施的采取使得金融危机得到一定程度的缓和，呈现出一种较为平稳的状态。但是由于造成危机的根源并没有消除，危机也并没有因此结束，从而使得整个经济仍然存在很多不确定因素，金融危机有可能还会回来，甚至加剧，有可能引起新一轮的衰退。2008 年美国金融危机之后发生了欧债危机，直至目前的俄罗斯金融危机，这些给全世界造成的影响并未消除。2008 年美国的金融危机已经成为“二战”后最严重的全球性金融危机，金融创新产品是导致这次金融危机的罪魁祸首之一，这使得我们要重新审视后危机时代的中国金融发展。

第一节 / 金融创新的影响力量

近年来，金融创新的迅速发展对传统金融体系造成了重大影响，金融资产的收益和风险在金融创新的影响下出现了许多新型的组合。金融创新活动扩展了金融市场的领域，扩充了金融市场的内涵。金融创新形成的衍生产品市场，如期货、期权、掉期、远期、互换等交易，均是一种虚拟的所有权益或收益率交易。金融创新活动每创造出一种新型的衍生产品，就创造了一个平行新金融市场。金融创新活动扩充了金融市场的容量，多层次地扩展金融市场的领域。金融创新导致了金融市场架构的新变化，影响了金融市场传导机制和市场参与者的行为。由于金融创新不断地扩充金融市场，因而必然导致新增市场与原有市场以及原有市场之间形成新的关系。市场间相互关系的变化导致整个传统金融体系的传导机制发生改变，旧有的经济变量从内涵到外延都被赋予新的含义，彼此间的数量关系也表现出新的状态。金融衍生产品的不断增加，还造成了金融市场易变性的提高。金融衍生产品通过对相关基础金融工具的本金和利息进行拆解和剥离而实现对其所有权益或收益率的交易。这种权益交易的特性使得市场预期在衍生产品市场中所起的作用愈发举足轻重，因而金融创新形成的金融衍生产品市场的易变性显然高于基础工具市场。

从资本形成角度看，金融创新对于资本市场具有影响。资本形成是货币资金投向产业的过程，是储蓄通过资本市场转化为投资的过程。这一过程对于一国经济的持续稳定增长具有至关重要的作用，因此金融创新对宏观经济产生的功能是通过其对资本形成的影响整个微观基础发挥作用的。

托宾 q 理论揭示出了货币通过股票市场与投资发生作用的机理。托宾 q 等于企业市值与企业的资本重置成本的比值，即：$q=V/(Pk\cdot K)$，此处 V 为企业的市场值，即企业当前上市股票的总市值，K 为企业当前拥有的实物资本总数，Pk 为每单位实物资本的价格，因而，二者之积为企业的资本重置成本。根据托宾 q 理论，q 值大小决定企业的投资决策。当 $q>1$ 时，企业会增加对资本品的购买，提高投资，因为当前股票市场对投资品的估值高于购置成本；反之，若 $q<1$，企业将减少投资。托宾 q 理论将资本

市场与实际经济活动联系起来，当引入金融创新时，金融创新通过影响资本市场上股票的价格和资本的重置成本来影响 q 值，进而影响投资率。因此，金融创新一方面可以通过使股票市值 V 上升，另一方面降低企业的资本重置成本 Pk·K，使得 q 值上升，进而增加投资率。具体来说，从企业融资的角度看，金融创新能拓宽企业的融资渠道，降低企业的融资成本和融资难度。从风险方面看，金融创新能为企业提供规避要素风险、投资风险的工具和手段，同时也能通过更为准确敏感的价格传递为企业提供做出合理生产销售决策的信息。金融创新还将促进资本市场的繁荣发展，吸引更多的社会资本的投入，在客观上提高企业的市值。金融创新极大地拓宽了企业的融资渠道并降低了融资成本，但同时也提供了大量的投机套利机会。于是金融创新对资本形成也存在一定的负面影响。如果企业出于投资谋利的考虑将大量资金投入金融市场，尤其是可能获得高额利润的衍生工具市场，而放弃或减少实际投资数量，则金融创新在这个意义上说就阻碍了资本形成。因而，金融创新影响资本形成的实际效果，需要根据实际储蓄是否与融资规模匹配，以及微观经济参与者的具体行为综合考量和判断。

从经济增长角度看，金融体系改革和完善往往是一国推进经济发展的核心战略安排，并将维护金融安全作为维护本国政治经济安全的根本保障。由于金融创新带来的金融深化与一国经济的增长之间具有正相关关系，因此，将以金融创新为动力的金融深化和广化作为促进本国经济发展关键因素。从金融创新促进经济增长的微观机制看，根据索洛模型，决定一国经济增长的因素主要有资本积累和技术进步两个因素。那么，在微观层面金融体系可以从风险管理、信息揭示、公司治理、动员储蓄以及便利交换这五个基本功能方面分别影响资本积累和技术进步，进而影响经济增长。

第一，金融体系的风险管理功能与经济增长关系最为密切的是流动性风险管理。金融创新最初的一个出发点就是解决和分散金融资产的流动性风险，金融创新比如证券化，可以通过二级市场自由交易的方式，将长期甚至无期限的权益类凭证转化为可进行交易变现的具备流动性的金融资产。解决了流动性问题，降低了流动性风险的金融市场，储蓄者们才愿意放弃其对于储蓄的控制权，转而持有股票、债券等金融资产，并且在需要的时候，迅速通过金融市场将其变现。在这样的背景下，大量需要注入长期资本投入的项目，获得了资金支持得以建设，从而促进经济的发展。金融的风险管理功能还能通过影响技术进步进而促进经济增长。在企业创新上，一旦创新成功，由于技术的外部性，经过一段时间的扩散和传递，整个行业的技术水平也会出现整体的提升。然而，投资于创新的风险是比较高的，通过金融创新对技术革新项目的融资进行证券化或分散化将极大地有利于风险的降低。由此可见，金融体系可以利用能够分散风险的金融创新活动促进技术革新的进程，进而推动经济增长。

第二，金融中介作为一种专业分工收集处理信息并通过一定形式保持金融市场平缓运转的机构提高了金融市场的有效性。在成熟的金融市场中有大量金融中介在发挥这种信息揭示的功能。信息揭示功能对经济增长有着潜在的作用，因为这一功能极大地降低了交易成本，提高了经济效率。金融中介还可以在信息收集和处理的过程中也能够识别出高效的技术并能促进人力资本积累，这些因素对于经济增长有着毋庸置疑的推动作用。

第三，完善的金融市场和恰当的金融制度安排使创新一方能够降低事前获取信息的成本，另外，它们还能降低事后对经理人实行监督、完善公司治理及执行方面的成本。其中，企业所有者可以利用金融制度安排解决由信息不对称造成的委托代理问题，从而保证经理人在管理企业时遵从股东利益最大化原则。有利于公司治理的金融制度安排和金融制度创新可以很大程度地提高企业运行效率，强化企业的实力，从而吸引投资者的投资。在单个企业的微观层面上说，这种金融安排能够促进企业的利润最大化或股东利益最大化目标的实现，并且在宏观层面上说，这种安排能够提高经济效率，促进国民收入的不断增加。

第四，动员储蓄然后通过金融市场借助金融工具将社会上分散的储蓄汇集成资本转化为投资是金融体系和金融市场的一项重要功能。由于社会中大量的投资者的资金供给与生产企业或项目之间的资金需求之间存在规模和期限上的不对称性，金融体系通过不断地金融创新创造了各种金融工具，构建了各类金融市场，使得社会居民得以持有高度分散化的证券而投资于具有一定效率规模的企业或项目，通过发挥这种动员储蓄形成投资的功能，从而推动收益率较高的技术革新活动，金融体系与金融创新活动优化了资源配置效率，促进了经济增长。

第五，便利交易促进了经济增长。亚当·斯密在《国富论》中对便利交易、专业化分工、创新与国民财富的增长之间的关系进行了论述。金融系统、金融制度安排和金融创新在降低交易成本、推动专业化分工、便利交易的方面能够起到巨大的作用。金融体系能够极大地促进专业化分工的细化，交易成本越低则专业化分工程度会越深入。因为分工必然要求进行交易，而金融体系提供的货币化交易本身就能极大地降低交易成本，同时金融制度安排也能从各个方面降低交易成本，进而带来劳动生产率的提高；反之，这种生产率的提高还能反馈回金融市场，促进金融市场的发展，进而形成一种增长的良性循环。交易成本与信息成本的降低是随着经济从实体经济逐步转向货币经济甚至转向金融经济而逐步完成并日益深化的。这就意味着每一次大规模降低交易成本与信息成本的金融创新都能通过金融体系和金融市场的作用极大地促进经济的增长。经济增长与金融体系和金融市场的发展形成了一种良性循环，彼此促进，共同发展。

第二节 / 中国的金融脱媒与金融创新

金融在现代经济中处于核心地位，经济发展史在某种程度上体现为金融的发展史。从具体发展的实践来看，金融作为资金和资本价格水平的形成和发现机制，对于经济总量的增长以及整体经济的发展起到了关键作用。

随着金融自由化和金融全球化趋势愈演愈烈，金融创新活动层出不穷，其中尤以金融衍生工具的创新最为突出。对于我国金融发展而言，金融市场也在不断深化和广化的过程中逐渐完善和健全。金融体系中的金融机构在不断进行金融创新的过程中极大地提高了我国市场经济的货币化程度和金融资源的运行和使用效率，促进了金融资源和实体资源优化配置，满足了经济发展所必须的大量流动性要求。与此同时，金融体系和金融机构在这种金融创新推动下的不断完善和壮大，也使得金融总量不断扩张，金融对经济的促进作用日益体现，金融在国民经济中所占据的核心地位不断彰显出来。

在我国，商业银行一直是金融体系的重要组成部分。它们一方面肩负着信用创造的重要功能；另一方面也出于自身盈利性的需求和业务的特点，在金融市场上作为供给方、需求方以及中介机构发挥着多方面的重要作用。随着我国银行业股份制改革的完成、银行业准入机制的放宽、民营银行的发展，我国银行业基本告别了以前四大国有商业银行垄断市场的局面，整个行业的发展开始进入由竞争和市场推进的良性循环。

金融脱媒要求我国银行业加快金融创新的步伐。金融脱媒是金融活动脱离金融机构的一种现象。根据《新帕尔格雷夫经济学大词典》的解释，“当通常是由于政府机构为了控制或者管制金融中介的增长而出现某些干预，并且这些干预是为了削弱金融中介在提供金融服务上的优势，驱使金融转移与商业业务进入别的渠道时，则我们说反金融中介行动出现了”。随着我国金融市场的不断完善，金融深化和金融广化的程度日益提高，我国的资本市场从容量到层次也实现了跨越性的发展。股票市场的长足发展，债券市场尤其是企业债市场的发展，票据市场的完整以及利率市场化改革进程的推进，为我国金融市场上的直接融资活动的发展奠定了坚实的基础。目前，我国的直接融资活动已经进入了高速发展的阶段。随着融资渠道的多样化，实力较强的大型企业融资能力不断增强。这些企业逐步开始从主要依赖银行的融资方式转向 IPO、债券发行等直接融资方式。据中国证监会数据显示，2014 年 10 月，我国企业通过境内外证券市场共筹资 1168.72 亿元，比去年同期增加 329.69%。截至 2014 年 10 月底，我国境内上市公司（包括 A、B 股）数量为 2584 家，股票发行总股本为 43197.27 亿股。

从 2014 年中国企业在全球资本市场 IPO 的交易看，体现了中国企业融资方式的变化：①阿里巴巴成为全球有史以来最大规模 IPO，9 月 19 日，阿里巴巴集团控股有限公司在美国纽约证券交易所挂牌上市，募集总金额达 250.32 亿美元，阿里巴巴折桂全球史上最大规模 IPO。②陕西煤业成为 A 股募资金额最高 IPO。1 月 28 日，陕西煤业股份有限公司在上海证券交易所挂牌上市，发行股票 10 亿股，募集总金额 40 亿元，该笔交易也是 2014 年 A 股募资金额最高的 IPO 交易。③上海爱康国宾健康体检管理集团有限公司成为体检第一股。4 月 9 日，其在美国纳斯达克全球精选市场挂牌上市，募集总金额 1.53 亿美元。爱康国宾的上市，标志着中国“健康体检第一股”诞生。④创梦天地科技有限公司“平民”CEO 晋升亿万富翁。8 月 7 日，创梦天地在美国纳斯达克全球市场挂牌上市，募集总金额 1.15 亿美元。按照上市当天收盘价 15.94 美元计算，创梦天地市值达到 6.54 亿美元，占有 22%股份的年仅 32 岁的 CEO 陈湘宇，既非富二代也非家族企业传承人，一夜之间摇身变为亿万富翁。⑤万洲国际有限公司一年内两次

IPO 闯关终成功。8 月 5 日，万洲国际在香港联合交易所主板挂牌上市，募集总金额 159.18 亿港元。万洲国际在 2014 年 4 月首次赴港 IPO 折戟之后二次闯关终获成功。⑥绿叶制药集团有限公司私有化公司重新上市。7 月 9 日，绿叶制药集团有限公司在香港联合交易所主板挂牌上市，募集总金额 59.18 亿港元，绿叶制药在私有化之后重登海外资本市场，可见企业直接融资规模的发展。随着金融市场的深化发展，金融体系的完善健全，商业活动和融资方式将面临更为丰富的选择，而不再仅限于传统的银行信用。根据发达国家的经验，当一国经济和金融发展达到一定的水平之后，直接融资在整体融资规模中所占的比例将日趋提高，金融脱媒的趋势会随着经济发展的水平而不断强化，这一点也在我国当前经济和金融发展的实践中得到了证实。随着我国经济的发展、监管方式的调整以及金融市场的深化发展，金融脱媒将是不可逆转的必然趋势。

金融脱媒趋势的出现对于商业银行会产生深刻的冲击和影响。一方面，直接融资方式的增多和发展会对商业银行的资产业务造成挤压。尤其是有能力利用直接融资方式进行融资的企业一般来说都是实力雄厚且资信高的企业，这部分企业都是银行的优质客户。直接融资导致的这部分客户的流失也会进一步冲击银行的资产业务。另一方面，商业银行的负债业务会随着金融脱媒带来的资金抽离而受到影响，存款的吸收难度越来越大。面对金融脱媒带来的冲击和挑战，商业银行必须通过金融创新来开发新的产品、发现新的渠道、培育新的业务以抵消其在资产负债业务方面受到冲击。

金融脱媒为商业银行进行金融创新提供了动力和机遇。传统优质客户对银行的依赖性降低，客观上促使银行一改简单依靠大客户的单一结构，加强对客户资源的深入挖掘和对客户需求的全方位满足，对于商业银行调整客户结构起到了促进作用。同时，直接融资的发展虽然在一定程度上挤占了商业银行的资产负债业务，但是给商业银行提供了大量的拓展中间业务的机会。在企业进行直接融资的过程中，产生了大量的中介、顾问、咨询、代理等方面的新需求。商业银行可通过各方面的金融创新活动抓住这些需求，积极开展投资银行业务，发展同业合作，增加非利息收入。商业银行中间业务收入占比的不断提高，与金融脱媒一样，也是经济与金融不断发展和完善的必然趋势。商业银行中间业务的扩张和发展与商业银行的金融创新活动也有着直接的联系。

日益激烈的同业竞争推动银行进行金融创新。阿罗模型表明：竞争条件下的创新激励要大于垄断条件下的创新激励。因此，竞争越激烈的市场，行业的收益曲线越接近经济利润为零的水平。因此，为了不断优化个体的收益曲线以期获得超额利润，企业会具有极大的创新动力。然而在垄断程度较高的行业中，企业无须创新即可获得相当的超额利润，而实行创新可能带来的风险，创新获得的收益也未必能够高于当前垄断地位带来的高额利润。因而，垄断市场中的创新激励大大低于竞争市场，也就是说，创新活动更容易在竞争程度高的市场中发生。传统的银行业只有迎合发展潮流，灵活多变地进行各类金融创新活动才能有所发展。

中国金融脱媒导致的银行存款从银行流出后并没有像当年的美国那样流向股票、债券等金融市场，很大一部分流向了非正规金融市场。从浙江、福建、内蒙古、山西到广州等，非正规金融市场的资金规模与日俱增，特别是民间借贷市场。民间借贷的风险不断，纠纷不断，甚至是崩盘大案也屡见不鲜。

一直困扰中小企业融资的难题使得金融脱媒突出地表现在中小企业贷款从银行等正规金融机构的“脱媒”。由于金融抑制和信贷配给，我国大部分银行将非常有限的贷款规模分配给了并不缺钱的大型企业，特别是国有企业。在此背景下，越来越多的中小企业无法获得银行贷款而不得不转向非正规的金融市场或民间借贷。也就是说，我国当前的金融脱媒是中小企业贷款从银行的“脱媒”，与美国当年大型企业贷款从金融机构的“脱媒”有本质区别。尽管民间借贷是金融机构和金融市场的有益补充，即使在金融业发达的美国也时常发生。但如果中小企业融资仅仅依靠民间借贷，则说明了正规金融体系功能的缺失。中国的金融脱媒也使得银行需要通过金融创新提高自身竞争力。

第三节 / 金融创新是中国金融发展的力量

金融创新模式是金融市场参与主体为实现各种金融创新活动而采取的一系列方法。金融创新的过程涉及很多因素，这些因素组合与配置的方式及其结构上的差异，就构成了金融创新的不同模式。对于一个经济体而言，其金融创新模式的演进与其经济发展阶段和金融市场发展水平密切相关，在不同的历史时期，影响金融创新模式的各种要素居于不同的支配地位，决定了金融创新模式的发展与变化。在金融全球化的背景下，经济体外部的经济金融环境变化对其金融创新模式的演变也发挥着越来越重要的影响。

一、金融创新的演进与创新模式

从西方发达国家金融创新模式演进来看，20 世纪 30 年代以前，金融创新主要由商业银行在利益驱动下完成，表现为以银行为主导的金融体系。政府的行为则主要是适应金融市场发展，对金融企业的金融创新活动并不直接参与，对新创立的金融机构、新开发的金融产品以及新形态的金融交易并不进行过多的约束，而仅仅以法律或制度的方法加以确认。大萧条后，美国颁布了格拉斯—斯蒂格尔法案，确立了商业银行、证券以及其他非银行业务的分业经营的市场体系，形成了新型的金融市场、金融工具和金融机构，最终完善了美国的市场主导型的金融体系，金融创新的模式随之发生巨大的改变。

西方国家金融产品创新经历了四个阶段：20 世纪 60 年代，为了逃避国家及地区间严格的金融管制，提高利润率，西方国家纷纷掀起金融产品创新浪潮，新推出了大量资产性金融产品，如出口信用、平行贷款、可转换证券、可赎回债券等；20 世纪 70 年代，为了防范和转嫁通货膨胀、利率、汇率等风险，西方国家又推出了外汇远期、物价指数相关的公债，利率期货，联邦住宅抵押贷款，自动转账服务等金融创新产品；20 世纪 80 年代，为了扩大融资渠道，货币互换、零息债券、期权交易、动产抵押债券等新的金融产品相继问世；20 世纪 90 年代，金融产品创新朝多样化、衍生化进一步发展，成熟、统一的金融市场逐渐形成。总之，从发达国家的金融创新历程看，金融产品创新多数是采取自下而上的以市场为主导的创新模式，而金融制度创新则相对比较稳定，往往是在原有金融制度的弊端累积到一定程度甚至引发金融危机之后才会发生大的制度变革，“大萧条”之后西方国家普遍加强金融监管就是一个典型的案例。在金融市场平稳发展的过程中，金融创新更多的是对金融产品创新的成果加以规范化和合法化，并使其最终保存下来，两者在实践中相互推动，共同促进金融发展。

与西方国家相比，我国的金融创新历史很短。在改革开放之前，甚至改革开放之后我国并没有真正意义上的金融市场，从 20 世纪 80 年代开始，金融制度创新以政府主导的创新模式开始，而且先于金融产品创新，这就意味着我国的金融体制改革或金融创新不得不采取制度创新先行的模式，通过制度创新构建相对完成的金融体系和金融交易制度基础，是金融改革之初的首要任务。这样的金融创新模式的一个后果是金融产品创新明显不足，金融创新产品的数量少、层次低、效益差。

改革开放以来我国的金融制度创新可以划分为三个历史阶段：第一阶段是 1979~1984 年，这一时期主要完成了金融结构多元化目标，恢复和成立了四家国有商业银行以及多家非银行金融机构，改变了原有的人民银行一家独大局面，将商业银行职能从人民银行中剥离出去，以法律形式确立了中央银行制度，从而构建了相对完整的金融市场组织结构。第二阶段是 1985~1996 年，这一时期的金融创新主要是建立起金融市场制度框架，其中包括：①实现了金融基本制度创新，实行了中央银行制度的法定地位。②实现了金融组织制度创新，发展了一批非银行金融机构，组建了一批保险公司；证券市场快速发展，深沪股票交易所投入运营。③实现了金融管理制度创新。在商业银行领域实行放权让利，引入竞争机制和市场机制；实行商业银行与政策性金融分离等。④实现了金融市场制度创新，商品交易所、同业拆借市场、票据市场等全面启动。第三阶段是 1997 年至今，金融制度创新不断走向深化。这一时期的创新内容主要包括：①剥离国有商业银行的不良金融资产，建立金融资产管理公司，负责收购、管理和处置不良金融资产。②进一步完善分业经营、分业监管机制，建立“一行三会”监管体系。③资本市场得到进一步发展。④国有银行产权制度改革基本完成，四大国有商业银行先后实现境内外公开发行上市。

长期以来，我国金融制度创新由政府主导推动，这样的创新模式客观上对我国金融市场的发展起到积极作用，与此同时，政府干预在一定程度上替代了金融市场的资源配置功能，造成市场扭曲、金融资源配置和使用效率低下等问题。同时，由于路径依赖的存在，广大金融机构长期在政府的强管制环境中生存和经营，缺乏主动开展金融创新活动的积极性，造成金融产品创新严重滞后。

一般而言，从宏观层面，金融创新模式可以分为市场主导模式和政府主导模式两类。宏观层面上的金融创新模式问题主要体现在金融制度创新领域。从创新的主体来看，金融制度创新模式可以分为市场主导型创新模式（需求诱导型创新模式）和政府主导型创新模式（供给主导型创新模式）。市场主导型创新模式是创新主体（如金融企业）在给定的约束条件下，为实现自身利益最大化而自发组织和实施的“自下而上”的制度创新，它以清晰产权界定和自主决策为前提条件。政府主导型创新模式是指政府的金融管理部门通过直接和间接的手段“自上而下”组织实施的创新，它以大量的公共产权和集权型决策体制为前提条件。在市场主导型制度创新模式中，金融机构是创新的主要推动者，它们在充满不确定性的经营环境中，为获得利润而进行制度创新，并独自承担风险，因而它们只有在制度创新的潜在收益大于消除各种潜在风险的成本时，才可能开展制度创新行为。在政府主导型制度创新模式中，政府金融管理部门则直接成为创新活动的组织者和推动者，由于法律赋予其相应的权力，一旦它发现局部或整体性制度创新方案的预期收益大于零，就可以借助行政力量进行强制性局部试点，这种试点由于权力部门减少了外部性及不确定因素，因而风险较小。在市场主导型创新模式中，最先推动创新的金融机构不可能持久地独占制度创新的潜在利润，这是由于以利润为目标的其他金融机构为分享这一利润会模仿其创新行为，实际上这也是创新制度的模仿与扩散过程，也正是因为模仿和扩散，创新才引起金融制度结构的变化。在政府主导型制度创新模式下，金融管理部门对制度创新往往采用试点先行的方式，这也就意味着试点范围外的金融企业不得模仿先行先试单位的创新做法，这样创新的潜在收益就无法被扩散。可见这两种制度创新模式各有利弊，因而只有联系金融制度目标及相关约束条件，并对之进行成本—收益分析来判断二者各自适应的对象及范围。

从发达国家的金融市场演进历程来看，20 世纪 30 年代以前，金融制度创新主要通过市场主导型创新模式实现，主要由商业银行在利润驱动下完成。政府的行为则主要是适应金融市场发展，对金融企业的金融创新活动并不直接参与，对新创立的金融机构、新开发的金融产品以及新形态的金融交易并不进行过多的约束，而仅仅以法律或制度形式等方法加以确认。“大萧条”成为这种金融创新模式变革的转折点。20 世纪 30 年代以后，由于市场自发性和盲目性导致的“市场失灵”经常对金融市场造成恶性冲击，从而影响到经济安全。“大萧条”之后，西方国家普遍对金融创新模式进行反思并进行政策调整，加强对金融市场的监管并开始逐渐成为金融制度创新的推动者。“市场失灵”要求政府来干预金融市场运行，弥补市场机制的“天然”不足。在这之后，政府主导型金融创新模式日益发挥显著作用。

从发展中国家的金融改革经验看，大致可以分为两类：第一类国家信奉自由市场经济，推行市场主导型金融制度创新模式，此类国家以拉美国家如巴西、墨西哥等为代表；第二类国家认为政府干预是解决市场失灵的有效机制，信奉经济发展和金融改革中的“强政府”作用，这类国家以东亚的韩国和日本为代表。这里，将 1997 年深受亚洲金融危机危害的韩国和泰国作为考察的两个样本。

韩国的经济发展奉行的是政府主导模式。政府在金融领域的强制性干预成为主导，结果是对韩国的产业结构从劳动密集型向资本密集型转变发挥了重要作用，经济发展绩效显著。1962~1991 年，韩国经济保持了 5.2%~10%的高速增长，步入上中等收入国家行列。尽管成绩斐然，但这种过度依赖政府主导的金融发展模式也带来了一些问题。比如，政府干预代替了金融市场对金融资源的配置功能，造成市场扭曲，使金融资源配置效率低下，资金的使用效益降低，整个金融业发展缓慢。尤其是资本市场的发展严重滞后，导致严重的寻租现象。与韩国相反，泰国在金融发展中奉行自由放任的市场主导模式。尽管如此，在亚洲金融危机中泰国也未能幸免，而且成为金融危机的始发国。从 20 世纪 80 年代末开始，泰国开始加快了经济自由化进程。在金融领域，推行金融自由化以刺激储蓄和资本形成；鼓励私营经济发展；大量举借外债，促进资本形成；积极发展资本市场，推动直接融资发展，比如 1995 年泰国股票市场的筹资总额占当年 GDP 的 61%。但是，过早并过度地开放金融市场，也给泰国经济带来潜藏的风险：资本形成中过度依赖外资，使得泰国的外债偿债率一直高位运行，接近甚至超过 20%的国际警戒线；泰国过早开放经常项目，短期资本流入无法得到有效制约，同时，资本市场的开放又为国际游资投机套利提供了便利条件，助长了股票市场和房地产市场资产价格泡沫；银行业缺乏灵活多样的货币调控措施，比如在固定汇率的外汇体制下，泰铢价值被人为高估，制约了泰国商品出口，而如果宣布泰铢贬值又势必加大其外债负担，泰国银行处于两难境地。在这样的背景下，引发了 1997 年亚洲金融危机。

从微观层面看，金融创新分为自主创新模式和合作创新模式。自主金融创新是企业通过自身的努力探索产品的突破，并在此基础上推动创新的后续环节，完成技术的商品化，获得商业利润的一种创新活动。自主创新是金融企业运用自身的资源与能力开发新产品或服务的实践，是在金融企业内部进行的创新，一旦获得成功，便可取得丰厚的回报。自主创新的金融企业一般都是市场的开拓者，很容易快速大规模地占领市场，从而通过奠定自己的先导甚至垄断地位获得高额利润。实现自主创新对金融企业的知识、资金要求较高，实施的风险也较大，一旦失败，企业遭受的损失会很大。

合作金融创新是有创新意愿的不同组织为共同面对市场竞争环境，而进行研究开发的合作过程。它以技术契约关系为基础，以资源共享和优势互补为前提，以固定的创新组织为保障，有明确的创新目标、期限和规则，并按照事先确定的方式分担创新风险，分配创新收益。越来越多的产品创新是通过不同地域、不同行业的创新主体共同完成的。因为，单个金融企业已经无法满足当前创新对多领域知识融合的需要。同时，产品生命周期的缩短和竞争的加剧也导致企业独立自主创新的不确定性增加和成本加大。合作金融创新不仅是金融企业降低风险和缩减成本的重要战略，更是其获取外部知识和能力的重要途径。随着我国国民财富的增长以及金融市场的发展，商业银行传统的存贷业务已无法满足客户日益多元化的金融服务需求，尤其是客户的投资理财需求日益凸显。尽管银行通过设计、销售理财产品在一定程度上满足了客户需要，但一些高净值客户对投资产品的高收益率需求仍难以解决。在这样的背景下，商业银行通过与善于设计高收益投资产品的信托公司、金融租赁公司、PE 等非银行金融机构合作为高净值客户提供个性化的投资产品，实现合作金融创新，使得参与其中的客户和各类金融机构获得丰厚的市场回报。

一般来说，自主金融创新模式具有率先性，通常率先创新者只是个别金融企业，其他后来者只能跟随和模仿，能为率先者带来创新收益。合作金融创新模式则是金融机构之间或金融机构与科研机构、政府部门之间联合开展金融创新的做法，合作金融创新能联合推动金融创新发展。

就我国而言，在金融市场发展初期，由于市场体系不完善，市场主体缺乏金融创新能力，早期的金融创新模式是以政府主导型创新为主，由金融监管当局全面推动金融产品、金融制度和金融市场各个领域的创新活动。随着我国金融改革的不断推进，市场化水平得以提高，金融市场主体的金融创新活动开始活跃起来逐渐取代政府成为金融创新的主力，金融创新模式开始由政府主导型向市场主导型演进。经历了全球性金融危机的洗礼，西方发达国家重新审视自己的金融创新模式，纷纷进行一系列金融创新模式调整，这些也必然对融入全球经济体系的中国产生深远影响，促使我们进行后危机时代的金融创新模式选择。

二、后危机时代我国的金融创新

由于中国相对封闭的金融市场，次贷危机和欧债危机等金融危机对我国金融业的直接影响有限，但是随着全球化步伐的迈进和中国金融改革步伐的迈进，中国的金融市场会越来越开放，结果是会越来越近距离地面对世界的金融风险和危机，这使得我们应该反思，应该正确认识金融创新的作用和风险。金融创新对金融市场发展和经济发展的作用是毋庸置疑的，但也会创造一些新的风险，只有风险可控的金融创新活动才能创造真正的经济效益和社会效益。尽管我国的金融创新能力较弱，但是培育更加市场化、更加开放并且具备更强创新能力的金融市场是我国的长期目标。因此，我国的金融创新既要考虑我国金融市场发展的实际，同时也要考虑国际上金融危机对金融市场带来的深远影响。

在金融制度创新模式选择上，从我国金融制度创新的演进历程看，我国属于典型的政府主导型创新模式。目前，市场主导型创新模式有所发展，主要是由于我国金融市场的迅速发展，金融市场参与主体进行金融创新活动的自觉性得以发挥，在局部出现了“自下而上”的金融制度创新。但是，我国的金融制度创新仍将由政府主导的模式仍然会存在很长一段时间，主要因为政府控制着金融市场的定价权，规模庞大的国有金融机构在金融市场处于近乎垄断者的市场优势地位。尤其是金融危机之后，各国政府普遍认为，政府在金融发展中应当发挥更加重要的作用，诸如加强金融监管、积极开展金融救助、维护市场信心等。金融危机的影响无疑会进一步强化政府主导这种态势。

对我国而言，政府在金融制度创新中处于主导地位，政府的主导模式可以通过结构调整实现更高的创新效率。后危机时代我国金融管理部门应更加注重风险管理，提高市场监管水平，减少对微观主体创新活动的行政干预，营造科学、审慎的金融监管环境，维护公平的金融交易，这样才能为各种金融创新活动提供稳健的制度基础，降低金融创新活动的市场风险，防范金融危机的发生。

但是，从长期来看，由于中国的市场经济体系发展急需有充分市场化的金融体系的配套，中国最终是要融入一个以商品、资本自由跨境流动，汇率自由浮动为特征的自由化市场体系。这需要我国的金融制度创新仍应以市场化为导向。一个充分市场化的金融体系中的微观金融机构才能担当起金融创新主体，才能使得金融创新具有活力，因此，我国当前政府主导型的金融制度创新模式会逐步转向以市场主导型的创新模式。然而，随着金融市场的发展和金融体制改革的不断深入，这种市场主导不是政府作用的消失，而是政府参与市场主导下的创新活动的方式和地位需要改变。

金融产品创新是金融创新的核心内容。从金融危机中我们可以看到，脱离了有效金融监管的过度泛滥的金融创新会给金融市场乃至整个实体经济带来灾难性后果。因此，在后危机时代我国金融产品创新中必须遵循这样的原则：金融产品创新与服务实体经济相联系，以避免金融市场的过度虚拟化；金融当局的监管能力必须与金融产品创新协同发展，以防止发展高风险的金融衍生品市场。

近年我国微观金融创新领域中一个突出的现象是各类金融机构为适应市场竞争的需要而采取创新举措以突破分业经营的界限，其中尤以商业银行开展投资银行业务最为突出。我国金融监管体制要求金融机构“分业经营”，但随着市场竞争的加剧，商业银行开始逐渐涉足投资银行领域，而对分业经营监管限制的这种突破正是通过金融创新实现的，如大型国有商业银行和一些股份制银行成立海外机构，通过这些机构再回到国内经营证券、保险等业务；另外一些银行则通过控股国内信托公司，利用信托公司的全牌照优势参与资本市场业务；一些中小银行则通过与非银行金融机构进行战略伙伴合作的方式经营投行业务，突破分业经营界限。由此可见，在商业银行开展投行业务的金融创新中，实力雄厚的大银行通过自主创新的模式整合自身资源优势，突破分业经营限制，而一些区域性中小银行则采取合作创新的模式实现业务综合化。从中可以看出，自主创新模式与合作创新模式在进行金融产品创新时都是可行的。

在后金融危机时代，受到危机影响，新兴市场国家的金融市场会成为金融机构的主要利润增长点，中国庞大的金融市场需求更会成为各类跨国金融机构的必争之地。国外金融机构的加入无疑会加剧本已激烈的国内金融市场竞争，也给国内金融机构带来更大的竞争压力。强大的金融创新能力是金融机构在市场竞争中立于不败之地的重要保障。在金融创新方面，国内金融机构利用本土的优势和跨国金融机构的技术水平，在竞争中寻求合作，以合作创新模式实现共赢，是未来中国金融产品创新的可行之路。

只有通过金融创新才能为金融业的发展注入新的活力。金融创新能丰富金融市场交易，使金融工具更加多样化和灵活化，提高金融市场的广度和深度。一直以来我国过度依赖银行融资，金融市场的深度有限。中国市场现在的宽度已经足够，但深度不够，我们需要找到更深的那个市场，只有真正生产更多创新性的产品，才能长足发展。近期中国的金融市场上出现了许多新变化，国债期货、信贷资产证券化、股票期权等金融产品逐步进入市场，而且互联网金融正在快速发展，当传统金融与互联网相结合，中国的金融领域必将发生深刻变革。比如，资产证券化产品对于西方已经较为成熟，但是对于我们来说还是一个创新，从它本身看似乎是脱离实体经济的一个业务，但是如果说没有资产证券化的话，盘活存量就很难做，若不能盘活存量，对实体经济的支持力度也不可能太大，资产证券化是很有意义的一个创新产品。我国的金融改革一直在推进，金融创新也必然导致金融业的竞争更加激烈，对我国金融体制将产生不可估量的影响。

金融创新不仅为金融业注入了强大的动力，对经济发展也会产生深远影响。创新是一国发展的不竭动力，建设创新型国家，需要将强化自主创新能力作为产业结构调整、增长方式转变的中心环节。只有在适宜的社会环境下，技术创新才可能发生，自主创新能力才可能提升。在以技术创新为发展核心的同时，不能忽略制度创新的重要作用。在众多制度安排中，一国的金融体系和金融制度安排对于增强技术创新能力至关重要。通过恰当的金融制度安排和完善的金融体系，将“第一生产力”技术与经济发展的“第一推动力”资本有效对接，是提升我国自主创新能力的重要途径。因此，对通过活跃的金融创新实现健全的金融体系、完善的金融市场和恰当的金融制度安排有着强烈的需求。

总之，金融创新所带来的金融深化效应、金融市场的发展、金融体系的健全、金融工具的多样化和金融机构的差异化使得金融体系能够更为高效地发挥出其风险分散、信息揭示、公司治理以及动员储蓄和便利交易等方面的功能。恰当完善的金融安排通过这些功能的发挥促进了技术创新活动的顺利发展，进而推动我国经济的可持续增长，并且将对于实现建设创新型国家的战略目标起到不可或缺的作用。

本章主要参考文献：

[1] 林威. [美] 欧思林. 解析与预测：后危机时代的中国金融政策 [M]. 北京：外文出版社，2013.

[2] 张国云. 我们的命就是这个时代：后危机时代的中国经济 [M]. 北京：中国经济出版社，2009.

[3] 向红. 后危机时代中国深度融入经济全球化的挑战与对策 [M]. 北京：人民日报出版社，2014.